厦门社科丛书
厦门特区建设40年研究专辑
中共厦门市委宣传部
厦门市社会科学界联合会 编

构建更具竞争力的现代化产业体系

厦门现代化产业体系探究

戴松若 /著

厦门大学出版社
XIAMEN UNIVERSITY PRESS

国家一级出版社
全国百佳图书出版单位

图书在版编目（CIP）数据

构建更具竞争力的现代化产业体系：厦门现代化产业体系探究 / 戴松若著. -- 厦门：厦门大学出版社，2024.7

（厦门社科丛书. 厦门特区建设 40 年研究专辑）

ISBN 978-7-5615-9330-1

Ⅰ．①构… Ⅱ．①戴… Ⅲ．①产业发展-研究-厦门
Ⅳ．①F269.275.73

中国国家版本馆CIP数据核字(2024)第061854号

责任编辑 章木良
美术编辑 蒋卓群
技术编辑 朱 楷

出版发行 厦门大学出版社
社　　址　厦门市软件园二期望海路 39 号
邮政编码　361008
总　　机　0592-2181111　0592-2181406(传真)
营销中心　0592-2184458　0592-2181365
网　　址　http://www.xmupress.com
邮　　箱　xmup@xmupress.com
印　　刷　厦门集大印刷有限公司

开本　720 mm×1 000 mm　1/16
印张　15.75
插页　2
字数　227 千字
版次　2024 年 7 月第 1 版
印次　2024 年 7 月第 1 次印刷
定价　98.00 元

厦门大学出版社
微信二维码　　厦门大学出版社
微博二维码

序 言

产业发展是经济发展的核心。实践证明,充分把握和运用产业发展规律,通过合理调配各类资源要素、结构、功能,可以助力技术进步,实现经济繁荣,推动社会和谐,促进城市发展。产业发展对地方经济发展具有举足轻重的作用,一直以来备受地方政府高度重视。改革开放的实践经验表明,一些城市加快发展高技术产业、新兴产业,实现了城市产业规模迅速扩张和产业发展提质增效。厦门也不例外,改革开放 40 多年以来,产业科技含量不断提升,产业结构不断优化,新兴产业不断涌现,从改革开放之初以轻工业为主逐步演变成结构合理、效率优先、驱动力强的现代化产业体系。

尽管研究产业发展的理论著作和应用对策类书籍不少,但是以厦门为研究对象,聚焦改革开放 40 多年,对厦门产业发展理论、历程、重点、主体、生态进行系统总结回顾与梳理的专著还不多,本书在这方面具有一定的先进性和创新性。

戴松若 1992 年研究生毕业于厦门大学经济学院统计系,毕业后留校任教,之后考上在职博士研究生,师从钱伯海教授,1998 年获经济学博士学位。1994 年底她调动入职厦门市计委经济研究所

（厦门市发展研究中心的前身），从事厦门经济社会发展研究。在地方工作期间，戴松若不忘深化理论学习，2004 年进入厦门大学经济学院理论经济学博士后流动站进一步进行经济理论研究，奠定了良好的经济学、统计学理论与研究基础。作为其博士后合作导师，戴松若虚心好学、认真钻研的精神给我留下了深刻印象。

近 30 年来，戴松若勤于学习，精于研究，视野宽广，研究范围涉及厦门工业经济、新农村建设、现代服务业等各相关领域，承担课题研究，担纲执笔并常任课题负责人，在各类刊物上发表论文数十篇，研究成果曾获得各种奖项，多篇向市委、市政府提交的研究报告获主要领导肯定，为推动厦门经济社会发展做出贡献。本书是戴松若博士在 30 年研究成果基础上，根据新趋势、新挑战、新要求，综合凝练撰写而成的学习体会，是一本了解厦门、宣传厦门的研究专著。本书具有如下几个特点：

一是研究思路清晰。本书以习近平新时代中国特色社会主义思想和党的二十大精神为指导，紧扣全国"十四五"经济社会发展规划和国家产业政策展开研究。全书体例严整、内容周全，结构紧凑、条理清晰，紧紧围绕厦门现代化产业发展，既对改革开放 40 多年来厦门产业发展脉络进行了梳理，又阐明了新时代厦门现代化产业发展方向，具有很强的指导性和可操作性。

二是研究重点突出。本书聚焦于研究厦门现代化产业发展，但不拘泥于厦门，把厦门产业发展放在全国改革开放大背景下研究，特别注重地区比较，将厦门的产业发展与深圳等发达地区产业发展进行比较，有利于发现不足，厘清问题症结，找准发展方向。

三是研究成果切合实际，具有重要决策参考价值。本书在梳理现代化产业体系理论框架和厦门现代化产业发展历程,总结厦门产业发展经验,分析存在问题的基础上,紧盯构建更具竞争力的现代化产业体系的重点任务、发展重点产业链群、培育市场主体、夯实要素保障、营造产业良好生态环境,进行深入探讨,提出颇有见地的发展思路。

　　本书的出版,必将有助于推动各界对厦门发展现代化产业体系的关注和讨论,促进厦门现代化产业体系的发展。

厦门大学教授　庄宗明

2023 年 10 月 12 日

目　录

第一章
现代化产业体系的特征与
发展趋势

　　党的二十大报告指出："全面建成社会主义现代化强国,总的战略安排是分两步走:从二○二○年到二○三五年基本实现社会主义现代化;从二○三五年到本世纪中叶把我国建成富强民主文明和谐美丽的社会主义现代化强国。"发展是解决我国一切问题的基础和关键。党的二十大明确提出,高质量发展是全面建设社会主义现代化国家的首要任务。推动高质量发展,就是要贯彻新发展理念,构建新发展格局,建设现代化经济体系,把实施扩大内需战略同深化供给侧结构性改革有机结合起来,通过提升社会经济活动各环节、各领域及其相关要素整体的现代化水平,实现经济发展质量变革、效率变革、动力变革,增强经济创新力和竞争力。

　　习近平总书记在致厦门经济特区建设 40 周年贺信中要求,"努力率先实现社会主义现代化,为全面建设社会主义现代化国家、实现第二个百年奋斗目标作出新的更大的贡献"。现代化产业体系是现代化经济体系的重要组成部分,是经济发展的动能和动力,是厦门努力率先实现社会主义现代化的核心力量和重要支撑。在新的历史发展阶段,面临百年未有之大变局,科技发展日新月异,原有依靠土地、出口的发展模式一定程度上受到冲击和挑战。适应变化、创新引领,在扩大总量、提升质量上双管齐下,实现产业发展做大做强同步跨越、持续飞跃,是厦门勇立潮头、率先实现社会主义现代化的必由之路。

要做大做强现代产业,建设现代化产业体系,就必须按照党的二十大部署,立足新发展阶段、新发展理念和新发展格局,把握产业数字化、绿色化、融合化和高效安全的发展趋势,走新型工业化道路,发展新质生产力,"把发展经济的着力点放在实体经济上",进一步确立"先进制造强市、先进制造现代服务协同发展"的战略思路,以"先进制造"和"现代服务"为主体,战略性新兴产业和未来产业为两翼,充分发挥市场在资源配置中的决定性作用,更好地发挥政府作用,突破发展瓶颈,跑出强市强网强基的加速度,提高全要素生产率,全面提升产业创新能力和核心竞争力,实现产业体系发展的规模、速度与质量、结构、效益、安全相统一。

第一节　准确理解现代化产业体系

现代化产业体系是 2022 年习近平总书记在中国共产党第二十次全国代表大会上首次提出的。党的二十大报告指出,"建设现代化产业体系。坚持把发展经济的着力点放在实体经济上,推进新型工业化,加快建设制造强国、质量强国、航天强国、交通强国、网络强国、数字中国"。

一、从现代产业体系到现代化产业体系

现代化产业体系是现代化经济体系的有机组成部分,是社会主义现代化的核心,是现代产业体系的延伸和拓展。

2007 年召开的党的十七大第一次提出了现代产业体系概念。党的十七大工作报告提出:"发展现代产业体系,大力推进信息化与工业化融合,促进工业由大变强,振兴装备制造业,淘汰落后生产能力;提升高新技术产业,发展信息、生物、新材料、航空航天、海洋等产业;发展现

代服务业,提高服务业比重和水平;加强基础产业基础设施建设,加快发展现代能源产业和综合运输体系。"这是党中央根据国际产业分工新格局及国内产业结构存在的突出问题做出的部署安排,也是为了完成"加快转变经济发展方式,推动产业结构优化升级"这一重要任务所发出的动员令。因此,现代产业体系的着眼点更多落实在推动产业结构优化升级上。

对于产业发展及其关系的分析、对于产业结构优化升级的理解,以往学术界更多集中在分析三次产业结构关系上,把 20 世纪 80 年代开始在美国等发达国家兴起的产业体系,视作现代产业体系。立足产业结构转型升级视角看现代产业体系,主要认识集中在以下几个方面:首先,发达国家产业体系中,第三产业比重一般都在 70% 以上;其次,第三产业中,以金融中介服务业、文化信息服务业为代表的生产性服务业占比高,比重一般在 50% 以上;最后,第二产业增加值在国民生产总值中所占比重不大,但是绝对量不小,科技含量高。例如,2021 年美国工业比重不到 18%,创造的增加值为 4.14 万亿美元,产业科技含量非常高,劳动密集型工业基本上已经转移到其他国家。发达国家的产业发展过程显示,在现代工业和农业的发展过程中,服务业的价值链越来越长,服务业比重不断提升,这一度成为发展趋势和经济现象。服务业的发展不仅拓展了新的空间,而且通过对工业、农业等其他产业部门的融合、渗透,促使传统产业实现转型升级。因此,有学者认为,现代产业体系是第三产业(特别是现代服务业)占较大比重、第二产业科技含量高的产业体系,产业结构软化是历史的必然。但是,随着社会经济发展,一味盲目发展服务业导致脱实向虚、拖累经济发展的弊端开始显现,发达国家开始倡导并推动制造业回归,重视实体经济、发展制造业越来越成为普遍接受的共识。

2007 年党的十七大提出现代产业体系概念后,中国理论界和各地开展了建设现代产业体系的实践探索。2007 年 11 月新华社发表《发展现代产业体系》,从产业发展的角度解读党的十七大报告,加深对"什么是现代产业体系"的理解："现代化的过程,就是在科技进步的推动下,经济不断发展、产业结构逐步优化升级的过程。"建设现代产业体系要大力推进信息化与工业化融合,促进工业由大变强;从改革体制机制、加大资金投入、完善政策等方面采取措施,发展现代服务业;加大支农惠农政策力度,积极发展现代农业。

2008 年 7 月,广东省委、省政府正式公布了《关于加快建设现代产业体系的决定》。该决定明确界定了现代产业体系的定义："现代产业体系是以高科技含量、高附加值、低能耗、低污染、自主创新能力强的有机产业群为核心,以技术、人才、资本、信息等高效运转的产业辅助系统为支撑,以环境优美、基础设施完备、社会保障有力、市场秩序良好的产业发展环境为依托,并具有创新性、开放性、融合性、集聚性和可持续性特征的新型产业体系。"广东省统计局还建立了现代产业体系及统计报表制度,全面、真实、客观反映以现代服务业、先进制造业、高技术产业、优势传统产业、现代农业和基础产业等六大产业为主体框架的现代产业体系建设情况,对其发展情况和目标进行监测、评价。其作为省级部门率先进行现代产业体系实践,体现了从粗放型的经济发展方式向集约型经济发展方式转变的时代进步和发展要求。2011 年,在党的十八大召开的前一年,"十二五"规划将现代产业体系细化为"发展结构优化、技术先进、清洁安全、附加值高、吸纳就业能力强的现代产业体系"。

2012 年党的十八大提出,"着力激发各类市场主体发展新活力,着力增强创新驱动发展新动力,着力构建现代产业发展新体系,着力培育开放型经济发展新优势,使经济发展更多依靠内需特别是消费需求拉动,更多依靠现代服务业和战略性新兴产业带动,更多依靠科技进步、劳动者素质提高、管理创新驱动,更多依靠节约资源和循环经济推动,更多依靠城乡区域发展协调互动,不断增强长期发展后劲"。2016 年,"十三五"规划将党的十八大提出的"构建现代产业发展新体系",细化为"加快构建创新能力强、品质服务优、协作紧密、环境友好的现代产业新体系"。

在新一轮科技革命和产业变革加速背景下,产业变迁已呈现出产业分工内部化、多层次化、边界模糊化等特征,传统以三次产业划分为主,以要素密集度、经济附加值和产品产出等标准为辅的划分方式,已不能很好地刻画产业发展现状和趋势,容易导致政策实践形成特定对象、结构、总量和增速偏好。

2017 党的十九大提出,"坚持质量第一、效益优先,以供给侧结构性改革为主线,推动经济发展质量变革、效率变革、动力变革,提高全要素生产率,着力加快建设实体经济、科技创新、现代金融、人力资源协同发展的产业体系,着力构建市场机制有效、微观主体有活力、宏观调控有度的经济体制,不断增强我国经济创新力和竞争力"。2021 年党的十九届五中全会提出,"加快发展现代产业体系,推动经济体系优化升级。坚持把发展经济着力点放在实体经济上,坚定不移建设制造强国、质量强国、网络强国、数字中国,推进产业基础高级化、产业链现代化,提高经济质量效益和核心竞争力"。2022 年党的二十大首次赋予现代产业体系更加丰富的内涵,提出现代化产业体系,将其摆在实现高质量发展的突出位置。

从党的十七大到党的二十大,从现代产业体系到现代化产业体系,逐步加深对产业体系变动演进的认识,党的十七大为推进我国产业结构优化升级指明了方向;党的十八大提出"优化产业结构""着力构建现代产业发展新体系",指明了现代服务业和战略性新兴产业在产业体系中的带动作用;党的十九大提出"着力加快建设实体经济、科技创新、现代金融、人力资源协同发展的产业体系";党的二十大则对"现代化产业体系"做出了更加深化的表述。

二、全面加深对现代化产业体系的理解

对照比较,对现代化产业体系可从现代化产业体系内涵、产业与产业链供应链关系、动力引擎与融合发展、数字赋能与数实融合、基础设施支撑等五个方面加深理解。

一是现代化产业体系内涵更加丰富。"现代产业体系"与"现代化产业体系"虽然仅一字之差，但后者内涵则更加丰富和深化。党的二十大报告论述的"现代化产业体系"，增加了"推进新型工业化"表述，表明中国特色新型工业化道路以信息化和工业化深度融合为本质特征，必须推动信息化和工业化在更广范围、更深程度、更高水平上实现融合发展。同时，将"坚定不移建设制造强国、质量强国、网络强国、数字中国"调整拓展为"加快建设制造强国、质量强国、航天强国、交通强国、网络强国、数字中国"，特别是将"加快建设交通强国"上升为国家战略，表明交通运输不仅局限于基础设施范围，其在现代经济中的作用也日益凸显；增加了"建设航天强国"的表述，不仅体现了我国加快发展航天事业的雄心，建设航天强国，有利于加速提升创新水平，提高质量效益。党的二十大提出的"建设现代化产业体系"是现代产业体系的拓展和延伸，与全面建设社会主义现代化国家的总体目标保持一致。

二是深化产业及产业链供应链相关表述。党的二十大报告深化了关于"推进产业基础高级化、产业链现代化，提高经济质量效益和核心竞争力"和"提升产业链供应链现代化水平"的表述。目前我国已形成规模庞大、配套齐全的完备产业体系，是全球唯一拥有联合国产业分类中全部工业门类的国家。我国制造业规模居全球首位，220多种工业产品产量居世界第一，一些领域的产业技术水平已经进入世界前列。但与传统发达国家相比，与实现高质量发展的要求相比，我国产业体系现代化水平还不高。主要表现在我国产业基础能力不足，现代服务业不够发达，产业链供应链数字化水平与国际先进水平相比还存在较大差距，部分核心环节和关键技术受制于人。新一轮科技革命和产业变革既推动了制造业数字化、网络化、智能化转型升级加速，也导致了全球产业链供应链竞争日趋激烈，我国产业链供应链的安全稳定面临重大风险。打造自主可控、安全可靠的产业链供应链体系是必由之路。党的二十大报告提出，"实施产业基础再造工程和重大技术装备攻关工程，支持专精特新企业发展，推动制造业高端化、智能化、绿色化发展。巩固优势产业领先地位,在关系安全发展的领域加快补齐短板,提升战略性资源供应保障能力"。通过产业基础再造工程和重大技术装备攻关工程,提升产业基础能力,增强产业链供应链的韧性和安全水平。也就是要推动具有产业规模优势和配套优势的制造业,顺应全球制造业发展趋势,实现高端化、智能化、绿色化发展;推动具备技术、品牌优势的产业,如高铁等,锻造"杀手锏"技术,巩固全球领先地位;推动具备一定领跑优势的新能源、新能源汽车等新兴产业,提升战略性资源的供应保障能力。

三是明确动力引擎,深化融合发展。党的二十大报告提出,"推动战略性新兴产业融合集群发展,构建新一代信息技术、人工智能、生物技术、新能源、新材料、高端装备、绿色环保等一批新的增长引擎"和"构建优质高效的服务业新体系,推动现代服务业同先进制造业、现代农业深度融合",细化了党的十九届五中全会关于"发展战略性新兴产业"和"加快发展现代服务业"的表述。战略性新兴产业和现代服务业是现代化产业体系的两大动力引擎。发展战略性新兴产业,党的二十大报告提出"推动战略性新兴产业融合集群发展",体现了在新一轮科技革命和产业变革面前,要加速构建战略性新兴产业新引擎,加快培育新技术、新产业、新业态、新模式。一方面,战略性新兴产业要与互联网、大数据、人工智能深度融合,释放数字化叠加倍增效应;另一方面,促进战略性新兴产业集群发展,发挥专业化分工、产业关联和协作效应,降低创新和交易成本,加快生产要素合理流动和优化配置。发展现代服务业,党的二十大提出"构建优质高效的服务业新体系",体现了我国对发展现代服务业的战略思考已上升到了新高度。现代服务业主要分为生产性服务业和生活性服务业,生产性服务业要围绕农业和制造业转型升级,向专业化和产业链高端延伸;生活性服务业要对标人民美好生活需求,向高品质和多样化升级。

四是重视数字赋能、数实融合。党的二十大报告深化了"加快数字化发展"的表述,提出"加快发展数字经济,促进数字经济和实体经济深度融合,打造具有国际竞争力的数字产业集群"。目前数字经济已经成为各国抢占发展的制高点、打造国际竞争新优势的重要抓手,数字赋能、数实融合对构建现代化产业体系意义重大。党的二十大报告聚焦数字经济,明确了数字产业化和产业数字化的发展路径,着重强调了数字产业化即"打造具有国际竞争力的数字产业集群"。党的十八大以来,我国数字经济取得了举世瞩目的发展成就,对经济社会发展起到引领支撑作用,但仍存在大而不强、快而不优等问题。要进一步重视数字赋能、数实融合,将数字科技与现有产业结合起来,以数据为要素、提升价值为核心,实现产业数字化。通过大力发展数字经济、拓宽数字技术应用场景、加强数字产权保护和信息安全、参与数字领域国际规则和标准制定等,将数字化信息转化为新型关键生产要素,在市场化应用中创造价值。

五是明晰网络等基础设施是现代化产业体系的重要支撑。党的二十大报告丰富了"统筹推进基础设施建设"表述,提出"优化基础设施布局、结构、功能和系统集成,构建现代化基础设施体系",新增了"加快发展物联网,建设高效顺畅的流通体系,降低物流成本"的表述。加强交通、能源、水利等网络型基础设施建设,联网、补网、强链,提升网络效益;加强信息、科技、物流等产业升级基础设施建设;加强城市基础设施建设,打造高品质生活空间;加强农业农村基础设施建设,以基础设施现代化促进农业农村现代化;加强国家安全基础设施建设,加快提升应对极端情况的能力等;发展物联网推动流通体系现代化,提升交通运输流通承载能力;加强现代金融服务流通功能,促进商贸流通体系、信用体系建设。

三、现代产业体系是现代化产业体系的重要组成

习近平总书记强调:"要建设创新引领、协同发展的产业体系,实现实体经济、科技创新、现代金融、人力资源协同发展,使科技创新在实体经济发展中的贡献份额不断提高,现代金融服务实体经济的能力不断

增强,人力资源支撑实体经济发展的作用不断优化。"

现代产业体系及现代化产业体系处处体现了新发展理念,它们所具备的创新引领、协同发展的内涵,以经济循环流转和产业关联畅通为路径,促进国民经济内外双向融合,充分体现创新、协调、绿色、开放、共享的新发展理念,是新发展阶段、新发展理念、新发展格局在产业领域的映射。

现代化产业体系由现代产业体系深化发展而来,是现代化国家、地区的物质技术基础,是更高层次的发展。因此,可以认为现代产业体系是现代化产业体系的重要组成部分。现代产业体系和现代化产业体系的着力点一致,都是放在实体经济上,其本质都是要大力发展先进制造业、战略性新兴产业和现代服务业,推动实体经济、科技创新、现代金融、人力资源协同发展,实现高质量发展。因此,可以构建现代产业体系为基础,继续向现代化产业体系拓展延伸。

现代化产业体系除了包括实体经济中的产业结构之外,还包括人力资源体系、现代金融体系和科技创新体系。这几种体系之间的关系是:人力资源体系是现代化产业体系的基础,它为实体经济、科技创新、现代金融体系提供人力资源支撑,并促进它们的发展;人力资源体系和现代金融体系分别为科技创新体系和实体经济体系提供人才和资金方面的必要条件,推动这两个体系的发展;科技创新体系是现代化产业体系的核心,只有科技创新充满活力并不断取得新的成果,才能推进实体经济实现产业现代化,并不断提升产业现代化水平。(见图 1-1)

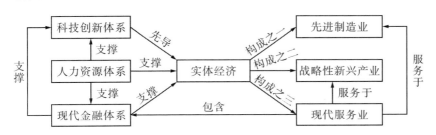

图 1-1 现代化产业体系内部关系示意图

现阶段迫切需要抓住核心关键，以建设和完善更具竞争力的现代产业体系为抓手，加快科技创新，发展新质生产力，推动现代化产业体系形成与发展。

　　关于如何加快现代产业体系建设，国内相关学者从现代产业体系形成的因素、演变规律、促进产业集聚等多个角度开展研究。陈建军[①]认为现代产业体系的发展基础是产业的发展和产业的结构性升级，是具有现代化、融合性以及协调性产业发展特征的系统。刘明宇、芮明杰[②]指出产业体系是现行经济结构与经济发展的状态，而现代产业体系是随时空与经济发展模式变化的产业系统，是与时俱进的概念。张耀辉[③]认为产业体系是经济与产业自然发展形成的，是为了保障经济主体结构正常运行而形成的基础产业、政府行为和产业约束机制的整体，是互为因果、相互连接的有机体。传统产业所构成的产业体系可以称之为传统产业体系，其特点是技术的进步较为缓慢；而现代产业体系以知识为生产动力，具有企业间依存度更高、分工更明确，信息基础设施更完善的特征，是能够将政府的积极作用融合到其中的有机整体。贺俊、吕铁[④]从批判与拓展的角度，分析认为现代产业体系是产业结构概念的延续，现代产业体系具有产业结构的多维性、分工形式的多样性、产业边界的模糊性，既可以通过多维度产业结构视角来观察经济的发展情况，也可以从微观的产品与知识分工角度进一步探究经济发展的过程。随着新产业革命的到来以及全球经济的飞速发展，针对产业间甚至产业内部不同价值环节之间的互动和融合分析显得尤为重要。

---

　　① 陈建军.关于打造现代产业体系的思考：以杭州为例[J].浙江经济,2008(17)：43-45.

　　② 刘明宇,芮明杰.全球化背景下中国现代产业体系的构建模式研究[J].中国工业经济,2009(5)：57-66.

　　③ 张耀辉.传统产业体系蜕变与现代产业体系形成机制[J].产经评论,2010(1)：12-20.

　　④ 贺俊,吕铁.从产业结构到现代产业体系：继承、批判与拓展[J].中国人民大学学报,2015(2)：39-47.

在对经济系统进行有意义的结构化分析时,必须同时注意被分解的产业要素之间的互动和融合特征,进行思考。白雪洁等[①]认为,现代产业体系必须满足四方面条件:一是对产业的核心技术、标准、品牌、市场等要素具有掌控能力;二是在竞争与发展能力基础上,利用大国优势追求产业体系的相对完整性;三是安全与稳定性;四是开放性与动态性。李勇坚、张海汝[②]认为,产业创新是现代产业体系构建的必要因素,在不同时期内,现代产业体系具有产业和产业结构更加优化的特征,是农业现代化、工业新型化和服务业现代化的融合性发展,是各产业集群协调发展所构成的产业网络结构,是我国区域经济增长和协调发展的产业载体。孟辉、赵雅婷[③]认为,以链主企业为依托,增强制造业、生产性服务业等实体企业和实体经济竞争力,是推动构建自主可控现代产业体系的必然选择。

综合上述学者的观点、现代产业体系向现代化产业体系演变,以及对厦门产业的长期观察,笔者认为,要构建更具竞争力的现代化产业体系,就要通过破解长期的渐进式演进和路径依赖带来的产业体系的结构性缺陷和陷阱,协调和同步推进信息化、工业化、城市化、农业现代化等现代化进程,不断提升产业的创新能力和核心竞争力,提升新质生产力水平,加快实体经济发展,统筹传统产业、战略性新兴产业和未来产业梯度、融合发展,固优、培新、启潜同步,接续性、竞争力增强,推动产业做大做强的同步跨越,实现产业体系发展的规模、结构、速度、质量、效益、安全相统一,更好地服务于现代化经济体系建设,为推动高质量发展,率先实现社会主义现代化提供产业体系支撑。

---

①　白雪洁,宋培,艾阳,等.中国构建自主可控现代产业体系的理论逻辑与实践路径[J].经济学家,2022(6):48-57.

②　李勇坚,张海汝.中国式现代化视域下的现代产业体系构建研究[J].企业经济,2022(12):5-14,2.

③　孟辉,赵雅婷.构建自主可控现代产业体系的理与路[N].中国社会科学报,2023-01-04.

第二节　现代化产业体系的基本要素

现代化产业体系是现代化经济体系的重要内容。因此,建设现代化产业体系,既要抓住"实体经济""创新引领、协同发展"核心,还要始终坚持把高质量发展放在首位,更加注重与统一开放竞争有序的市场体系、体现效率促进公平的收入分配体系、促进各具优势的区域协作体系、资源节约环境友好的绿色发展体系、多元平衡安全高效的开放体系的互动与协调,充分发挥有效市场和有为政府的经济体制作用,提升产业创新力和竞争力。

现代化产业体系既体现了物质生产过程中劳动者使用生产资料作用于劳动对象所产生的生产力,也体现了人们在物质资料生产过程中形成的社会关系,是先进生产力和生产关系的集中体现。现代化产业体系是先进生产力、新质生产力的物质基础,而新质生产力以科技创新为纽带,推动现代化产业体系不断升级,实现产业智能化、绿色化、融合化。现代化产业体系既有先进性、现代性的一般要求,同时也表现出国家、地区之间的空间差异以及随时间动态演进的特征。

现代化产业体系贯穿生产、分配、流通、消费全过程,是需求端与供给侧的有机综合。从需求端看,包括投资、消费、出口,通过增加有效投资、扩大消费和促进净出口,提升内外部需求水平;从供给侧看,由创新链、产业链、供应链、价值链组成,贯穿生产的全生命周期形成丰富供给,满足各类需求。既要适应国内市场需求,最大限度满足人民日益增长的美好生活需要,也要参与国际竞争合作,不断提高产业链供应链的韧性和安全水平。

现代化产业体系要以人与自然和谐为价值取向,实现节约资源、绿色低碳循环发展,厚植绿色发展优势,增强绿色发展动力,提升绿色成效。

综合上述多方考虑,现代化产业体系应该充分考虑到结构优化、质效并重和协同融合,通过这三方面的考量,体现创新、协调、绿色、开放、共享的发展理念。

一、结构优化

对于具有特定资源禀赋的区域而言,在经济发展的特定阶段,产业体系具备内在的合理结构,呈现多维、动态特征,既呈现产业结构、组织结构调整变动,也显示产业发展生命周期的影响,还包括产业发展空间布局的变化。

从产业与组织结构看,现代化产业体系包括以现代农业、先进制造业、现代服务业为代表的三次产业结构之间、三次产业结构内部、细分产业领域内部,以及同一产业上下游之间的关系。在不同产业类别之间优化结构,在产业规模、产业链各环节、产品结构、供求等方面调整占比,形成合理的比例配套及安全可控的状态,在不同规模、所有制、形态的企业之间,呈现比较合理的比例关系和良性发展状态,利于形成规模经济、集聚经济及范围经济,以确保产业链供应链的韧性和安全水平。

从空间结构看,根据区域的主体功能定位和资源禀赋特点,优化产业空间布局。通过合理调配产业集聚分布,推动某一产业或产业链不同环节在某一空间区域内相对集中,形成近距离产业链上下游或者产业内部各环节配套,降低物流成本,提高产出效率,优化空间布局和土地资源配置,发挥比较优势,形成错位发展,缩小区域经济发展差距,带动不同区域整体进步。

从产业生命周期看,产业发展的成长过程遵循不同规律,结合不同发展梯度层次产业,设计谋划多层次结构化发展图谱,发挥产业在各个时间段所能起到的不同的重要作用,形成梯度发展结构。通过合理配置长、中、短运行周期产业,达到东边不亮西边亮的效果,实现相互促进、滚动发展。聚焦新质生产力,传统产业守住安全底线实现转型升级,战略性新兴产业增强先进动力实现弯道超车,未来产业谋求战略竞争进行前瞻布局,形成产业梯度发展结构,该结构为持久永续发展提供源源不断的动力。

二、质效并重

作为现代化经济体系主要内容的现代化产业体系,不仅是由各类企业、各类产业组合构成的简单集合,更是高质量的产业体系,需要在科技能力、生产效率、质量效益、绿色发展等方面实现全面提升,推动经济实现更高质量、更可持续的发展。

在科技能力上,创新技术要领先,在研发投入强度、专利申请量和授权量、产业整体科技能力水平等方面居于前列;要具有强大的"从0到1"的原始创新能力,以颠覆性技术催生新产业、新模式、新动能;要在高科技和战略性新兴产业上形成标准、掌握较强的国际话语权;要让创新和科技进步而不是要素投入成为经济增长的主要推动力,推动新技术、新业态、新模式和新产业不断发展壮大。

在生产效率上,推进新一代信息技术与产业实现全方位全领域深度融合,通过借助数字技术,提升技术水平、优化工艺流程、创新商业模式、改进企业管理等方式;通过数转智改,使得产品质量高、投入产出效率高,全要素生产率和劳动生产率均居于前列。

在质量效益上,通过提高技术水平、降低能耗物耗、加快资金流转、提升品牌价值等方式,实现向价值链中高端攀升,显著提高产品和服务的附加价值,提高企业的利润率和资本回报率。

在绿色发展上,树立和践行"绿水青山就是金山银山"的发展理念,通过技术创新,控制产业能耗、污染、水耗以及各种污染物、温室气体排放强度,争取各项控制指标处于领先水平,共建生态文明,共享绿色未来。

三、协同融合

党的十九大报告提出"加快建设实体经济、科技创新、现代金融、人力资源协同发展的产业体系",党的二十大报告指出,坚持把发展经济的着力点放在实体经济上,推进新型工业化,加快建设制造强国、质量强国、航天强国、交通强国、网络强国、数字中国。发展实体经济,要以科技创新、现代金融和人力资源作为核心要素,推进四者实现创新引领和协同发展,加快实现生产方式的数字化、网络化、智能化、服务化融合发展,培育发展新质生产力,推动形成新发展格局。

新质生产力不仅仅是传统生产要素的简单叠加,更是对人力、资本、物资、技术、数据等要素资源的深层次提升和优化,是新一轮科技革命和产业变革背景下,生产力质的飞跃和结构的升级。

推进科技创新协同融合。实体经济发展需要科技创新提供源源不断的动力,同时实体经济的发展壮大、转型升级也为科技创新提供了肥沃的土壤,使科技创新能够在产业化的过程中不断完善。创新协同融合,体现在高新技术,原创性、颠覆性技术和信息化不断对产业全方位融合渗透,包括不同产业间产业链互补连接延伸融合,也包括产业内部重组融合,以科技创新推动产业创新,发展新质生产力。

推进现代金融协同融合。实体经济特别是初创企业的发展需要通过多元化的融资方式给予资金支持,而现代金融的发展也需要实体经济为它源源不断地造血,并依赖科技创新和实体经济的产品、装备、服务等手段不断完善服务,在注重安全,守住不发生系统性风险底线,依法规范和引导资本健康发展基础上,提升发展质量和效益。通过资金资本融合,为产业发展壮大提供源源不断的动力源泉。

推进人力资源协同融合。人是生产力中最活跃的因素,实体经济、科技创新、现代金融都需要人力资源的有力支撑。特别是实体经济的发展中需要不同层次的人力资源,产业发展又能丰富就业岗位供给。

通过产业与人力资源高度协同融合，既要充分利用人力资源优势，又要使产业规模、水平和结构与人力资源状况相适应，实现更充分的就业；既提升生产力，又加快调整生产关系。

推进国内外市场协同融合。以参与国际分工和资源禀赋格局为基础前提，一方面充分利用全球产业技术革命下的创新扩散效应和要素重新配置效应；另一方面面对全球经济体争夺创新制高点和核心要素的激烈竞争，以开放性、网络性和独特性参与分工、创新和竞争，构建韧性强、安全可靠的现代化产业体系。

第三节 国内若干城市构建产业体系启示

竞争就是有活力、有发展后劲，在与同类型对比中赢得优势和超越，因此分析居于发展前列的城市的现代化产业体系，有助于厦门构建更具竞争力的现代化产业体系。

一、城市的选择依据

2021 年有 33 个城市的地区生产总值高于厦门，其中上海、北京、深圳为第一梯队，地区生产总值超过 3 万亿元，广州、重庆、苏州地区生产总值超过 2 万亿元，成都、杭州、武汉等 18 个城市地区生产总值在 1 万亿元以上。

2022 年排名前 30 位的城市位次有所调整，重庆超过广州，武汉超过杭州，福州、泉州超过济南、合肥，西安超过南通、东莞，厦门超过沈阳、昆明、长春，排名第 31 位。

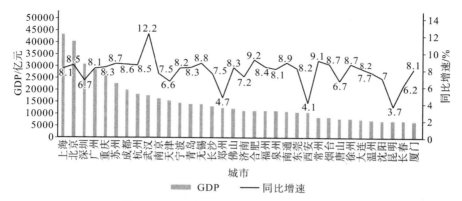

图 1-2　2021 年 GDP 高于厦门的城市排名

资料来源:根据各地统计年鉴、统计公报整理。

表 1-1　2022 年 GDP 高于厦门的城市排名

排名	城市	GDP/亿元	同比增速/%	排名	城市	GDP/亿元	同比增速/%
1	上海	44652.8	−0.2	17	佛山	12698.4	2.1
2	北京	41610.9	0.7	18	福州	12308.2	4.4
3	深圳	32387.7	3.3	19	泉州	12103.0	3.5
4	重庆	29129.0	2.6	20	济南	12027.5	3.1
5	广州	28839.0	1.0	21	合肥	12013.1	3.5
6	苏州	23958.3	2.0	22	西安	11486.5	4.4
7	成都	20817.5	2.8	23	南通	11379.6	2.1
8	武汉	18866.4	4.0	24	东莞	11200.3	0.6
9	杭州	18753.0	1.5	25	常州	9550.1	3.5
10	南京	16907.9	2.1	26	烟台	9515.9	5.1
11	天津	16311.3	1.0	27	唐山	8900.7	4.7
12	宁波	15704.3	3.5	28	徐州	8457.8	3.2
13	青岛	14920.8	3.9	29	大连	8430.9	4.0
14	无锡	14850.8	3.0	30	温州	8029.8	3.7
15	长沙	13966.1	4.5	31	厦门	7802.7	4.4
16	郑州	12934.7	1.0				

资料来源:根据各地公布的统计数据整理。

与 10 年前相比，各城市经济快速发展，地区进步明显。2012 年GDP 在 1 万亿元以上的内地城市，仅有上海、北京、广州、深圳、天津、苏州、重庆这 7 座，达到 5000 亿元以上的则仅有成都、武汉、杭州、无锡、青岛、南京、大连、佛山、沈阳、宁波、长沙、唐山、郑州、烟台、东莞这 15 座。而 2022 年 GDP 超过万亿元的内地城市就有 24 座，排名前 30 的城市 GDP 均超过 8000 亿元。

表 1-2　2012 年及 2022 年地区生产总值排名前 30 的城市对比表

2012 年				2022 年			
排名	城市	排名	城市	排名	城市	排名	城市
1	上海	16	沈阳	1	上海	16	郑州
2	北京	17	宁波	2	北京	17	佛山
3	广州	18	长沙	3	深圳	18	福州
4	深圳	19	唐山	4	重庆	19	泉州
5	天津	20	郑州	5	广州	20	济南
6	苏州	21	烟台	6	苏州	21	合肥
7	重庆	22	东莞	7	成都	22	西安
8	成都	23	济南	8	武汉	23	南通
9	武汉	24	石家庄	9	杭州	24	东莞
10	杭州	25	泉州	10	南京	25	常州
11	无锡	26	哈尔滨	11	天津	26	烟台
12	青岛	27	南通	12	宁波	27	唐山
13	南京	28	长春	13	青岛	28	徐州
14	大连	29	西安	14	无锡	29	大连
15	佛山	30	福州	15	长沙	30	温州

资料来源：根据各地统计资料整理。

从这 10 年地区生产总值排名前 30 的城市变动情况看，上海、北京始终位于第一梯队，深圳地区生产总值从 2012 年第四位，升至 2022 年第三位,"十二五"时期平均增速 9.8%,"十三五"时期平均增速 7.1%,"十四五"时期平均增速 20.3%,上升速度快,特别是在经济总量基数巨大的情形下,仍然能保持快速增长。从城市间的变动看,不同地区板块之间差距比较大,这表现在东部沿海地区城市地区生产总值增长快,而东北地区增长偏慢,2022 年上榜城市少,沈阳、哈尔滨、长春均跌出前30 强。

根据这 10 年地区生产总值排名前 30 的城市发展变动趋势状况,选择上海、深圳、南京、宁波、合肥作为厦门学习借鉴的目标城市。对比分析目标城市 2012 年及 2022 年产业体系构建及发展变动趋势,为厦门构建现代化产业体系提供良好的借鉴。

选择目标城市的理由如下:所选城市的地区生产总值都位居前列,根据厦门是经济特区、副省级城市、计划单列市等前置条件,选择相对应的城市,即上海代表头部城市,深圳代表经济特区,南京代表副省级城市,宁波代表计划单列市。2012 年合肥地区生产总值为 4167.98 亿元,排名在前 30 之外,经过 10 年努力,已经跨入近前 20 的行列,故也可借鉴其经验。

需要说明的是,厦门经济特区从 1981 年起步,到 2021 年恰逢 40周年,2022 年是厦门现代产业体系迈向现代化产业体系的关键年,而现代化产业体系形成的前提条件和基础依据是改革开放以来到 2021年厦门社会经济及产业发展情况。为了对比有依据,先进城市的经验做法也着重立足于 2012—2022 年区间,分析其 2012—2022 年产业的变动及构成。

二、国内头部城市产业体系变动简述

(一)上海产业体系

2012 年上海地区生产总值 2.01 万亿元,三次产业比重 0.63∶39.37∶

60，服务业占比首次达到60％。当时浦东大开发刚刚启动，工业方面，电子信息产品制造业、汽车制造业、石油化工及精细化工制造业、精品钢材制造业、成套设备制造业和生物医药制造业6个重点工业行业总产出占全市规上工业总产值66.5％。服务业方面，以批零、金融和电子信息服务为主。[①]

2014年5月，习近平总书记在上海考察时提出"加快向具有全球影响力的科技创新中心进军"。2015年编制的"十三五"规划，提出上海在2020年基本建成国际经济、金融、贸易、航运四大中心。建设"五中心"成为上海的重要发展战略与使命。[②]

作为中国的科技创新中心，上海创新力位于全国前列，大量的新兴产业也在这片土地上迅速发展。上海重视先进制造和战略性新兴产业的打造。2021年发布的《上海市先进制造业发展"十四五"规划》（以下简称"《规划》"）提出，上海将构建"3＋6"新型产业体系。积极落实习近平总书记关于打造集成电路、生物医药、人工智能世界级产业集群的要求，推动三大先导产业实现规模倍增；电子信息、生命健康、汽车、高端装备、先进材料、时尚消费品等六大重点产业加快出产值、出品种、出效应，实现集群化、生态化发展。

同时，《规划》还提出前瞻布局下一代通信、类脑智能、新型生物制造、氢能高效利用、深海空天开发等未来产业；积极发展总集成总承包服务、研发和设计服务、产业电商等知识密集型生产性服务业，为制造业发展提供坚实支撑。

2022年上海地区生产总值4.47万亿元，2022年9月上海市人民政府办公厅印发《上海打造未来产业创新高地发展壮大未来产业集群行动方案》，提出打造五大未来产业集群。

① 上海市发展和改革委员会.关于上海2012年国民经济和社会发展计划执行情况与2013年国民经济和社会发展计划草案的报告［EB/OL］.（2013-02-17）.https://fgw.sh.gov.cn/fgw_ndjh/20211030/63ea7fca607d40f6b8a679c3bd016710.html.

② 伍康.韩正：2020年上海基本建成国际经济、金融等四个中心［EB/OL］.（2017-05-08）.https://www.yicai.com/news/5280224.html.

表 1-3　上海五大未来产业集群

未来产业集群	主要内容
未来健康产业集群	面向人民生命健康,以前沿突破、临床应用为导向,推动脑机接口、生物安全、合成生物、基因和细胞治疗等技术研发突破及产业化
未来智能产业集群	面向数字化、智能化发展方向,以技术策源、广泛赋能为导向,推动智能计算、通用人工智能、扩展现实(XR)、量子科技、6G(第六代移动通信技术)等技术研发突破及产业化,为城市数字化转型提供更加智能、更加可靠、更加集成的技术底座
未来能源产业集群	面向能源安全和可持续发展,以核心突破、首创示范为导向,推动先进核能、新型储能等技术研发突破及产业化
未来空间产业集群	面向深海空天利用和空间拓展,以战略牵引、突破极限为导向,推动深海探采、空天利用等技术研发突破及产业化
未来材料产业集群	面向材料应用的功能性突破,以前沿布局、培育需求为导向,推动高端膜材料、高性能复合材料、非硅基芯材料等技术研发突破及产业化。重点是提升膜材料基础结构设计和原料自主化能力,做强高性能纤维产业链,推动碳化硅、氮化镓等宽禁带半导体化合物发展,为智能终端、高端装备等提供基础性、战略性支撑,为人民美好生活赋能

　　上海有关部门领导认为,"3+6"新型产业体系是上海产业的"今天",数字经济、绿色低碳、元宇宙、智能终端等新赛道领域是上海产业的"明天",未来产业就是上海产业的"后天"。这些领域融合演进,为上海建设现代化产业体系不断增添新的内涵,注入新的动能。

(二)深圳产业体系

　　2012 年深圳地区生产总值 1.295 万亿元,第一产业增加值占比不到 0.1%,第二和第三产业增加值占比分别为 44.3% 和 55.7%。当年创造"三个新高",服务业增加值占地区生产总值比重达 55.7%,六大战略性新兴产业增加值比重超过 25%,现代服务业增加值占服务业比重达到 68%。六大战略性新兴产业是生物、互联网、新能源、新材料、文化创意和新一代信息技术。①

2022 年深圳地区生产总值 3.24 万亿,第一产业增加值占全市地区生产总值比重 0.1%,第二产业增加值比重 38.3%,第三产业增加值比重为 61.6%。在《深圳市国民经济和社会发展第十四个五年规划和二○三五年远景目标纲要》中提出深圳要成为全球重要的创新中心、金融中心、商贸中心、文化中心,构建实体经济、科技创新、现代金融、人力资源协同发展的现代产业体系。在原有高新技术产业、现代物流、金融业、文化创意产业基础上,发展七大战略性新兴产业、五大未来产业,构建了"4+7+5"产业体系。"7"指的是新一代信息技术、生物医药、数字经济、高端装备制造、新材料、海洋经济、绿色低碳七大战略性新兴产业;"5"指的是 6G、量子科技、深海产业、深空产业、氢能产业五大未来产业。其中,高新技术产业包括电子信息、生物医药以及新能源、新材料产业。

表 1-4　深圳产业布局

四大支柱产业	七大战略性新兴产业	五大未来产业
• 高新技术产业 • 现代物流 • 金融业 • 文化创意产业	• 新一代信息技术 • 生物医药 • 数字经济 • 高端装备制造 • 新材料 • 海洋经济 • 绿色低碳	• 6G • 量子科技 • 深海产业 • 深空产业 • 氢能产业

资料来源:深圳市发展和改革委员会。

深圳已构建起"四个为主"的现代化产业体系,即全市产业以高新技术、物流、金融、文化四大支柱产业为主,经济增量以新兴产业为主,工业以先进制造业为主,三产以现代服务业为主,深圳还成为国内战略

---

① 深圳市发展和改革委员会.关于深圳市 2012 年国民经济和社会发展计划执行情况与 2013 年计划草案的报告[EB/OL].(2013-04-08).https://dtfz.ccchina.org.cn/Detail.aspx? newsId=45735.

性新兴产业规模最大、集聚性最强的城市之一。深圳的产业已经基本形成梯次型现代化产业体系,包括新材料、生物医药、新一代信息技术、数字经济、高端装备制造、绿色低碳、海洋经济为代表的新兴产业,以华为、比亚迪为代表的先进制造业,以腾讯、平安集团为代表的现代服务业,未来产业从量子科技、深海深空、氢能,向氢燃料电池、增材制造、微纳米材料等领域继续拓展。

2022年6月,深圳在"4+7+5"产业体系基础上,出台了《关于发展壮大战略性新兴产业集群和培育发展未来产业的意见》,提出培育发展壮大20个产业集群、8个未来产业重点发展方向。以科技创新为引领,以先进制造业为主体,全力发展壮大网络与通信、半导体与集成电路、超高清视频显示、智能终端、智能传感器、软件与信息服务、数字创意、现代时尚、工业母机、智能机器人、激光与增材制造、精密仪器设备、新能源、安全节能环保、智能网联汽车、新材料、高端医疗器械、生物医药、大健康、海洋产业等20个产业集群,前瞻培育布局合成生物、区块链、细胞与基因、空天技术、脑科学与类脑智能、深地深海、可见光通信与光计算、量子信息等八大未来产业重点发展方向,稳住制造业基本盘,增强实体经济发展后劲,加快建设具有全球影响力的科技和产业创新高地,形成创新引领、接续不断、后劲十足的现代化产业体系,推动经济高质量发展。

(三)南京产业体系

2012年南京地区生产总值7306亿元,三次产业比重2.6:44:53.4,先进制造业和现代服务业发展水平不断提升。工业方面,汽车制造业、医药制造业、纺织服装服饰业、计算机与通信设备和其他电子设备制造业、仪器仪表制造业、石油加工炼焦和核燃料加工业表现突出。服务业方面,金融业、科技服务业、信息软件业表现亮眼,形成了智能电网、现代通信、生物医药、节能环保、风电光伏、新材料、轨道交通、航天航空等八大新兴产业。从2012年到2022年,南京用10年时间陆续超过天津、无锡、青岛等 3 座城市，2022 年位居全国第 10 位。

2022 年南京地区生产总值 1.69 万亿元，服务业占比为 62%。南京召开的第十五次党代会提出，聚力打造"2＋2＋2＋X"创新型产业体系。

其中，第一个"2"是加快提升软件和信息技术服务、智能电网两大优势产业；第二个"2"是做强集成电路、生物医药两大先导产业；第三个"2"是着力突破智能制造装备、新能源汽车两大潜力产业；"X"则是代表积极布局未来网络与通信、基因技术、类脑智能、氢能与储能、元宇宙等一批产业新赛道。

（四）宁波产业体系

改革开放以来，宁波经济快速发展，工业化进程快速推进，2012 年地区生产总值 6582.21 亿元，三次产业比重 4.1：53.4：42.5，第三产业增加值占比不断上升，之后形成了以汽车、石化、家电、纺织服装和绿色能源为支柱的工业产业体系。石油加工炼焦及核燃料加工、汽车制造业贡献突出，商贸物流、旅游会展、金融服务和房地产加快发展。

2017 年宁波国民生产总值实现万亿元突破，之后仍保持较高速度增长。2019 年宁波市委、市政府发布《关于实施"246"万千亿级产业集群培育工程的意见》，2021 年宁波经信局制定《宁波市"246"万千亿级产业集群和前沿产业投资导向目录（2021 年本）》和《宁波市重点培育产业链投资导向目录（2021 年本）》，落实推进"246"万千亿级产业集群。

宁波"246"万千亿级产业集群选择汽车和绿色石化两大资本密集型产业作为万亿级支柱产业，符合产业发展规律，适应当前发展阶段；高端装备、电子信息、新材料、软件和新兴服务 4 个五千亿级战略性新兴产业，代表着未来产业发展的方向，是技术密集型的产业，更符合工业化中后期产业发展趋势；关键基础件、智能家电、时尚纺织服装、生物医药、文体用品、节能环保 6 个千亿级产业，是宁波有一定基础也有较大产业优势和技术优势的产业，符合资源禀赋理论，也是符合未来发展方向的产业。

与制造业相配套，2020 年宁波推出《实施"3433"服务业倍增发展行动方案》，全面提升专业服务业发展质量和核心竞争力。"3433"服务业，即现代贸易、现代物流、现代金融 3 个五万亿级产业，文化创意、旅游休闲、科技及软件信息、商务服务 4 个五千亿级产业，餐饮服务、健康养老、房地产租赁和物业服务 3 个五百亿级产业，运动健身、高端培训、家庭服务等 3 个细分产业。

2021 年发布的《宁波市国民经济和社会发展第十四个五年规划和二〇三五年远景目标纲要》中，宁波提出把发展经济着力点放在实体经济上，深入实施"246"万千亿级产业集群培育、"3433"服务业倍增发展等行动，不断增强产业体系竞争力。2022 年宁波地区生产总值突破 1.5 万亿元，达到 1.57 万亿元。

（五）合肥产业体系

2012 年合肥地区生产总值 4167.34 亿元，三次产业结构为 5.5∶55.3∶39.2，人均地区生产总值达到 55186 元。[①] 工业的六大主导产业是装备制造、家用电器、食品及农副产品加工、汽车、新型平板显示、新能源及光伏，各领域在六大主导产业规上工业增加值 951.6 亿元中的占比分别是 30.5%、31.4%、16.2%、15.3%、3.6%、3.0%。

经过不懈努力，合肥作为"最牛风投城市"，2022 年逆风而上，领跑全省，2022 年地区生产总值 1.20 万亿元，三次产业结构为 3.2∶36.6∶60.2，人均地区生产总值为 125798 元。合肥发改委提出建设"2833"产业体系，即打造新一代信息技术、汽车和智能网联汽车 2 个具有国际竞争力的五千亿级产业集群，家电和智能家居、高端装备制造、节能环保、光伏新能源、生物医药和大健康、新材料、绿色食品、创意文化等 8 个具

---

① 合肥市统计局，国家统计局合肥调查队.合肥市 2012 年国民经济和社会发展统计公报［EB/OL］.(2013-03-30).https://tjj.hefei.gov.cn/public/content/109660423.

有国内竞争力的千亿级产业集群，打造 3 个千亿级龙头企业，培育 300 个专精特新"小巨人"企业和冠军企业。

随后合肥市经济和信息化局、合肥市发展和改革委员会联合印发的《合肥市"十四五"新一代信息技术发展规划》提出，合肥将以高质量发展为主线，围绕国家创新驱动制造业高质量发展和战略性新兴产业建设总体部署，着力推动产业融合化、集群化、生态化发展，提升产业链供应链稳定性和竞争力。在工作中，逐步形成"2＋5＋3＋X"战略性新兴产业发展体系，打造新一代信息技术、新能源汽车暨智能网联汽车两大地标产业；做优生物、高端装备制造、光伏及新能源、新材料、绿色环保五大支柱产业；培育数字创意、科技服务、制造服务三大新兴服务业，布局若干未来产业，催生产业发展新业态，支撑合肥制造迈向"合肥智造"，努力争当全国战略性新兴产业发展的"排头兵"，加快打造新兴产业集聚的产业名城。

展望未来，2023 年合肥提出"1122"产业发展格局，即 1 个年营收万亿级的新能源汽车产业集群，1 个五千亿级的新一代信息技术产业集群，2 个三千亿级的先进光伏及新型储能、高端装备及新材料产业集群，2 个千亿级的生物医药、智能家电（居）产业集群。打造"6＋5＋X"产业集群体系，即新能源汽车、新一代信息技术、先进光伏及新型储能、生物医药、智能家电（居）、高端装备及新材料 6 大主导产业集群，量子信息、空天技术、聚变能源、下一代人工智能、合成生物 5 大先导产业集群，创建国家未来产业先导区。

三、对厦门的启示

综合对比分析上述城市 10 年间的产业变动及产业体系形成情况，发现各地产业发展符合经济学基本理论，即产业结构的发展变化一般遵循从低层次产业向高层次产业渐进的演变过程。一、二、三产业的发展，从以一产为主向以二产为主，再向以三产为主演进；产业内部（如工业)遵循从以劳动密集型产业为主到以资本密集型产业为主,再到以技术密集型产业为主这样一个演进过程。同时,一个地区的产业结构特点,需要充分发挥要素资源优势与当地要素资源禀赋相结合。在对比分析中,还得到如下启示。

一是现代化产业体系不断演进。产业体系并不是一成不变的,在同一城市内部产业构成、主导产业随着经济社会发展水平的变化而呈现螺旋上升的态势,经济总量迅速扩大与第三产业比重上升同步,高新技术产业在产业发展中的比重越来越高,产业体系的层次亦更多反映科技发展方向,呈现出技术层次更高的特征。在二、三产业的关系中,要始终保持第二产业的地位,从上述城市及中国香港、新加坡经济发展动力看,第二产业的占比至少要保持在 25%。要构建具有竞争力、发展后劲足的现代化产业体系,必须牢牢抓住实体经济,大力发展新质生产力,坚持科技创新,发展高技术产业,发展先进制造业和现代服务业。坚持发展战略性新兴产业和未来产业,增强产业发展动力和增长潜力。

二是要素支撑推动现代化产业体系变迁。产业发展随着科技资源、人力资源和资本要素的集聚而不断变动演进,朝着资源集聚地流入,推进形成更高层次的产业体系。例如,2012 年沈阳、长春、哈尔滨入榜前 30,但在 2022 年地区生产总值排名前 30 的城市榜单中,鲜有其身影,人口流出是导致其地区生产总值增速下滑的重要因素。要构建具有竞争力的现代化产业体系,必须重视技术要素,坚持以人为本,吸引各类要素资源集聚。

三是有效市场和有为政府共同推进。现代化产业体系构建过程是有效市场和有为政府共同作用的结果,政府通过发布规划引导产业发展方向,产业发展在有效市场中得到落实和发展。反之亦然,有效市场促进形成有为政府,两者互相促进,在有效市场和有为政府的共同努力下形成产业生态,产业体系向着现代化目标发展,日趋成熟。要构建具有竞争力的现代化产业体系,必须发挥市场、政府的合力,不断完善产业生态环境。

第二章
厦门现代化产业体系发展历程

改革开放以来，厦门经济特区坚定不移走中国特色社会主义道路，按照产业发展规律不断推动产业发展螺旋式上升，历经 4 个发展阶段，从"三来一补"加工业体系逐步向现代化产业体系演进。产业发展带动了社会经济跨越式发展，在经济实力、城市建设、民生保障、社会文明和改革开放上取得辉煌成绩，经济发展水平不断提升，人均地区生产总值从 1980 年的 406 元上升为 2021 年的 13.45 万元及 2022 年的 14.74 万元。经济发展又为构建先进制造业、现代服务业双轮驱动的现代化产业体系打下了扎实的基础，"4＋4＋6"成为厦门现代化产业体系的核心。

第一节　厦门产业发展历程

特区建设以来，厦门产业经历了从小到大、从弱到强、从封闭落后到开放创新的发展历程，从改革开放之初到发展现代化产业集群阶段。2009 年第一产业在地区生产总值中的比重下降到 1％，之后逐步下降，到 2022 年占 0.4％，第三产业比重从 1980 年的 20.6％上升到 2022 年的 58.2％，形成先进制造业、现代服务业双轮驱动的产业结构。（见图 2-1）

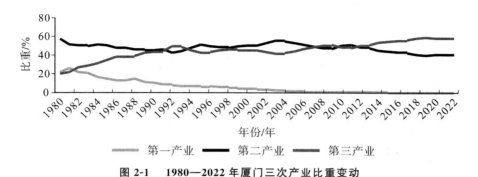

图 2-1　　1980—2022 年厦门三次产业比重变动

资料来源:《厦门经济特区年鉴 2023》。

一、1981—1991 年,"三来一补"粗具规模

改革开放初期,厦门坚定地贯彻国家关于"厦门经济特区应当建设成为以工业为主兼营旅游、商业、房地产的综合性、外向型的经济特区"的要求,坚持"以工业为基础、港口为中心、外贸为先导"的工作方针,建设海沧、杏林、集美三个台商投资区,发挥劳动力密集、土地价格低廉等比较优势,发展"三来一补"加工业。

在时任厦门市委常委、常务副市长习近平同志亲自指挥、亲自部署下,编制中长期战略规划,高瞻远瞩,为未来发展指明方向。厦门解放思想,敢闯敢试,想方设法"以侨引台、以侨引外、以台引台",积极引进"生产型、出口创汇型、技术先进型"工业项目[①],1981 年中外合资企业厦新电子成立,1985 年第一家台资企业成功在厦落户,1988 年形成了台商投资高潮。厦门坚持重点突破、整体推进,以增强企业活力为重点,以市场为取向,全方位推进改革,撤销八大工业局,组建国有资产投资公司,通过 350 家国有公司改制,促进转化经营机制,提高国有资产

---

①　中共厦门市委理论学习中心组.厦门改革开放 30 年的实践与启示[N].厦门日报,2008-10-07.

运营效率,体现了改革开放排头兵和对外开放窗口的作用。

二、1992—2004 年,逐步实现高新技术产业转型与发展

　　紧紧围绕"两个基地、四个中心建设",实施科技兴贸和多元化战略,以强化外资实际到位和引进外资龙头大项目为突破口,拓展招商领域,重视引进跨国公司和高新技术企业。坚持走新型工业化发展道路,壮大先进制造业,做优现代服务业,提升都市型现代农业,扩量提质,实现三次产业在更高层次上的协调发展,提升城市综合竞争力。形成了电力、化工、机械、电子等四大支柱,戴尔电脑(厦门)、ABB、林德叉车、翔鹭石化等一批外资、台资企业落户厦门,嵩屿电厂一批重点建设项目开工建设。这些企业和项目在四大支柱中发挥着积极作用。

　　2002 年习近平同志在福建任省长期间,为厦门量身定制"提升本岛、跨岛发展"重大战略,为 21 世纪厦门发展指明了方向。2003 年已经认识到发展高新技术产业的重要意义,开始着手编制光电、生物医药、软件规划,并在实践中推动平板显示、LED(light emitting diode,发光二极管)、太阳能光伏等光电产业发展,市委、市政府把"加强技术创新、发展高科技、实现产业化"放在首位,培育科技产业,厦门火炬高技术产业开发区实施"一区多园"战略,设立厦门科技创新和技术创新资金,引进、培育、改造了一批高新技术骨干企业,创新了一批有竞争力的高新技术产品。高新技术创业中心、留学人员创业园、生产力促进中心等一批综合、专业科技企业孵化器的出现,为高新技术产业快速发展提供了保障。

三、2005—2012 年,初步形成先进制造业和现代服务业双轮驱动

　　自 2005 年始,厦门进入新一轮跨越式发展阶段。坚持把发展工业

作为推进新一轮跨越式发展突破口，"狂飙突进"，积极落实各项措施，致力于增强海峡西岸经济区重要中心城市辐射力，在实施项目带动战略、培育壮大产业集群、实施以港兴市、发展壮大区域经济、发挥对台优势等各方面都取得了明显成效，坚持"先谋后动，谋事力成""尽力而为，量力而行"，创造性地实施"腾笼换凤"战略，大力发展飞地经济，实施"四大平衡"原则，实现投入与产出的有机统一，全方位推进岛内外一体化，整治马銮湾，开发环东海域，为厦门产业发展奠定了基础。以建设海峡西岸先进制造业基地为目标，加快推动电子、机械、化工三大支柱发展，并将现代服务业纳入发展轨道，商贸、物流、旅游、金融成为服务业支柱。

　　2012年先进制造优化发展，电子、机械两大支柱完成产值占规上工业总产值的64%，高新技术企业产值增长20%，服务型支柱产业加快发展，金融业、软件和信息技术服务业增长势头好，一批战略性新兴产业关键项目实现产业化，美亚柏科建成超算中心，文化产业表现亮眼，建成两岸新兴产业和现代服务合作示范区等重大平台，软件园三期、华强文化主题公园等重大产业项目加速推进，为下一步发展打下扎实基础。

四、2012年后至今，先进制造业和现代服务业双轮驱动向纵深发展

　　2014年厦门市委站在世情、国情、时情的高度，从厦门发展实际出发，提出厦门产业发展进入后工业化发展阶段，要培育新的经济增长点，产业升级势在必行。按照产业升级行动计划的要求，梳理一批符合厦门发展方向的优势产业、龙头项目、园区载体并逐步推进落实，构建"5+3+10"现代产业体系。"5"指的是加快发展先进制造业、大力发展现代服务业、优化提升传统产业、着力培育战略性新兴产业、做精做优都市型现代农业。"3"是指龙头项目、园区载体、创新环境。"10"是指

重点培育的千亿级产业链群,包括平板显示、计算机与通信设备、半导体和集成电路、生物制药与健康、机械装备、新材料、金融服务、文化创意、软件与信息服务、都市型现代农业等千亿产值(营收)的产业集群。

2017年习近平总书记赞誉厦门已经发展成"高素质的创新创业之城"和"高颜值的生态花园之城",是"一座经济蓬勃发展、人民安居乐业、对外交流密切的现代化、国际化城市"。"高素质""高颜值""现代化""国际化",是习近平总书记对厦门经济特区建设发展成就、发展特色的充分肯定,也为新时代厦门发展指明了目标方向。厦门先后召开招商引资大会、"三高"企业发展大会、电子信息产业发展大会、生物医药创新发展大会、新经济发展大会、海洋发展大会等系列会议,编制三年行动计划或工作方案,出台了一批支持战略性新兴产业发展的重磅文件和扶持政策,加快推动5G、大数据、云计算、区块链、人工智能等新一代信息技术与实体经济融合发展,推动生物医药产业、海洋高新等产业创新发展,建设高颜值高素质现代化国际化城市。电子、机械两大支柱产业稳步增长,生物医药、海洋高新、新材料、节能环保等战略性新兴产业加速形成,形成平板显示、软件信息、计算机通信、生物医药、航运物流、金融、文化创意、旅游会展等为代表的千亿级产业链群,加快新旧动能转换,着力培育"四新经济",加速数字经济、绿色经济、海洋经济、文旅经济发展,催生新的增长极,促进经济发展速度、质量、效益协调一致。

2022年厦门市委、市政府坚持新发展理念、新发展阶段,构建新发展格局,以习近平总书记致厦门经济特区建设40周年贺信精神为指引,顺应全球经济社会发展新趋势,积极应对新一轮科技革命和产业变革,把握信息化、数字化时代新动向,面向未来新需求的市场培育和生态建设,打造新技术、新产业、新业态、新模式,敢拼爱赢,争先创优,着眼全面提升产业竞争力,推动产业高质量发展,整合提升现有产业链(群)、突出发展重点,层层递进、接续上升,增强发展后劲和永续动能,提出了"4+4+6"现代化产业体系,尤其是第一次旗帜鲜明地提出发展六大未来产业,为厦门产业转型升级、做大做强提出了战略方向和具体实现路径。

第二节　产业发展带动社会经济实现跨越

厦门经济特区建设 40 多年来,牢牢抓住产业发展牛鼻子,以产业发展带动社会经济全面进步,实现历史性跨越,在建设中国特色社会主义伟大进程中书写了勇立潮头、奋楫扬帆的华美篇章,也为构建现代化产业体系奠定了更加扎实的基础。

一、综合实力实现了历史性跨越

经济总量迅速壮大。全市地区生产总值从特区建设之初 1981 年的 7.4 亿元增加到 2021 年的 7033.89 亿元,增长约 950 倍,年均增速约 18.7％;2022 年疫情防控期间仍然逆势增长,地区生产总值增长 4.4％,为 7802.66 亿元,人均地区生产总值超 2 万美元,达到发达国家水平。财政总收入从 1981 年的 1.95 亿元增加到 2021 年的 1530.21 亿元,增长约 785 倍,年均增速约 18.1％;2022 年财政收入继续保持在 1493.76 亿元。

创新体系不断完善。厦门坚持科技第一生产力,实施创新驱动发展战略,依托企业创新主体,打造福厦泉国家自主创新示范区,建设创新型城市,向高素质创新名城迭代迈进。全社会研发投入强度超 3.1％,建成嘉庚创新实验室等一批高能级创新平台,戊肝疫苗、国产宫颈癌疫苗等创新产品填补相关领域空白,创新创业创造深入人心。

产业集群效应加快显现。依托资源禀赋和特区优势,强力推动产业转型升级。在特区建设之初,从简单加工制造开始,逐步驶向高端制造业和现代服务业双轮驱动"快车道"。三次产业结构从 1981 年的 26.5：51.6：21.9 调整为 2022 年的 0.4：41.4：58.2,软件信息、平板显示、旅游会展、现代物流等 9 条产业链突破千亿级,电子信息等万亿级产业集群粗具规模,生物医药、新材料入选国家战略性新兴产业集群首批培养工程。厦门成为国家光电显示产业集群唯一试点城市、国家集成电路规划布局的重点城市。高素质企业加快集聚,全市国家高新技术企业突破 3600 家,省级科技"小巨人"企业达 491 家。

二、城市建设实现了历史性跨越

投资改变城市面貌,品质城市加速产业集聚。城市发展框架进一步拉开。特区建设之初,厦门集中力量发展岛内。1984 年,厦门经济特区成立之初的面积为湖里的 2.5 平方公里,后扩大到厦门全岛;2003 年,实施区划调整,由岛内 4 区、岛外 3 区,调整为岛内 2 区、岛外 4 区,为加快岛外发展提供了制度保障;2010 年,厦门经济特区扩大到全市范围。特别是 2002 年以来,厦门秉承习近平同志擘画的"提升本岛、跨岛发展"宏伟图景[①],深入实施跨岛发展战略,促进"岛内大提升,岛外大发展",岛内加速推进有机更新,岛外布局新城建设,城市建成区面积从特区建设初期的 38.5 平方公里增加到 2022 年的 464.77 平方公里,扩大了 10 倍以上,形成了"一岛一带多中心"城市框架,实现了从海岛向海湾型城市跨越发展。

城市发展能级稳步提升。岛内坚持"退二优三",产业优化、城市功能品质提升。岛外环东海域新城、集美新城、马銮湾新城、同翔高新城、东部体育会展新城逐步成形成势,环湾大道、生态岛、新体育中心、新会展中心等重大项目落地推进。交通、市政等基础设施不断完善,先后建成鹰厦线 1 条电气化铁路和福厦、龙厦、厦深线 3 条客专高速铁路,基本形成"一横两纵"的铁路线网空间格局;建设新机场航站区综合交通

---

① 唐晓.习近平在厦门[M].北京:中共中央党校出版社,2020:10.

枢纽、轨道交通、海沧隧道、翔安大桥等一批交通重点工程,"两环八射"快速路网加快成形;建成 5 个世界一流城市输电网综合示范区;全国首个 5G 全场景应用智慧港口、公交综合智慧系统等国家新基建示范项目加快推进。

区域协同发展取得积极成效。新型城市化建设扎实推进,汀溪镇、灌口镇分别入选国家、福建省首批特色小镇;美丽乡村建设和移民造福工程加快实施,集美区城内社、海沧区院前社、同安区军营村、翔安区云头村等被列为省美丽乡村建设示范典型村庄,城乡统筹发展水平稳步提高。厦漳泉都市圈、闽西南协同发展区建设加快推进,厦门泉州经济合作区、厦门龙岩山海协作经济区建设进一步深化,闽粤赣十三市合作机制不断健全,厦漳港口完成一体化整合。

三、民生保障实现了历史性跨越

人民生活品质大幅提高。2022 年全体居民人均可支配收入为 67999 元,城镇居民人均可支配收入、农村居民人均可支配收入分别由 1981 年的 482 元、264 元增加到 2022 年的 7.05 万元、3.23 万元,年均增速分别达 12.9％、12.4％,实现了由解决温饱到高质量全面小康的飞跃。

公共服务水平不断提升。强化财政民生投入保障,民生相关支出占全市公共财政支出 70% 以上,教育、医疗、社保等基本公共服务均衡化、一体化水平显著提升。基础教育均衡发展满意度保持全国前列;在全国范围内率先建立统一并覆盖城乡全体居民的基本医保制度;率先构建公共租赁房、保障商品房等多层次住房保障体系,创新探索了保障房"地铁社区"建设供给模式,形成具有厦门特色的住房保障模式;实现城乡低保标准全市统一;建立高质量整合型卫生健康服务体系,先后引进复旦大学附属中山医院厦门医院、川大华西厦门医院等一批高水平医疗机构;全市公共文化设施人均享有率居全国前列,成为国家公共文化服务体系示范市;实现居家养老服务全覆盖,养老机构医养结合覆盖率达 100%。

人与自然和谐发展的格局加快形成。秉承习近平总书记提出的"绿水青山就是金山银山"①发展理念,高标准建设国家生态文明试验区,探索生态保护地方立法,先后荣获"国家园林城市""国家卫生城市""国家环保模范城市""全国绿化模范城市""国际花园城市""国家森林城市""国家生态市""海洋生态文明示范区"等称号,入选"全国十佳人居城市",还获全国城市环境综合整治特别奖、中国人居环境奖、联合国人居奖等。2021年,厦门空气质量综合指数在全国168个重点城市中排名第六;2022年空气质量仍然保持全国前列。流域国控断面、主要河流省控断面、小流域省控断面、小流域"以奖促治"断面、饮用水源地和黑臭水体等水质实现"6个100％"达标;生活垃圾分类考评连续18个季度全国第一。率先设立海洋碳汇和农业碳汇交易平台,低碳实践走在全国前头。

四、社会文明实现了历史性跨越

民主法治建设扎实推进。全面推进依法治市,率先出台《厦门经济特区促进社会文明若干规定》《厦门经济特区多元化纠纷解决机制促进条例》等多部地方法律法规,荣膺全国"四五""五五"普法先进城市。法治政府建设在全国居前,获评"法治政府建设典范城市",政府透明度指数全国第一。

社会主义精神文明建设不断加强。持续深入创建全国文明城市,荣获全国文明城市"六连冠",蝉联全国双拥模范城。关注未成年人和大学生群体,获评"全国未成年人思想道德建设工作先进城市"。持续推进文化强市建设,获评"国家公共文化服务体系示范区";鼓浪屿成功列入世界文化遗产名录,成功举办金砖国家文化节等一系列重大文艺活动,文化精品工程取得突破。

---

① 哲欣.绿水青山就是金山银山[N].浙江日报,2005-08-24.

城市治理现代化水平不断提升。平安厦门建设持续深化,打造了
"大数据＋扫黑除恶"、网约车监管"五个全国第一"、"e政务"便民服务
等全省全国典型案例,矛盾纠纷多元化解机制经验在全国推广,群众安
全感率99.358％,保持全省第一。美丽厦门共同缔造、社区网格化管理
服务、近邻党建等社会治理创新走在全国前列。创建国家食品安全示
范城市,率先打造全链条可追溯食品安全追溯平台,获评全国重要产品
追溯体系建设示范工作第一名。入围中国智慧城市十强,"i厦门"荣获
2019年中国智慧城市创新示范奖。

五、改革开放实现了历史性跨越

全面深化改革纵深推进。探索市场经济体制改革,率先开展国资
国企、金融体制、现场财税制度、价格流通体制等一系列改革探索,厦门
自贸片区全国首创上百项改革举措,其中多项在全国复制推广,国际贸
易"单一窗口"、建筑工程项目审批制度改革获国家领导表扬肯定。持
续深化"放管服"改革,致力简政放权、政府职能转变,率先开展撤销八
大工业局、实行重大片区开发建设的指挥部模式等改革,率先全国破局
推进"多规合一"改革,建设唯一的全国性中小企业融资综合信用服务
平台,获评"全国营商环境标杆城市"、首批"全国信用示范城市"、首批
"全国法治政府建设示范市"。社会领域改革持续加力,义务教育均衡
发展改革国家试点率先通过国家评估认定,"慢病先行、三师共管"的分
级诊疗体系获全国推广,在全国首先实现药品集中采购和使用试点工
作落地实施,率先建立全覆盖、一体化的城乡居民社会保障体系,居家
和社区养老服务改革试点获评全国优秀。

全方位高水平对外开放格局加快形成。厦门主动融入世界经济大
循环,从出口加工区到保税区再到保税港区,从综改试验区到自贸试验
区再到金砖创新基地,形成不断迭代升级、多种开放层次共存共生的对
外开放体系,对外开放的大门越开越大,城市品牌越来越响,由偏居一

隔的沿海小岛发展成为国际性综合交通枢纽、四大国际航运中心之一、东南沿海区域性航空枢纽,为"引进来"和"走出去"提供重要支持。贸易进出口总额从 1980 年的 1.41 亿元增加到 2022 年的 9217.75 亿元,增长了 6537 倍,年均增速达 23.27%,外贸进出口总额占全省近一半,外贸综合竞争力位居全国前列,发展成为中国主要液晶面板出口基地、电脑出口基地和民用飞机维修基地、世界最大的钨制品生产出口基地。实际使用外资从 1983 年的 0.08 亿美元增加到 2022 年的 22.1 亿美元,批准外商投资企业超过 1.4 万家。厦门港拥有 156 条海上航线和 36 条国际航空航线,通达全球 149 个港口和城市,2022 年厦门港集装箱吞吐量全国排名第七位。组建"丝路海运"联盟,推动海路无缝对接。中欧(厦门)班列累计开行 1000 列,通往亚欧 12 个国家。在习近平总书记的关心下,金砖国家新工业革命伙伴关系创新基地正从创新和数字发力,在双循环中发挥越来越重要的作用。

六、对台融合发展不断取得新突破

经贸合作日益紧密。依托杏林、集美、海沧 3 个国家级台商投资区及东南国际航运中心、两岸金融中心、大陆对台贸易中心等重大平台建设,不断创新"以商引商""驻点招商""产业链招商"等招商模式,厦门成为台资企业最早登陆地,两岸产业对接重要集中地,大陆从台湾地区进口水果、酒类、大米、图书及声像制品的最大口岸。截至 2021 年底,累计批准台资项目 9039 个,批准赴台投资项目 56 个,赴台投资总额 2.15 亿美元;实际使用台资 117.35 亿美元,合同使用台资 203.26 亿美元。2022 年,厦门新批台资项目 712 个,当年实际使用台资 1.5 亿美元,合同使用台资 33.8 亿美元。

人文交流持续活跃。持续举办郑成功文化节、保生慈济文化旅游节、朱子文化节等两岸文化交流活动,成为两岸人文交流最活跃的地区之一;构建海峡论坛、台交会、文博会、海图会等 50 多个大型对台交流活动平台;持续开展两岸百名中小学校长论坛、两岸职业教育论坛、两岸医药卫生交流与合作会议等交流活动;积极开展厦台社区交流对接,累计推动厦台近百对社区村里结对共建,兴隆社区获批设立福建省基层对台交流示范点。

　　两岸往来更加便捷。以"小三通""大三通"为基础,开放航权,优化航路,增辟航线,增加航班,优化两岸海空直航运输体系,成为两岸往来最便捷的通道。获批开展厦台海运快件业务,开通绿色通道实现农副产品快速通关,构建两岸跨境电商供应链服务体系,实施台胞来往大陆免签注政策,全国率先试点启用电子台胞证,建成"i海台"厦金航线票务系统,实现与金门方面的无缝对接。截至 2021 年底,海上集装箱吞吐量 455.6 万标箱;空中货运吞吐量 25.4 万吨;厦金航线出入境旅客累计 1979.9 万人次,占两岸"小三通"的 90%;经厦门口岸赴台旅游累计 319.9 万人次。2022 年,厦门对台进出口贸易额 454.5 亿元,中欧(厦门)班列新增中国台湾—厦门—圣彼得堡海铁联运线路。

　　同胞融合稳步发展。成为台胞在祖国大陆工作创业、居住生活的温馨家园,创新设立台胞服务中心、台胞驿站、台胞之家、台胞同心会等涉台服务机构,更大力度保障台胞创业就业、子女入学、就医社保、参政议政等方面的权益待遇,两岸民众情感融合日益增强。出台《厦门市打造台胞台企登陆第一家园"第一站"的若干措施》实施细则。全市已有两岸青创基地近 30 个,累计入驻台湾青创团队 500 个,吸引台湾青年超 3500 人。为在厦 1 万多名台胞办理了台湾居民居住证,发放近 4000 张台胞专属信用卡。

第三节　厦门现代化产业体系的特征

　　经过十几年的引导、发展,电子信息、机械装备等先进制造业支撑作用强劲,生物医药、新材料、新能源等战略性新兴产业不断成长,引擎带动作用深远,海洋高新、文化创意等产业地方特色明显,商贸物流、旅游会展、金融服务业发展"五中心一基地"助力建设,形成先进制造业和现代服务业双轮驱动、科技创新引领产业发展、地方特色明显的现代产业集群。2022年厦门地区生产总值7802.66亿元,增长4.4%,三次产业比重0.4:41.4:58.2,高技术制造业增加值占规模以上工业增加值42.2%,电子信息产业向万亿级产业集群迈进,生物医药、新材料入选首批国家战略性新兴产业集群。厦门新兴产业企业快速成长,2022年拥有国家高新技术企业3600多家,2021年筛选出高技术高成长高附加值企业2512家。2020年疫情暴发后,有30%以上的"三高"企业实现50%~100%增长。① 新兴产业研究基础雄厚,拥有国家、省、市级重点实验室212家,在新能源、计算机科学与技术、生物医药等领域,开展应用基础研究和关键核心技术攻关,取得一系列重大突破。2022年全社会研发投入强度3.2%,全市有效发明专利拥有量2.4万件,同比增长21.59%。

一、先进制造业与现代服务业双轮驱动

在新一代信息技术方面,厦门重视电子信息产业发展,坚定创新驱动、内生发展。目前初步形成以平板显示、计算机与通信设备、半导体和集成电路、软件和信息技术服务业等为特色的新一代信息技术产业体系。2022年电子信息产业集群规模达4615亿元,是厦门第一大支柱产业。2021年电子信息制造业规上企业311家,拥有宸鸿、天马、电气硝子、联芯、士兰微、通富微电、浪潮、神州鲲泰等世界级知名企业,是国家光电产业集群唯一试点城市,平板显示业规模位居全国前六。厦门的LED光源类高端产品制造全球领先,厦门是其重要的出口基地,

---

① 胡昌升.加快建设高素质高颜值现代化国际化城市[J].求是,2020(24):64.

产品产量占全球 30％以上，出口量占全国 40％左右；计算机与通信设备产业整机品牌具有全球影响力，集成电路产业进入国家集成电路规划布局重点城市，5G 试点应用持续推进，已拥有多个"国"字号资格；人工智能产业生态粗具雏形，瑞为人脸识别系统为北京大兴、首都机场服务；"阿波龙"无人驾驶小巴已在 25 个城市实现商业应用；2021 年软件业收入 1368 亿元，在健康医疗、动漫游戏、信息安全、大数据等细分领域领先全国，美亚柏科、威尔信息、科拓、路桥信息等企业积极参与"智慧城市"建设，打造"多规合一"平台、电子口岸平台、城市公共安全管理平台等数字化治理方案，在全国示范推广。

在机械装备方面，2022 年完成工业总产值约 2379 亿元，拥有规上企业 1145 家，涵盖客车、电力电器、航空维修、通用设备制造和专业设备制造等多个领域。大中型客车市场占有率和技术水平居国内领先，是国内主要的工程机械、中低压开关制造基地。3 家企业被评为国家技术创新示范企业，4 家企业技术创新中心被认定为国家级企业技术中心，10 家企业技术创新中心被作为省级企业技术中心，为推动智能制造铺垫篇章。

在商贸物流方面，2022 年实现产业集群规模 11827 亿元，外贸进出口总额 9225.59 亿元，增长 8.2％，位居全国第八，2021 年实现服务贸易净出口额 705.4 亿元，增长 49.3％，外贸依存度居全国第四，获批跨境电子商务综合试验区、全面深化服务贸易创新发展试点、供应链创新与应用示范城市、国家进口贸易创新示范区、国家文化出口基地、国家数字服务出口基地等国家级试点，自贸试验区建设成果显著。2021 年实现会展经济效益 174.6 亿元，举办展览 104 场，荣获"中国最具影响力会展城市""中国最具竞争力会展城市""中国十佳会展名城""金五星优秀会展城市"称号。2021 年实现现代物流业总收入 1527.1 亿元，增长 17.4％，港口集装箱吞吐量 1204.6 万标箱，增长 5.6％，位居全国第七、世界第十三，荣获"国际性综合交通枢纽城市""国家物流枢纽承载城市""东南国际航运中心""中国快递示范城市""绿色货运配送示范城市"等称号,是东南沿海区域性海陆空枢纽港。

在金融服务方面,2022 年厦门金融业实现产业集群规模 1918 亿元,增加值 893.78 亿元,增长 5.8%,本外币存贷款余额突破 3 万亿元。拥有厦门金圆投资集团、厦门银行、厦门国际银行、厦门农商银行、长城国瑞证券、金圆统一证券、君龙人寿、富邦财险、厦门两岸股权交易中心等金融机构 277 家,法人金融机构总部 19 家,小额贷款、融资租赁、商业保理、融资性担保等地方金融组织约 500 家,基本形成功能完备、运行稳健的多元化金融服务体系,获批建设两岸区域性金融服务中心。

在文化创意方面,2022 年厦门 671 家规上文化法人单位实现营收 1855.79 亿元,增长 15%。拥有吉比特、今日头条、咪咕动漫等数字内容制作企业和舞刀弄影、思凯文化传媒等网络新业态企业,形成 11 个国家级文化产业示范园区和示范基地,22 个福建省文化产业示范基地。天翼爱动漫和一品威客获评国家级文化和科技融合示范基地,成功打造出一批具有影响力的知名文化品牌,海峡两岸文博会、金鸡百花电影节为加快文化创意产业发展注入新的动力。

二、战略性新兴产业剑指创新

在生物医药方面,经过多年培育和发展,厦门生物医药产业发展迅猛。2022 年,全市生物医药产业工业总产值 1255 亿元,增长 27.9%,已入选国家发改委战略性新兴产业集群。海沧核心区集聚医疗器械及诊断试剂、小分子创新药、生物制品、保健食品、化妆品生物医药企业。翔安数字经济产业园、集美、同安、火炬高新区形成错位发展格局,拥有大博医疗、艾德生物、英科新创、万泰沧海、盛迪、宝太生物、万泰凯瑞、安普利、致善、未名、力品等一批生物医药企业,全球首个戊肝疫苗、首个国产宫颈癌疫苗等创新产品填补相关领域空白。拥有完善的创新支撑体系和产学研协同创新体系,政策配套比较完善,形成较强产业集聚效应。

在新材料方面,新材料是重点打造的千亿级产业群之一,2022 年新材料产业实现产值 1250 亿元,增速 16.4%,新型功能材料产业集群已入选国家首批 66 个战略性新兴产业集群;涌现出一批新材料细分领域的龙头企业,包括厦钨、三安、厦顺等具有较高国际影响力的企业及瀚天天成、金旸科技、凯纳石墨烯等骨干企业。打造厦钨永磁电机产业园、盛德、通测电子、新页科技等园区平台,具备较强研发创新能力,拥有厦门大学、华侨大学、厦门理工学院、中科院海西研究院厦门稀土材料研究中心、中船重工 725 研究所厦门材料研究院等科研院所,建成 34 个新材料企业技术中心(其中国家级 8 个、省级 8 个),8 个工程技术研究中心和 23 个重点实验室。在先进基础材料、关键战略材料和前沿新材料等方面具备一定技术优势。

三、因地制宜发展产业海陆齐聚

在海洋高新方面,近年来,厦门多措并举加快打造海洋经济千亿级产业链。2022 年,海洋经济生产总值 2322 亿元,增长迅猛。拥有省级海洋龙头企业 4 家,市级龙头企业 22 家,在 A 股上市海洋企业 9 家。先后获批国家海洋高技术产业基地、国家科技兴海产业示范基地,获得"国家海洋经济创新发展示范市"等荣誉称号,是全国首批 14 个海洋经济发展示范区之一。

在都市型现代农业方面,2022 年,厦门都市型现代农业产业集群实现销售收入达 1170 亿元,同比增长 6.4%。累计引进、培育种子种苗企业 13 家,象屿股份、安井食品入选全国农业产业化龙头企业百强名单,占全省入选企业数量的三分之一。推广龙眼、荔枝、蜜柚等水果高接换种,引种台湾地区特色水果,调整水果种植结构,形成"翔安胡萝卜""同安紫长茄""军营红西红柿"等一批品牌;农业科技成果获得国家级科技进步奖 1 项、省部级科技进步奖 14 项。2022 年,全市农村居民人均可支配收入 32323 元,增长 8.1%,农民收入总量保持全省首位,增幅居全省第三。其中,工资性收入 20175 元,占农民收入 62.4%,成为农民收入的主要来源。同安区获批国家农村产业融合发展试点示范县(区),翔安区新圩镇、同安区汀溪镇获批省农村产业融合发展试点示范镇,同安区莲花镇获评全国首批乡村旅游重点镇,军营村入选全国"建党百年红色旅游百条精品线路"。

尽管厦门产业现实特征明显,产业发展、产业转型升级和现代化产业体系建设取得突出成绩,但是面临新的形势,仍然存在以下不足。

一是工业化进程滞后于城市化进程。一定程度上存在"过早去工业化"的现象,制造业竞争力不强的前提下相关比重的下降速度偏快,2012 年城市化率为 88.6%,当年第二产业占比为 48.5%,第三产业比重为 50.7%,第三产业比重超过第二产业比重,从此以后,第二产业占比持续下降,而城市化率持续上升,到 2022 年城市化率为 90.2%,而第二产业比重下降至 41.4%。工业化进程滞后于城市化,加剧了实体经济结构的失衡,对实体经济发展产生冲击,不利影响逐步显化,制造业、生产性服务业等实体经济的发展与生态亟待改善。

二是产业创新能力不强、区域创新体系不健全。由于厦门产业发展初期过于倚重吸引跨国公司,超过 100 个国家和地区的外商在厦门投资创业,工业产值的 70% 来自外资企业,进出口的 40% 也来自外资企业。虽然可以迅速做大规模,但是由于相当多外资战略布局听从母公司安排,因此其核心技术研发中心均不在厦门,从表面看是高技术企业,但在厦门制造仅局限于简单装配加工,技术含量不高;厦门内部各区产业协调性差,与周边地区产业亦缺乏协同,相关部门对构建区域全产业链的可行性和局限性缺乏系统性认识,产业链、创新链和价值链的协同性、开放性有待强化。由于链主企业和核心配套企业缺失或存在差距,处于产业链价值链低端环节,因此产业链供应链安全风险加大。

三是金融和实体经济、房地产和实体经济的结构性关系存在不同程度的失衡。金融发展离不开经济支撑,但受到城市经济总量、实体经济发展水平、地理腹地和人口规模的制约,厦门金融本地发展空间有限,资源要素过多流入虚拟经济或资金空转,房地产吸引资金过多,导致价格偏高,居高不下的房价使厦门错失低成本快速工业化的机会窗口。城市生活成本和产业繁荣度是吸引人才、劳动力的重要因素,厦门过高的房价和产业发展局限性导致对人才的吸引力不足,高新行业专技人员短缺严重,劳动力结构老化,素质有待提升,人力资源与产业发展的协同亟须加强。

当下经济由高速增长阶段转为高质量发展阶段,转变发展方式,优化经济结构,转换增长动力,推动产业持久永续发展,实现质量变革、效率变革、动力变革,急需重构厦门现代化产业体系。

第四节　厦门构建现代化产业体系核心内容

立足新发展阶段,坚持新发展理念,构筑新发展格局,要抓住构建现代化产业体系核心任务,以实际行动推进高质量发展,推进改革开放,推进两岸融合,继续当好改革开放的排头兵,勇立潮头、勇毅前行,努力率先实现社会主义现代化。

要立足厦门现有产业基础,分门别类梳理发展现状,明确产业发展中的方位、产业发展趋势及不同梯度层次,按照先进制造业与现代服务业双轮驱动,发挥部分领域先发优势,从提升产业链供应链现代化水平角度,确保电子信息、机械装备等制造业基本盘,以重点支柱产业基本盘,带动传统产业向高端化、绿色化、数字化、智能化方向发展。

一、大力发展支柱产业

支柱产业,是产业规模在国民经济中占比大、技术先进、拥有优势企业和有竞争力的品牌的产业,在全国居于比较优势地位。从目前普遍认知看，支柱产业增加值应占 GDP 比重 6％～8％或更高。

电子信息和机械装备制造业为代表的先进制造业是先进生产力的代表，是加快建设制造强国、推动经济高质量发展、提升竞争力的关键力量。

电子信息产业由电子信息制造、软件和信息技术服务业组成，厦门有较好发展基础。2021 年电子信息制造业包括平板显示、计算机与通信设备制造、半导体和集成电路等 3 个领域，合计产值占规上工业总产值比重为 36.61％，软件和信息技术服务业则由物联网、人工智能、大数据云计算、区块链和信创软件组成，其在营利性服务中占比约 30％，电子信息产业集群占 GDP 比重约为 16％。

机械装备产业集群也是厦门长期保持优势的产业集群，遍及电力电器、航空维修、大小客车、工程机械、工业机器人和精密仪器等智能制造领域，其增加值在工业增加值中的比重为 30％，是工业的重要组成部分，在 GDP 中比重约为 9％。

商贸物流则是厦门以港立市发展的重要名片，依托港口区位优势，商贸、会展、物流等生产性服务业已具备较强国际竞争力，有 3 家世界 500 强供应链企业，港口集装箱吞吐量位居世界港口排名第十三位，是中国知名的会展名城，商贸物流的发展有力支持了厦门制造业发展，同时服务周边区域乃至全国、全球，辐射带动作用明显。2022 年由批发零售、交通运输仓储和邮政组成的商贸物流业增加值在 GDP 中的比重为 17.67％，成为厦门产业发展中坚力量。

作为区域性金融中心，打造金融科技、财富管理创新高地，结合厦门港口生态优势，发展航运金融、绿色金融和供应链金融，推动国际航运中心建设、生态环境建设，保持供应链稳定，提升金融服务实体经济水平和能力。从现有数据看，金融增加值在 GDP 中的比重为 11.45％，金融服务促进全产业链优化升级，并提供要素保障和支撑。

由于上述产业发展优势明显，对厦门 GDP 贡献超过 50％，是厦门强动能稳增长的主力军和支柱。

二、加快发展战略性新兴产业

在抓住先进制造业、现代服务业双轮的同时,要应急谋远相结合,既考虑现实基础,也要给厦门未来发展增添永续动力。因此有必要将战略性新兴产业和未来产业纳入发展的框架范围。

战略性新兴产业是指以重大技术突破和重大发展需求,对经济社会全局和近5~10年发展具有重大引领带动作用、成长潜力巨大的产业,是新兴科技和新兴产业的深度融合,代表着科技创新和产业发展方向。对照国家提出的"加快壮大新一代信息技术、生物技术、新能源、新材料、高端装备、新能源汽车、绿色环保以及航空航天、海洋装备等"九大领域和福建省提出的七大领域,立足现有产业发展基础和科技创新后备能力,突出成长快、技术先进和厦门城市特点,选择生物医药、新材料、新能源、文化创意4个战略性新兴产业。

2003年厦门就把生物医药作为新兴产业推动发展。经过多年培育,生物医药目前呈现爆发式增长,已经成功列入国家战略性新兴产业集群。在发展新药、精准医疗、高性能医疗器械等领域重点突出,拥有全球及国内一批知名产品和万泰沧海、大博医疗等一批代表性企业。2021年,厦门部分检测企业获得国际认证,产品销量快速增长,生物医药增长迅猛,在疫情防控中发挥了积极作用。

新材料是厦门原有10条千亿级产业链之一,已列入国家战略性新兴产业集群,以特种金属材料、无机非金属材料和先进高分子材料为主,为电子信息和新能源产业服务,是电子信息和新能源产业发展的重要支撑。相关科研基础扎实,拥有全球市占率较高的厦门钨业及厦顺铝箔等代表企业,2022年产值超过千亿元,同比增速为16.4%。

新能源是近年发展势头迅猛的产业,在促进技术创新和绿色发展上做出重要贡献。厦门在新能源产业方面有一定的基础,在能源互联网、新能源电池、光伏、储能领域都有一批代表性企业。新能源是未来一段时间厦门经济快速成长的增长源。2022 年,厦门新能源产值增长40.7%。

文化创意是厦门重要的城市名片,也是软实力的核心体现。厦门获评国家文化出口基地、国家级智能视听产业基地,金鸡奖长期落户厦门,在影视、网络视听、创意设计、数字内容与新媒体等领域拥有相当影响力。2022 年实现总收入接近 1900 亿元,同比增速 15%。

战略性新兴产业具有重大引领带动作用,是知识技术密集、物质资源消耗少、成长潜力大、综合效益好的产业,是引导未来经济社会发展的重要力量[①],也是厦门持续发展的动力。

三、谋划发展未来产业

应急谋远,在牢牢把握支柱产业基本盘,加速发展战略性新兴产业的同时,还要进行产业储备,发展未来产业。未来产业是受前沿技术推动,以满足社会经济不断升级的需求为目标,代表科技和产业长期发展方向,对经济社会具有全局带动和壮大引领作用,当前处于萌芽或产业化初期的前瞻性、基础性新兴产业。

着眼于未来竞争新优势、服务国家战略和地区发展需要,立足现有或在建的国家级、省级创新平台,拥有高校科研机构"从 0 到 1"原始创新研究技术支撑,在第三代半导体、氢能与储能技术、基因与生物技术等产业领域同步全球,并布局部分代表性骨干企业,同时结合未来网络、前沿战略材料、深海空天开发等三个领域所拥有的一定技术成果储备,综合布局未来产业六大方向。

---

① 国研室.怎样发展战略性新兴产业?[EB/OL].(2013-03-29).http://www.gov.cn/2013zfbgjjd/content_2365288.htm.

四、构建"4＋4＋6"现代化产业体系

新时代厦门构建现代化产业体系,就是要以先进制造业与现代服务业双轮为支柱,以战略性新兴产业和未来产业为后劲增长点,形成梯度发展的宏观格局。通过现代化产业体系,发展新质生产力,推动高质量发展,促进产业转型升级,加速实体经济、科技创新、人力资源和资本要素融合发展。

以支柱产业双轮为基础,战略性新兴产业和未来产业为两翼,形成稳定发展的基石与腾飞的翅膀。三者之间形成互为基础、互为促进的梯度发展的协同关系,支柱产业构成发展基本保证,战略性新兴产业和未来产业代表新一轮科技革命和产业变革方向,为支柱产业集群指明新的发展方向,助力支柱产业集群发展,是新质生产力的重点内容,也是未来经济增长的潜力。未来产业与支柱产业集群、战略性新兴产业之间最终将形成跨产业交叉、跨区域协同发展,支柱产业和战略性新兴产业的发展既对未来产业发展提出需求,也给未来产业发展提供强大物质基础、技术支持及全链式融合保障。

因此,新时代厦门现代化产业体系由四大支柱产业集群、四大战略性新兴产业集群与六大未来产业构成。(见图 2-2)

四大支柱产业集群具体包括电子信息产业集群、机械装备产业集群、商贸物流产业集群、金融服务产业集群。

电子信息产业集群重点发展 AMOLED(active matrix organic light emitting diode,有源矩阵有机发光二极管)等新型平板显示,智能终端、通信关键组件、电子元器件等计算机与通信设备制造,先进特色工艺制造、芯片设计、封装测试等半导体和集成电路产业,大力发展物联网、人工智能、大数据、云计算、区块链等软件和信息技术服务业。

机械装备产业集群重点发展电力电器、航空维修、新能源汽车及高档机床、精密仪器等智能制造装备领域,围绕优势特色,壮大规模,提升

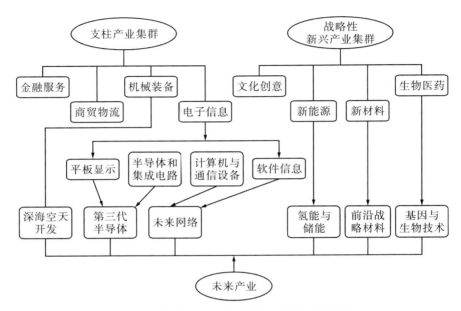

图 2-2　厦门"4＋4＋6"现代化产业体系示意图

配套能力，实现规模化、智能化、高端化、集成化。

　　商贸物流产业集群重点发展货物贸易、服务贸易、会展等，推动跨境电商发展，促进航空维修服务、数字服务和文化服务发展，打造国际贸易中心，建设国际会展名城。构建现代物流产业体系，大力发展冷链物流、城乡配送、智慧物流、绿色物流，建设国际航运中心。

　　金融服务产业集群重点发展金融科技、绿色金融等现代金融特色业务，建设区域性金融中心。

　　四大战略性新兴产业创新能力强、增长潜力大、发展后劲足，具体包括生物医药、新材料、新能源、文化创意。

　　生物医药重点发展创新药、体外诊断设备与试剂、高端医疗装备等医疗器械，培育第三方医药检验检测服务、医药合同研发等生物医药服务业，布局海洋生物科技、高价值化妆品、生物育种等相关领域。

　　新材料重点发展光电信息材料、稀土功能材料、新能源材料、高性能膜材料等领域,打造具有国内影响力的新型功能材料国家战略性新兴产业集群。

新能源重点发展新能源电池、光伏、储能、智能电网、能源互联网等领域,完善以锂电池制造为龙头的产业生态,打造千亿规模新能源产业集群。

文化创意重点发展影视、网络视听、文化旅游、创意设计、动漫游戏、艺术品、音乐等领域,创建新时代中国影视中心、网络视听产业之城、时尚创意艺术之城。

六大未来产业的发展目标是推动未来技术突破与产业化,推动在厦高校或科研机构整合力量,引进一批新型研发机构,强化企业创新主体地位,提升未来产业领域的自主创新能力,推动未来产业发展。具体组成是第三代半导体、未来网络、前沿战略材料、氢能与储能技术、基因与生物技术、深海空天开发。其中,第三代半导体发挥重要作用,既能推动四大支柱产业集群和四大战略性新兴产业集群发展,又能在未来产业中起到引领支撑作用。(见图 2-3)

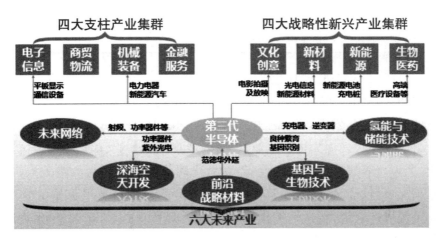

图 2-3　厦门"4＋4＋6"现代化产业体系构建

进一步看,主体突出,两翼明确,梯度发展,持续推进。产业发展不仅表现为时间轴上不断演变，而且在空间维度上，根据资源禀赋和发展特色基础，各区通盘合力、错位发展。发展起步较早、文教资源丰富的思明、湖里、集美加快商贸物流及文化创意等现代服务业发展，而海沧、翔安、同安则更侧重先进制造业及战略性新兴产业发展。各区发展各有特色，由此构成具有层次清晰、特色明显、协同推进、持续发展的梯度结构的更具竞争力的"4＋4＋6"现代化产业体系，从而推动实现连续性跳跃升级。

表 2-1　现代化产业体系各产业集群在厦门各区的布局

行政区和特殊区域	支柱产业与战略性新兴产业
思明	电子信息、金融服务、商贸物流、文化创意
湖里	机械装备、电子信息、商贸物流、金融服务、文化创意
集美	机械装备、电子信息、商贸物流、文化创意
海沧	生物医药、电子信息、新材料
同安	机械装备、新材料、新能源、文化创意
翔安	电子信息、机械装备、新能源、新材料、生物医药
自贸试验区	商贸物流、机械装备、金融服务、文化创意
火炬高新区	电子信息、机械装备、新能源

厦门"4＋4＋6"现代化产业体系是"5＋3＋10"现代产业体系的延伸和拓展。2014 年厦门市委十一届八次全会站在世情、国情、时情的高度，立足厦门实际，提出加快产业转型，构建"5＋3＋10"现代产业体系。即以加快发展先进制造业、大力发展现代服务业、优化提升传统产业、着力培养战略性新兴产业、做精做优现代都市农业为战略重点，以龙头大项目、园区载体、创新环境为主要抓手，培育打造平板显示等 10 大千亿级产业链，包括平板显示、计算机与通信设备、机械装备、生物医药、新材料、旅游会展、航运物流、软件与信息服务、金融、文化创意。2022 年厦门市委、市政府提出并确立了"4＋4＋6"现代产业体系，逐步过渡到现代化产业体系，高度重视科技创新在产业发展中的作用，将

10 条千亿级产业链按照厦门发展特点和国家使命要求有机组合起来。电子信息、机械装备、生物医药、新材料、新能源和六大未来产业直接与国家战略性新兴产业契合,而商贸物流、金融服务及文化创意产业则充分体现厦门"十四五"规划关于国际航运中心、国际贸易中心、国际旅游会展中心、区域创新中心、区域金融中心和建设金砖国家新工业革命伙伴关系创新基地建设要求,充分体现先进制造业与现代服务业融合发展,体现厦门地方特色,其核心与国家战略性新兴产业高度吻合,完全一致。

厦门"4+4+6"现代化产业体系充分融入了党中央精神。党中央号召加快发展现代化产业体系,推动经济体系优化升级;坚持把发展经济着力点放在实体经济上,坚定不移建设制造强国、质量强国、网络强国、数字中国。按照国家要求,厦门构建"4+4+6"现代化产业体系,致力于推进产业基础高级化、产业链现代化,提高经济质量效益和核心竞争力,推动先进制造业集群发展,加速互联网、大数据、人工智能等同各产业深度融合,构建一批各具特色、优势互补、结构合理的战略性新兴产业增长引擎,培育新技术、新产品、新业态、新模式;促进平台经济、共享经济健康发展。鼓励企业兼并重组,防止低水平重复建设。

从统筹推进基础设施建设、加快数字化发展角度看,机械装备、新材料等产业提质扩量离不开数字基础设施、交通基础设施、能源基础设施,而电子信息产业发展推动基础设施建设和数字化发展,两者互为依靠、互为补充,共同前进。

从加快发展现代服务业角度看,商贸物流、金融服务、文化创意是现代服务业的重要组成部分,既有生产性服务业,也有生活性服务业;既能为供给侧提供资源保障,也能为投资、消费、出口提供助力。

综上所述,厦门"4+4+6"现代化产业体系既集中反映了厦门产业发展基础优势,又主动融入国家构建现代化产业体系、推动经济体系优化升级要求,与国家战略目标保持高度一致。

第三章
构建现代化产业体系的
重点任务

从现代化产业体系认识出发,构建现代化产业体系的重点任务,就是要大力发展实体经济,通过物质、精神文化和服务产品的生产、流通等经济活动,创造价值与使用价值,牢牢把握经济发展的主动权;要大力提升制造业增加值率,在敬大总量基础上提高效率效益,加快现代服务业融合发展,推进都市型现代农业转型升级,实现推动三次产业高质量发展。

第一节　发展实体经济

一、深刻认识厦门实体经济发展环境新变化

在经济高速增长、物质财富大量涌流、市场经济兴盛、工业化不断扩张、信息化不断深入的综合作用影响下,受疫情和地区冲突影响,全球经济正处于深度调整期,世界产业结构和空间布局发生巨大变化。数字经济、产业协作成为效率提升、经济结构优化和全球经济增长的重要动力,新产品、新模式、新业态、新产业层出不穷,全球正重塑传统实

体经济形态;跨国公司通过跨国并购、出售资产、加强研发掌握核心技术等全球化战略,不断整合全球价值链,实现转型和产业的高度垄断。

制造业正成为国际产业竞争的核心焦点,也是实体经济发展的关键。以美国为代表的发达国家开始反思脱实向虚的发展模式,重新聚焦实体经济,通过贸易保护、降低税收等方法,促进制造业的再回归;近期又出台"芯片法案"等加速对中国崛起的遏制,形成竞争态势;新兴经济体和发展中国家则以低成本替代方式大规模推进,千方百计争夺市场。

我国制造业产业体系比较完整、配套较强,在国际竞争中有一定的优势,但在产业高端技术上优势不明显。在激烈的国际产业竞争中,拥有核心关键技术的实体经济将成为地区经济发展的重要引擎。

厦门实体经济扩量提质任务紧迫。改革开放以来,厦门现代产业体系不断升级演变;从"十三五"规划提出的"5+3+10"到 2022 年提出的"4+4+6"现代化产业体系,电子信息支柱产业中的计算机与通信设备、平板显示、软件和信息技术服务等产业集群均已达到千亿产值目标,电子、机械两大支柱产业产值占规上工业的 61.0%,高技术产业增加值占规上工业的 42.2%。但与先进地区相比,差距仍然比较明显,经济总量偏小、工业投资比例偏低、企业研发投入不足、根植型民营企业不多、结构性供需失衡等矛盾依然突出。

面向未来,必须着眼解决深层次矛盾和问题,深化供给侧结构性改革,重视实体经济发展质量效益,优化产业结构,转变发展方式,转换增长动力,以实际行动落实党的二十大精神,让高素质的创新创业之城、高颜值的生态花园之城永葆青春活力。

二、大力推动厦门实体经济发展

新时代厦门必须深入贯彻新发展理念,坚持质量第一、效益优先,以供给侧结构性改革为主线,积极推进"中国制造 2025",促进实体经济向高端化、信息化、集群化、融合化、生态化、国际化方向发展,建设实体经济、科技创新、现代金融、人力资源协同发展的产业体系,全面提高产业核心竞争力。

培育壮大战略性新兴产业。抓住关键技术,建设公共技术平台,引进平台型企业,拓展上下游产业链,重点发展软件信息、半导体和集成电路、生物医药及新材料。围绕发展前景好、有基础但仍薄弱的产业,运用新技术、新模式,培育发展人工智能、生命健康、新材料、节能环保、大数据、物联网等新兴产业。

推进制造业高端化集约化。制造业加速向数字化、网络化、智能化方向延伸拓展,重点发展平板显示、计算机与通信设备、机械装备等产业,培育壮大高世代液晶面板、可穿戴设备、智能制造等市场潜力大的行业,培育智能制造生态体系。鼓励制造企业通过管理创新和业务流程再造实现主辅分离,设立面向细分行业的技术研发、信息化支撑、市场拓展、品牌运作的新型服务企业。推进"互联网＋制造业"新模式,加快构建新一代信息基础设施,打造网络、平台、安全三大体系,努力取得数字经济发展主动权和话语权。

加快制造业与服务业融合发展。现代服务业是实体经济和制造业发展的重要支撑。要围绕研发设计、绿色低碳、现代供应链等重点领域,充分激发和释放市场主体活力,切实提高生产性服务业专业化水平。依托现有工业园区和软件园二期、三期,建设一批生产性服务业公共服务平台。积极发展服务型制造,引导和支持企业向提供产品和服务转变。以集成电路为切入点,利用众创空间和设计展会,提高工业设计水平,培育一批具有核心竞争力的专业设计机构、国际知名的工业设计大师和有世界影响力的品牌。

引导传统产业向优质高效转型。对于水暖厨卫、纺织服装、食品加工和运动器材等领域,提高工业设计和智能化制造水平,加强原材料等核心技术研发,提高产品的个性化、定制化水平,培育一批提供整体解决方案、加强品牌营销、完善产业协作配套体系和公共技术的平台。

三、营造厦门实体经济发展的良好环境

明确目标,构建产业发展梯队。根据厦门产业基础、发展阶段、创新水平等,加快发展电子信息、机械装备、商贸物流、金融服务等四大支柱产业,以及生物医药、新能源、新材料、文化创意等四大战略性新兴产业,选择集中六大主题、若干方向的未来产业进行前瞻性规划和培育,构建支柱产业、战略性新兴产业与未来产业滚动衔接、竞相发力的产业发展梯队。

重视创新,大力推进科技成果转化。要重视本地高校院所与企业的合作,发挥双创基地和众创空间的潜力,构建创新生态圈,鼓励企业与民间资本融合,引导研发机构申请专利,创建行业技术标准。推进福厦泉国家自主创新示范区建设,着力布局智能硬件和软件、生物医药、新材料、高技术服务业等新兴产业,提升产业研发设计、关键核心技术攻关能力。

降本增效,立足当前谋划长远。全面落实国家增值税减税举措,继续清理规范行政事业性收费,综合施策降低企业税费负担;降低企业职工住宿成本,降低企业社保费用负担,有效缓解人工成本过快增长;加大资金投放和信用支持,鼓励企业资本市场融资,多渠道降低企业融资成本。重点组织实施传统产业数字化、智能化、精细化、柔性化等升级改造和"机器换工",先进制造业重点领域产能扩张,以及工业强基工程瓶颈领域突破等技术改造项目。扩大产业引导基金和差别化信贷政策对技术改造的资金支持,设立技术改造项目融资绿色通道。建立重点企业、重点项目融资需求清单,引导金融机构为优质项目提供融资租赁服务。

重视企业家,培育大型根植型企业。要大力弘扬企业家精神和工匠精神,千方百计提供全方位服务满足企业需要,减少对企业发展的干扰。根据厦门产业发展的需要,培育大型根植型企业和成长型中小企业,重视民营企业发展,提供企业成长的良好环境和氛围。

重视人才,建设产业人才聚集高地。壮大企业研发团队,营造有利于企业的氛围。深化和拓展"海纳百川""双百计划"等高层次人才聚集计划,大力引进和培养集成电路、石墨烯、航空维修等产业领域紧缺专业人才。畅通人才流动机制,建立企业人才和科研人才间的双向兼职、双向流动制度,支持国有企事业单位科研人员离岗创业。

完善体制机制,营造良好营商环境。抓好重大改革任务落实,综合运用财政金融政策,努力降低成本,补齐短板。推进改善营商环境的具体措施,综合评估行政审批制度改革试点工作成效,进一步简化审批环节,缩短办理时间,提高便利性,不断完善促进实体经济发展的政策,为厦门产业发展提供较好的环境。

第二节 提高制造业增加值率

以制造业为核心,以提升制造业增加值为代表,提高制造业发展水平,加速制造业转型升级,提高生产效率和效益。

一、什么是制造业增加值率

制造业增加值是地区生产总值的重要构成部分,制造业增加值率是指在一定时期内制造业增加值占制造业总产值的比重,反映降低中间消耗所带来的经济效益。计算公式为:

$$制造业增加值率=\frac{制造业增加值(C_1+V+M)}{制造业总产出(C+V+M)}\times100\%^{①}$$

---

① C 表示生产资料价值,V 表示劳动力价值,M 表示剩余价值,C_1 表示折旧价值。

增加值率是影响增加值水平的重要因素。从各国制造业与发展水平看,制造业增加值率与发展水平呈现"U 形"关系,位于"U 形"曲线左侧的国家多属于自然资源依赖型中低收入国家,制造业增加值率高,随着这些国家发展水平提高,制造业增加值率不断下降;而位于"U 形"曲线右侧的国家属于高收入国家,具有较高的工业化水平,这些国家发展水平提高将使制造业增加值率呈现上升态势。中低收入国家发展水平提高到一定程度后,制造业增加值率会重新上涨,逐渐转变为高收入国家,亦即位于"U 形"曲线左侧的国家是可以通过发展进入右侧的高收入国家行列。目前我国处于"U 形"曲线底部,须加快转型升级,不断提高增加值率。

二、厦门制造业增加值率分析

结合厦门制造业发展实际,以 2021 年为例,洞察增加值率情况。2021 年,厦门实现制造业增加值 2142 亿元,工业增加值率为 25.7%,低于全国 27.7%的平均水平。

一般意义上,工业增加值率比较高的行业有采矿业、烟草业、食品加工业、生物医药、服装鞋帽,而工业增加值率比较低的行业是电子信息、纺织、有色冶炼、农副产品加工等。

是什么导致造成厦门制造业增加值率较低?主要原因如下:电子制造业是厦门最大的支柱产业,其产值和增加值规模均列制造业各行业第一,2022 年实现总产值 3126 亿元,占全市制造业产值比重约为38%,增加值占地区生产总值比重接近 10%。电子制造业虽属于高新技术产业,但在厦门进行的多数为进口零部件加工组装环节,产品增值较少,导致增加值率普遍偏低,约比全市制造业增加值率低 4 个百分点。由于电子制造业在厦门地区生产总值中占有较高比重,很大程度上拉低了整体制造业平均增加值率水平。

尽管机械制造业产值和增加值规模位居制造业各行业第二,是厦门第二大支柱产业,2021年实现总产值2065亿元,占全市制造业产值比重为24.7%,增加值占地区生产总值比重在8%左右;但由于其增加值率仅高于全市制造业平均增加值率1个百分点,对整体制造业平均增加值率变动影响不大。

其他部分高增加值率产业,如生物医药业增加值率为40%以上,烟草制造业增加值率高达80%以上,以及部分低增加值率产业,如有色金属冶炼和压延加工业,电力、热力生产和供应业,增加值率均在20%左右,由于这些产业在制造业增加值中占比不高,对平均增加值率影响不大。2022年,由于新能源等战略性新兴产业的快速成长,厦门制造业增加值率已经明显改善。全年规上工业增加值增长4.3%,高出全国平均水平0.7个百分点。

三、提升厦门制造业增加值率的对策建议

为了提升制造业增加值率,要以创新为驱动,推进厦门制造业向高端化、数字化、智能化转型升级,推动产业链(群)向价值链两端、高附加值环节延伸。

(一)促进产业高端化发展

技术进步是提高制造业竞争力的核心,也是企业抢占价值链高端环节、提高增加值率的关键因素。厦门要坚持创新驱动,积极促进创新要素和资源在厦集聚,优化产业创新生态,引导制造业行业和企业向高端、高效和高附加值方向转型升级。

积聚产业创新资源。建立健全以国家实验室为引领,全国重点实验室、省创新实验室为重点,省市重点实验室为支撑的实验室创新体系。支持嘉庚创新实验室、翔安创新实验室、海洋创新实验室尽早纳入国家实验室布局。依托重大科技基础设施,积极争取建设一批国家工程研究中心和国家技术创新中心。围绕能源材料、光电信息、城市环境

等领域,新建一批全国重点实验室。

引进培育新型创新主体,强化科学技术研究和产业技术攻关,实现制造业关键共性技术突破,争创国家制造业创新中心、工程技术中心;吸引国内外一流高校院所、世界级领军企业来厦共同组建新型研发机构。支持在厦的科技领军企业牵头组建联合实验室、新型共性技术平台等,依托现有或新建产业技术联盟,超前布局海洋生物、海洋信息技术、海洋生态环境、海洋碳汇等海洋科学与技术领域研究;支持建设一批世界高校院所一流学科和国家一级重点学科。

优化产业创新生态。加快创新载体建设,打造区域创新策源地。加快建设"科、产、城、人、用"高度融合的一流科学城,打造厦门原始创新策源地。打造有影响力的高科技园区,发挥火炬高新区在企业、产业、双创等维度的辐射引领作用;围绕第三代半导体、平板显示、生物医药等制造业重点产业,建设科技创新园区和未来产业促进中心,创新企业筛选挖掘机制,精准引培一批研发能力强、成长潜力大、掌握关键核心技术的企业,建立前沿硬科技项目资源库,搭建政企学研深度合作平台,构筑特色创新创业生态。

推动科技创新改革,提升创新整体效能。完善科技要素配置方式,面向行业、企业需求推行"揭榜挂帅"科技计划项目。健全完善科技成果评价体系;推进政府数据开放共享,加强数据资源整合和安全保护。持续深化"双自联动"发展模式,在推动人才、技术、资本、数据、信息等创新要素跨区域跨境自由流动和高效配置方面先行先试。在原始创新、成果转化、科技金融等方面建立容错免责机制,完善与创新创造相适应的包容审慎监管方式。

推动创新开放合作。打造闽西南区域创新共同体。深入推进福厦泉自主创新示范区建设,在集成电路、氢能与储能技术等领域开展重大技术攻关。围绕科技资源、科技服务、科技金融等领域,建设一批闽西南区域共享服务平台。建立闽西南五市共建共担共享共进的协同创新机制,推动五市联合研发、资源共享、人才交流、政策互通等。支持台资企业、高校院所联合内地创新主体在厦创办实验室、离岸研发中心等。吸引和鼓励台湾地区企业、科技人员、高校人员来厦创业，支持申报国家重大科技计划项目。建立两岸科技资源共享机制，推动科技信息资源、科技人力资源、科技仪器资源、自然科技资源等资源共享共用。

加快发展金砖创新基地。推动金砖未来技能发展与技术创新研究院、国际技术转移中心、金砖国家知识产权保护协作中心、金砖未来创新园等建设。深入推进创新金砖国家间科技交流体制机制和支持政策，面向金砖国家、其他发展中国家和新兴经济体吸引一批科技领军人才、高水平创新团队、创业团队和留学生。探索共建未来技术（未来技能）创新中心，开展人才培养、项目合作和成果转化。

（二）促进产业数智化转型

围绕高增加值率的产业和产业链环节，通过"引进＋培育"等办法，做强做优链主企业，大力发展生物医药、新材料、新能源等增加值率较高的战略性新兴产业，提质发展制造业主导产业链中高附加值环节，推动增加值率较高的传统制造业转型升级。

积极发展高增加值率的战略性新兴产业。在生物医药制造领域，培育疫情应急防护装备与制品、传染病精准诊疗设备、抗病毒药物与检测试剂。推动新药研发生产，发展高性能医疗器械，鼓励发展高价值植入产品，鼓励研究突破医疗手术机器人、微创手术导航系统与设备、电子内镜诊疗一体化智能系统等智能化医疗设备。在新材料与新能源领域，推进中航锂电、海辰新能源、厦门时代等重点项目，发展新能源电池相关材料，动力、储能、消费高端应用；依托厦门钨业相对完整的钨钼产业链，突破关键技术及应用瓶颈；以推进石墨烯改性应用为重点，积极发展石墨烯应用产品，进一步拉长石墨烯产业链；推动传统橡胶产业高端化转型，创新开发高性能橡胶材料；面向本地新型显示、集成电路等产业需求，积极发展高吸水性树脂材料、聚碳酸酯、高性能热塑性弹性体等新型树脂材料。

提质发展支柱产业的高附加值环节。在电子制造业中,针对厦门存在"弱芯强屏"状况,加快核心关键技术攻关,提升全产业链能级。前瞻布局发展第三代半导体,开展关键材料设计与制备工艺攻关,实现"材料—设备—晶圆—芯片—器件"协同发展。在机械制造业中,着力推动高端装备制造发展,加大研发力度补足关键零部件、配套件和关键技术短板,推动机械装备产业向智慧产品、智能化制造转型。创新发展智能制造装备,提升工业机器人生产制造能力,培育数控机床配套零部件研发生产,深入推进数字工厂、智能车间建设。前瞻布局新能源动力航空器、新型推进技术和可重复使用空天飞行器等领域创新突破。

推动传统制造业转型升级。培育自主品牌,积极推动纺织服装、运动器材、卫浴、食品加工等产业与新技术、新材料、文化、创意、时尚等领域融合发展,拓展智能、绿色、个性化中高端产品,创立自主品牌,引导企业实施自主知识产权和自主品牌战略,培育全国乃至国际知名品牌,进一步增加品牌、品质附加值,向价值链的上游攀升;推动传统制造业内部升级改造,要按照新的消费理念和个性化需求,与新一代信息技术深度融合,进行数字化改造、智能化升级,进一步提高生产效益。

(三)优化产业招商引资

围绕提高增加值率,实施招大引强工程,重点引进科技创新带动力较强、竞争力较强的头部企业,以及独角兽、准独角兽和瞪羚企业。

明确招商重点产业和重点环节。以厦门"4＋4＋6"现代化产业体系为发展方向,紧盯具备较高增加值率的行业和重点环节,通过针对招商目标地区、产业和企业开展专题研究,明确引进项目标准,确定重点招商项目和企业,并将其纳入全市招商引资项目库;联合相应的重点产业园区形成长效合作机制,有针对性地开展重点企业招商和落地服务,着力引进一批具有重大带动作用、高技术高成长高附加值的战略性新兴产业和未来产业企业,提升厦门制造业发展整体实力和增加值率水平。

创新招商引资方式和机制。大力推行以商引商、平台招商、校友招商、资本招商、中介招商、基金招商等方式,开展闽西南协同发展区的联合招商;积极推动"风投＋科技"发展模式,为国内外各种风投机构与高科技企业的投资和科研搭建桥梁,积极引进重大创新项目。进一步理顺市区联动招商机制,对项目洽谈、落地、投产提供全程全域服务,打造专业化高素质的招商队伍。完善招商绩效考核机制,将制造业增加值率列入招商引资考核体系,使考核标准从传统的注重项目数、利用外资数转向注重引进项目的质量和其所产生的社会经济效益,推动制造业高质量发展。

第三节　加快现代服务业融合发展

坚持业态融合、生态培育、品牌塑造、数字赋能、规则创新,在稳固服务业规模存量的基础上,充分激发培育新动能增量,推动传统服务变革跃升,促进新兴服务繁荣壮大,构建服务功能强辐射、服务环节高增值、服务内容高品质的厦门现代服务业产业体系。

一、做大厦门城市能级导向的功能性服务业

建设国际航运中心。以连接全球、引领区域、多式互联为方向,建设国际化、智慧型的海陆空立体综合交通枢纽,打造口岸复合功能一体化的国际航运中心。推进厦门港区和航道重大工程建设,加快港口资源整合,有序疏解优化货运功能,增强港口承载能力。强化港口航运主体,提升高端航运服务功能,吸引境内外知名航商、航运组织和机构入驻。加快建设国际集装箱干线港,提升国际中转和集拼业务比重,加密港口国际航线。打造国际邮轮母港,拓展东北亚、东南亚邮轮航线,建设邮轮综合配套服务基地和邮轮综合体。建设国际航空枢纽和国家级

临空经济示范区,推进厦门新机场建设步伐,优化机场客货运能布局,积极拓展国际洲际航线。打造区域性高铁枢纽和国家公路主枢纽,大力发展多式联运,深入拓展经济腹地。促进物流业创新发展,提升智慧物流发展和全方位服务水平,积极发展供应链物流、电商物流、城市配送等业态,推进制造业、商贸业物流的专业化社会化,降本增效,提高物流业供应链运营的增值能力。

建设国际贸易中心。在国内大循环为主体的基础上,促进国内国际双循环,发展贸易新业态新模式,培育贸易发展新动能,推动贸易向全球价值链高端跃升,打造内贸外贸相融合、服务贸易与货物贸易同步高质量发展、具有较强资源配置能力的新型国际贸易中心。加快建设国家服务贸易创新发展试点城市和国家服务外包示范城市,提升国家数字服务出口基地能级,完善服务贸易促进机制、创新监管模式,培育发展数字贸易、金融保险、医疗健康服务等新业态,优化提升航空维修、旅游服务、融资租赁等优势领域。做大跨境电商,加快公共服务平台和线下跨境电商产业园建设,推动产业要素集聚。积极扩大进口,做强进口集散功能,推动酒类、医疗设备、高端生产设备、船舶装备等重点产品进口,支持大型外贸企业与国际消费品牌商、网络渠道商合作做大做强优质消费品进口。提高出口质量水平,多元拓展出口市场,提升高技术、高附加值产品出口比重。支持大型国有外贸企业和民营外贸综合服务企业依托金砖国家新工业革命伙伴关系创新基地等节点,在"一带一路"沿线进行全球供应链布局,培育具有自主营销能力的新型跨国外贸综合型企业。

建设国际文旅会展中心。发挥"城在海上、海在城中"生态花园城市特质,打造有国际影响力的文创名城。加快集聚优质影视资源和市场要素,发挥影视节展会作用,打造以电影产业为核心的复合型文化产业链,建设影视名城。挖掘国家级文化和科技融合示范基地的优势,围绕电竞、影视动漫、元宇宙、服装等文化创意及传统领域,培育一批具有核心竞争力的龙头企业,打造世界级的设计文化地标。打造厦门滨海旅游名片,构建"一核四区多节点"的旅游发展空间格局,培育国际知名的邮轮品牌和邮轮服务产业链,开发多元化滨海旅游体验产品体系,拓展全域旅游。增加旅游线路、扩大旅游应用场景、扩大旅游产品、完善旅游服务、优化旅游体验,吸引更多旅游人群,提高旅游消费,促进旅游与医疗服务等相关产业相结合,发展高端医疗、康复疗养等健康旅游。促进两岸旅游互动发展,加强闽西南旅游合作,共同打造区域旅游大市场。高标准建设国际会展名城,促进会展业国际化品牌化专业化发展,积极培育会展品牌企业,大力培育自主品牌展会,结合发展优势产业,策划举办一批细分市场的专业品牌展会。积极加入全球展览业协会等国际会展权威机构,大力引进境外知名会展项目,提升展会国际化运营水平。

建设区域金融中心。加快金融服务创新,打造多元化现代化金融体系,建设金融科技发展和财富管理创新高地、产融结合发展示范区,构建服务两岸、辐射东南亚、面向全球的区域金融中心。持续推动金融服务创新,积极布局金融科技产业,大力发展供应链金融、航运航空金融、绿色金融、黄金金融、文化影视金融、知识产权金融等特色业务。吸引境内外知名企业、金融机构来厦设立各类持牌金融机构、特色金融事业部,增强资本实力。做大金融机构财富管理服务,探索境内外、多层次财富管理新路径。促进两岸金融融合发展,加强金融要素集聚和资本市场合作,推进厦台机构互设,做大厦门两岸股权交易中心。探索产融结合新模式,深化银企对接,精准服务实体经济。打造创投基金聚焦地,加强各类基金引进合作,提升基金活跃度。提高金融普惠性,增加有效金融服务供给,缓解民营和小微企业融资难的问题。鼓励企业登陆多层次资本市场,做大做强厦门上市企业。

二、做强厦门价值增值导向的生产性服务业

信息服务。支持新一代信息通信技术突破,推动软件基础技术、通用技术、前沿技术等研究,促进软件企业提高产品附加值。大力发展以

人工智能、区块链、云计算、大数据、边缘计算、金融科技、5G 为代表的数字化服务，重点扶持和培育一批标志性软件和信息技术服务产品、平台、企业。增强底层数据挖掘，丰富算力，参与元宇宙等行业标准制定，激活数据要素价值，促进数据流通交易，在智能制造、智慧交通、在线医疗等领域，提供丰富的开放式数字智能和经济社会发展融合应用场景。发展物联网、工业互联网平台，促进工业生产流程再造，促进定制生产等模式创新。支持教育、医疗、金融、政务等领域的大数据应用，促进数字经济发展。发展基于机器人技术的"无人经济"，促进生产、流通和服务降本增效。

科技服务。加快发展集成电路研发设计，打造一批有影响力的国家级和省级工业设计中心。加强新材料、新产品、新工艺的研发和推广应用，打造生物医药、新材料、新能源等新兴产业协同研发中心。积极发展第三方检验检测认证服务，在轨道交通装备、智能装备等领域建设一批产品质量监督、产业计量测试等检验检测中心。开展科技担保、科技保险、知识产权质押等服务，建立适应创新链需求的科技金融服务体系。发展多层次技术交易市场体系，鼓励技术转移转化机构创新服务模式。推动众创空间专业化、市场化转型，推动有条件的企业建设产业驱动型孵化器。

专业服务。加快构建与国际接轨的行业环境，推动专业服务高层次发展。着力发展法律服务，推进海丝中央法务区建设，鼓励律师事务所以合作、合并等方式做大做强，支持律师事务所设立境外代表机构，实现法律服务跟随企业"走出去"。积极发展会计服务，支持会计师事务所总部引进和培育，加快行业数字化转型、信息化建设和品牌建设。鼓励发展人力资源服务外包、高级人才寻访等业态，发展国际化、专业化人力资源服务机构。加快发展信用、广告等服务业。

三、做精厦门消费升级导向的生活性服务业

现代商贸。鼓励运用新一代信息技术，促进商旅文体等跨界融合，

形成更多商贸新业态新模式。推动传统商贸企业创新转型升级,支持线下经营实体向场景化、互动性、综合型消费场所及线上消费转型。加快培育和引进一批综合性电子商务平台和垂直类电子商务平台,支持电商与生产、流通、消费环节加速融合。建设新型一流商圈,优化商业网点布局,培育发展观音山、五缘湾等新兴高端商圈,加快建设岛外新城特色商圈,推动传统商业街区品质化、数字化提升。吸引国际知名高端商业品牌入驻,设立品牌首店、旗舰店、体验店,提升高端消费供给能力。活跃夜间经济,提高夜间消费便利度和活跃度,不断提升消费活力。

教育服务。支持素质教育培训数字化转型,规范发展远程教育和在线教育,发展开放式教育培训云服务。坚持产教融合、校企合作、工学结合,发展满足技术技能人才培养规律的职业教育。打造高水平素质教育培训中心,建设国际职业教育资格证书考试中心与认定中心。

体育产业。打造高端体育赛事品牌,发挥新体育中心等设施优势,培育和引进符合厦门城市特质的体育赛事。积极发展酷跑运动、滨海运动、运动在线指导等新业态,重点培育健身休闲、竞赛表演、场馆服务等体育服务业,打造一批集体育培训、竞赛表演、休闲娱乐、展示展销于一体的体育服务综合体。

养老托育。积极布局"银发经济",鼓励发展基本生活照料、康复护理、精神慰藉等养老服务。发展社区养老服务,增强社区康复中心养老功能,构建以社区为依托、医养相结合的社区养老服务体系。加大对社会力量开展 3 岁以下婴幼儿托育服务的支持力度,规范发展多种形式的婴幼儿照护服务机构。

家政服务。提升家政服务机构专业能力,支持家政服务企业构建市场化职业培训平台,加强从业人员管理、服务能力提升。加快家政服务业诚信体系建设,为家政服务机构和家政服务人员建立诚信档案,引导家政服务业规范发展。

四、推动厦门服务业改革创新发展

放宽服务领域市场准入。完善负面清单修订动态调整机制,对服务业领域条目内容和有关表述做到只减不增,真正让市场主体"法无禁止即可为"。对暂时不能取消审批,也不适合告知承诺制的事项,简化办事流程、公开办事程序,明确审批标准和办理时限,以最大限度减少审批的自由裁量权。鼓励各类社会资本投向服务业,在投资核准、融资服务、财税政策等方面,一视同仁,建立统一开放、竞争有序的服务市场。

创新监管方式和机制。以开放包容的监管服务对待新业态,变"事前设限"为"事中划线""事后监管"。给予新设立的新经济企业一定观察期,在观察期内,在法规宣传的基础上,通过行政提示等柔性监管引导企业诚信守法经营,为新业态发展留足空间。建立适应新业态发展的部门协同、区域协同、市区协同机制,推行同一企业在厦不同分支机构的相对集中统一的监管模式。推进"互联网＋监管",增强对行业风险和违法违规线索的发现识别能力,实现线上线下一体化监管。开展以信用为基础的分级分类监管。

加快公共服务领域改革。分类推进公共服务供给市场化改革,鼓励社会资本参与教育、文化艺术、广播影视、新闻出版、医疗卫生、社会保障、体育、知识产权、检验检测等公共服务领域建设,增加公共服务市场有效供给。支持行业协会加强自我发展能力建设,完善社会组织、行业协会法律法规和政策体系,健全社会组织内部治理结构,推动政府向社会组织开放更多的公共资源。

第四节　推进都市型现代农业转型

习近平总书记指示，"中国人的饭碗任何时候都要牢牢端在自己手中"。要重视农业发展，向都市型现代农业转型，因地制宜，发展城郊型优质高效特色农业，大力发展种子种苗业，带动周边农业发展，加快推动第一产业与第二、第三产业的深度融合，推动创新赋能发展，大力发展智慧农业、互联网农业，塑造特色农业品牌，提高规模化、集约化、数字化水平，全面提升都市型现代农业的质量效益和竞争力。

一、发展高效特色农业产业

做精特色主导产业。立足乡村特色资源，综合考虑区位条件和产业基础，以适应市场多样化、优质化需求为导向，以壮大乡村特色主导产业和农民增收为目标，以产业富村、科技兴村、企业带村、生态建村为途径，建设一批"小而精""特而美"的"一村一品"专业村，进而形成一村带数村、多村连成片发展产业格局。

实施农业品牌行动。加快形成以区域公用品牌、企业品牌、特色农产品品牌为核心的农业品牌格局，提高特色农产品竞争力。实施地理标志产品保护工程，加大厦门名优特农产品的宣传推介和市场营销力度，扩大特色农产品的品牌影响力。支持优质农产品申报名牌产品，推进农产品商标注册，强化品牌保护，支持新型农业经营主体开展无公害农产品、绿色食品、有机食品、农产品地理标志"三品一标"认证。

做强做大种子种苗业。加强种业品牌建设，扩展蔬菜种苗产业规模，提升种子种苗业的竞争力和影响力，培育一批具有核心竞争力的种子种苗龙头企业；以花卉、蔬菜种子为核心，加快推进种业创新，实现人无我有、人有我优，提升种业质量效益；推动种业相关产业链及设施农业建设，扩大种业产出；加快厦门同安闽台农业融合发展（种子种苗）产业园建设，为种业提供发展空间；实施水产种业种苗质量提升行动，开展水产新品种试验推广、生产性能测试试点和海产品优良新品种培育，扶持水产种苗业，推进建设厦门现代水产种业园区。

稳定粮食安全生产。落实"藏粮于地、藏粮于技"战略，稳定粮食播种面积及粮食产量，逐步扩大厦门粮食生产规模。优化粮食储备规模结构，稳步提升粮食收储调控能力和储备应急能力。

二、推进一二三产业融合发展

大力发展休闲农业和乡村旅游。促进农业与文化、旅游、教育、康养等现代服务产业渗透融合，开发乡村休闲旅游产品，拓展亲子体验、特色民宿、房车营地、创意田园景观、农业节庆等休闲项目，推进乡村休闲旅游业特色化、多样化、差异化发展，打造集"特色农业、养生度假、创意文化、精品民宿"于一体的独具闽南气质的高颜值乡村旅游胜地。培育更多的乡村旅游重点村和金牌旅游村，打造乡村旅游精品线路。鼓励建设创意精品民宿，健全乡村休闲旅游投入机制，鼓励社会资本参与乡村旅游建设。

加快推进数字农业建设。充分发挥厦门信息产业、数字经济比较优势，加快农业数字化转型。依托厦门数字产业生态圈，围绕农业全产业链、价值链形成数字化融合发展，形成农业数字化品牌，促进农业生产数字化，建设智能化基地，推动建成东南区域农产品数字营销大平台，争取成为闽西南区域数字助农发展典范市。

做强农产品加工产业集群。积极推进农产品初加工发展，拓展冷冻保鲜食品、旅游休闲食品、方便即食食品及预制菜等产品，以厦门为基地、核心企业为龙头，向全国拓展延伸，推动涉农加工、制造企业进行改造升级，培育形成一批农产品加工龙头企业。

打造国际特色农副产品贸易中心。充分发挥厦门自贸试验区、金砖创新基地等国际合作平台政策优势，结合国际航运中心、国际贸易中心、国际旅游会展中心等城市发展定位，围绕重点特色农业产品的大宗交易、进出口、转口贸易等国际贸易活动制定相关的推动政策与措施，努力成为国际农产品贸易、农产品集散与农业会议会展活动领域的区域引领者。

加快推进农产品商贸物流服务业。鼓励农超对接、农批对接，鼓励大中型物流企业向农村布设配送网点，建立城乡一体化的配送网络，推进主要快递品牌进村服务全覆盖，发展农产品电子商务等新型流通业态。以水产加工企业为核心，建设完善水产品原材料供应冷链物流及水产加工销售冷链物流体系。

推动现代农业和现代金融互动发展。加大对现代农业发展的信贷支持力度，设立现代农业产业投资基金，鼓励发展农业创投，支持现代农业公司上市，多渠道满足农业发展资金需求。

三、大力实施农业智能化提升工程

推广农业物联网、大数据、空间信息、人工智能、5G等新型基础设施建设和信息化新技术新装备应用，加快建设现代农业智慧园、农业物联网应用基地，推进信息技术与现代农业深度融合，提升农业生产精准化、智能化水平，发展智慧农业。发展农村电子商务，实现农产品网络化经营。建设厦门农业大数据平台中心，搭建市、区、镇农业农村一体化数据和应用平台，健全数据资源采集体系和服务领域主题数据库，引领便民服务"一网通办"，形成覆盖全市农业生产、销售、经营、管理、服务以及乡村振兴、乡村治理的大数据决策、预警和共享应用。加强农业农村领域信用信息的归集、共享、分析、管理和使用，探索建立新型农业经营主体分级分类信用评级制度。推动市级农产品质量安全追溯管理系统与市、省、国家食安平台全面对接，完善提升农产品质量安全监管信息平台,实现数据关联匹配,推动监管"一账通"。探索运用大数据、物联网、区块链等现代信息技术,实现远程可视化监管。

实施农业机械化提升工程。因地制宜,发展特色农业机械,推进农业生产全程机械化示范基地和农机合作社建设。推进智慧农机建设,探索"互联网＋农机"和农业生产"机器换人"发展,推动互联网、物联网等现代信息技术在农机领域的应用。

四、加强厦台农业合作

深化两岸农业对接融合。着力引进一批现代农业精品项目,推进厦门特色现代农业发展。充分发挥自贸试验区作用,拓展两岸农产品流通渠道,办好海峡两岸农产品检验检疫技术厦门中心,巩固厦门两岸农产品贸易集散中心地位。完善厦台两地农业组织交流合作机制,支持两岸共同建设研究机构、开拓国内外市场,培育海峡农业品牌。提升对台渔业交流水平,加快建设欧厝渔港对台对外渔业水产品集散与交易中心。对台湾地区农业专业技术人员职业资格(非准入类)在厦实施单向采认。加强闽台蔬菜种子种苗育种、生产、人才及信息对接合作,打造两岸农业深度融合的重要载体和示范窗口。

搭建厦台农业合作新平台。扩大厦台农业技术合作交流,集成推广台湾地区农业良种及其配套技术,重点建设对台引种创新基地、海峡两岸农作物育繁推一体化合作平台,建设厦台良种繁育交流中心和台湾农业新技术新品种推广中心,着力引进台湾地区种子种苗龙头企业。支持厦台高等院校、科研院所开展多种形式的农业科研合作,鼓励吸引台湾地区优秀青年来厦参与农业农村发展相关行业,建立台湾地区高校学生农业教学实践基地。

第四章
发展重点产业链集群

　　什么是产业集群？产业集群（industry cluster）亦称"产业簇群""竞争性集群""波特集群"，即某一行业内的竞争性企业以及与这些企业互动关联的合作企业、专业化供应商、服务供应商、相关产业厂商和相关机构（如大学、科研机构、制定标准的机构、产业公会等）聚集在某特定地域的经济现象和组织形态。[①]　产业是国民经济内部按照分工，由提供同类产品或劳务的产业组成的较高层次的集合。产业间相互关联、相互依存、相互支持的上中下游环节有机连接，形成产业链。相关产业链纵横交错集聚特定空间形成产业链集群。产业链集群在产业维度、空间维度和关系维度有机耦合、同频共振，通过分工协作，实现资源共享互补，提升技术研发和创新能力，形成规模效应和集聚效应。产业链集群有助于相互竞争的企业提高竞争力，对特定产业的发展和国家竞争力的增强有重要作用。

　　什么产业链集群发展前景好，增长速度快，能够助力地区实现赶超？我们在民间故事、神话故事中，常常听到"顺风耳、千里眼、飞毛腿"的描述，例如《西游记》中孙悟空"一个筋斗云就十万八千里"，在云间畅快遨游。这从一个侧面反映了大众对美好生活的向往，希望更快、更好、更准确地获取资讯，畅通交流渠道，提高生产效率。从故事中得到启发，在厦门构建"4＋4＋6"现代化产业体系中，要率先抓住技术先进、

---

　　①　陆雄文.管理学大辞典[M].上海：上海辞书出版社，2013：103.

需求面广、满足人们需要的重点产业链集群攻关突破。结合厦门实际，我们认为新一代信息技术、生物医药和新能源产业链集群是突破口，可以重点攻关，以点到面，以重点推整体，实现弯道超车。[①]

第一节 弯道超车启示

如前所述，2021 年厦门地区生产总值为 7033.89 亿元，2022 年为 7802.66 亿元，增长 4.4%。在厦门现代化产业体系中，选择新一代信息技术、生物医药、新能源三大产业重点方向，契合现代技术发展方向，有着强大的市场需求，成长快速、经济效益好。国内外产业发展的实践进一步证明，强力推进电子信息、生物医药及新能源等三大重点产业发展，将助力厦门早日迈入万亿俱乐部。

一、强大的市场需求

未来哪些产业增速会长期高于地区生产总值增速？从需求角度看，新一代信息技术、新能源及生物医药制造业领域是技术先进、强劲需求增长点，是经济发展的基础性产业，也是总量快速成长的发力点。

第一，关于集成电路需求。在信息化、数字化时代，新一代信息技术代表人类科技发展方向，极大改善生存状态，提高生产效率。现代社会，人们生产生活的方方面面都与芯片息息相关。人工智能时代正在来临，算法、数据离不开芯片。芯片广泛应用于通信、计算机、家电、汽

[①] 值得关注的是，商贸物流、金融服务业是厦门的支柱产业，特别是港口物流是厦门的底层逻辑，需要大力推动，但是考虑到港口物流和金融服务业的发展必须依托于货物服务人员流动，只有把上述产业做大，才能推动商贸物流和金融服务业的加速发展。关于商贸物流和金融服务业的内容，在上文已有论述，本章便没有进行讨论。

车、高铁、医疗器械、机器人、各类生产设备、工业控制等各种电子产品和系统,也广泛应用于电力、信息通信、金融、能源、4C 产业、工商、教育、科研、社会治理等多个领域,小到仪器仪表,大到航天航空,从地上到天上、从生活到生产、从企业到政府,芯片无处不在。随着社会经济进步,对芯片的需求量不断增长。这从 2017 年到 2021 年中国生产集成电路数量及进出口芯片总量数据,也可看出芯片巨大的市场需求。2021 年国内共生产集成电路 3594.3 亿片(PCS),同比增长 33.3%。当年进口集成电路 6354.8 亿片,同比增长 16.9%,进口集成电路总值 4397.5 亿美元,同比增长 23.6% 左右,进口集成电路总值占当年进口总值的 16%。2021 年我国出口集成电路 3107 亿片,同比增长 19.6%。出口集成电路总值 1538 亿美元,同比增长 32%。

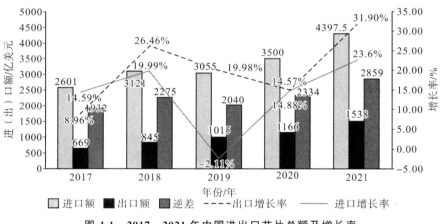

图 4-1　2017—2021 年中国进出口芯片总额及增长率

目前,我国集成电路需求量大,进口芯片金额平均为 0.69 美元,而出口芯片平均金额为 0.495 美元,出口芯片与进口芯片相比,品种不同,稍微低端一些,尚需要继续加大研发力度。随着未来信息技术的进一步发展,从 2D 维度发展到 3D 维度,从现实拓展到虚拟,集成电路的需求量将会进一步增长。

第二,关于汽车需求。与集成电路产品类似,汽车能满足各类流通出行需求,市场空间巨大。2021年我国汽车市场销售规模已连续13年居全球首位,汽车保有量已经突破3亿辆。当年汽车生产总量2608万辆,在全球汽车总产量8015万辆中,占比超过30%,超过美国、日本、韩国、德国等传统汽车生产大国。中国的新能源汽车发展一枝独秀,工信部数据表明,2021年中国新能源汽车产销均超过350万辆,在全球660万辆新能源汽车产量中贡献超过50%。由于新能源汽车适应数字化、智能化、绿色化发展方向,全球多家车企陆续发布新能源发展计划,更多科技企业开始进军新能源汽车领域,促进全球交通可持续发展,助力各国经济绿色复苏。2021年中国新能源汽车增长迅猛,同比增长1.6倍;同年欧洲市场电动汽车销量增长近70%,当年第四季度欧洲电动汽车销量首次超过柴油车,新车销售创下历史新高。在巴西、新西兰、沙特阿拉伯、新加坡等国家,电动汽车销量增幅超过200%;美国、韩国、澳大利亚市场的电动汽车销量增幅超过100%。汽车离不开能源动力,从传统动力(汽油柴油)汽车到新能源汽车,电动汽车离不开各类新型电池,以新型电池为核心,拓展新能源发展,助力双碳目标,前景广阔。

第三,关于生物医药需求。生物医药与人民生命健康安全密切相关,可以保障社会民生,提升人民健康水平,在预防和应对公共卫生突发情况、预防重大突发疾病等方面,发挥着积极作用。2020年初新冠疫情暴发后,生物医药旺盛需求更加凸显。根据艾美疫苗招股说明书所示,2021年中国的疫苗市场规模为761亿元,加上新冠疫苗之后,整体规模超过3000亿元。据中泰证券分析,新冠抗原检测产品采购需求量每月或达到560亿元,抗原检测试剂成交额也暴涨334%,市场年规模达6000亿元。长期以来,由于存在技术封锁,以美国为代表的部分西方跨国公司在医疗器械、制药领域占据垄断地位,获取高额利润,导致医疗检测费用高、创新药费用高。如果中国企业能在生物医药产业上坚持技术创新,开发出满足人民需要的产品,将对世界发展做出巨大的贡献。

二、世界 500 强榜单的启示

对照 2020 年、2021 年、2022 年三年《财富》世界 500 强榜单，可以看出中国企业一路高歌猛进，迅速成长。但是对比技术先进制造大国，我们还存在平均利润较低的弱势，要实现赶超，就要在信息通信技术领域、生物医药领域、汽车（新能源汽车）领域等有所作为，不断提升竞争力。

中国经济加速发展，企业不断成长。2020 年 8 月 10 日发布了 2020 年《财富》世界 500 强排行榜，从榜单入围企业数量看，中国（含香港、台湾地区）有 133 家，首次超过美国入围企业数。《中国工业报》指出，最近四分之一个世纪以来，中国入围世界 500 强排行榜的企业数量从 3 家起步，过五关斩六将，所向披靡，如今到了问鼎企业数量、称雄营业收入的中国时刻。2021 年、2022 年中国企业仍然保持优势，入围企业数量高居榜首。2022 年，中国有 145 家企业进入榜单，占全部榜单企业的 29%，同期美国仅 124 家入榜。中国不仅在入围数量上保持第一，而且成为连续 3 年上榜企业最多的国家。尽管入榜企业数不断上升，但是中国企业盈利能力与世界 500 强企业平均水平相比仍存在差距。中国上榜企业平均利润 41 亿美元，同期世界 500 强企业平均利润水平为 62 亿美元。

信息通信技术、医疗器械及制药业、汽车制造业是塑造核心优势的关键。2022 年榜单中，排名靠前的制造业企业中，营收亮眼的新一代信息技术和汽车制造巨型企业多，盈利能力强，如美国亚马逊位列第二位，苹果公司第七位，德国大众公司第八位。通过对世界 500 强数据的分析，ICT（包括 ICT 软件服务业和 ICT 制造业）、医疗器械及制药业、汽车（新能源汽车）制造业经营效果好，利润高、经济效益好。

数据表明，信息通信技术和医疗器械及制药业是美国企业获取巨大利润的来源。2020 年榜单上，中美总共有 74 家制造业企业入选世界 500 强。其中美国 36 家企业利润总额为 2249.1 亿美元，而中国 38

家企业利润总额为 494.8 亿美元,差距较大,美国约为中国的 4.55 倍。仅苹果公司一家企业利润就高达 552.6 亿美元,超过上榜的 38 家中国企业的利润总和。美国排名前 36 家的制造业企业创造的 2249.1 亿美元利润中,苹果、英特尔、思科、戴尔、惠普、慧与等 6 家 ICT 制造业利润总额 967.4 亿美元,占比 43.01%;辉瑞制药、强生、默沙东、艾伯维、赛默飞世尔、百时美施贵宝等 7 家医疗器械及制药业企业合计创造利润 599.4 亿美元,占比 26.65%。信息通信技术制造、医疗器械及制药业两类合计利润占 69.66%,超过全部利润的三分之二。2022 年美国苹果公司净利润达 946.80 亿美元,阿尔法特、微软紧随其后,在最赚钱的前五大公司中,占据三席。

信息通信技术、医疗器械及制药业企业因需求旺、技术先进,获取的利润总额高,企业经营效率和管理水平的利润率也比较高。从 2020 年平均水平看,世界 500 强的美国企业平均利润率是 8.61%,中国是 5.33%,中国相当于美国的 61.9%。其中美国有 75 家企业(含 27 家制造业企业)利润率超过 5%,中国(含 7 家制造业企业)仅有 31 家,差距明显。在美国 27 家制造业企业中,有 7 家是 ICT(包括软硬件)公司,分别是微软 31.18%,英特尔 29.25%,甲骨文 28.05%,脸书 26.15%,思科 22.39%,苹果 21.24%,阿尔法特 21.22%;5 家是医疗器械及制药业企业,分别是辉瑞制药 31.45%,菲利普—莫里斯 24.11%,可口可乐 23.94%,艾伯维 23.69%,默沙东 23.01%。

信息通信技术企业极强的盈利能力,也同样体现在中国企业上。在世界 500 强的中国企业利润率排名最靠前的 12 家企业中,阿里利润率 29.32%,排第一位,腾讯利润率 24.73%,排第三位,其他 10 家来自金融业(银行和保险),包括排第二位的工商银行利润率 25.52%,其余分别是建设银行、招商银行、农业银行、中国银行、兴业银行、交通银行、浦发银行、民生银行、友邦保险。2022 年,腾讯利润率 40.1%,排名第一。

企业竞争力某种程度上反映了地区乃至国家的产业竞争力。通过对 2020 年、2021 年及 2022 年世界 500 强榜单企业状况的分析对比,可见信息通信技术、生物医药产业经济体量大,获取利润多、产生利润率高,产业发展潜力大、后劲足、竞争力强。

三、国内相关城市产业发展的启示

从国内相关城市发展情况看,新一代信息技术是信息化、数字化时代加速城市发展的利器,是人工智能的基础。以合肥为例,2000年合肥地区生产总值只有487.5亿元,而到了2020年则迈进万亿俱乐部,2021年仍然保持快速增长,当年同比增长9.2%,生产总值达到1.14万亿元,2022年地区生产总值1.20万亿元,远超同年厦门7802.66亿元水平。

从图4-2可以看出,2003年合肥地区生产总值仅在800亿元,而厦门为759亿元。2007年以后,合肥迅速拉开了与厦门的距离,始终保持快速增长。从2011年到2021年的10年,合肥的经济增幅达到了惊人的213%,不仅把厦门远远甩在身后,就是放眼全国也鲜有对手。合肥经济快速增长的成功经验是什么?

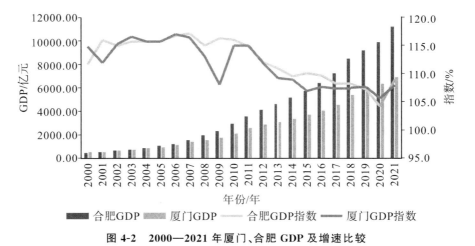

图 4-2　2000—2021 年厦门、合肥 GDP 及增速比较

资料来源:合肥、厦门统计年鉴。

　　分析研究表明,合肥充分利用自身科研基础雄厚的基础,成功抓住信息通信发展的机遇,跟随科技发展脚步,敢为天下先,从关键企业入手,引进关键项目、培育产业链(群),促进形成产业生态,在抓创新、促进产业转型升级路上永不止步,完美华丽实现从"高世代液晶面板—存储芯片—新能源汽车"的三级连跳,带动地区经济快速成长。

　　第一次跃升。2007年合肥市政府审时度势,决定支持液晶面板产业发展,不仅在各项政策配套上给予大力支持,而且拿出全市财政收入的三分之一选择投入京东方,支持发展液晶面板项目,最后该项目赚了100多亿元;2016年再次拿出100多亿元投资支持半导体发展,选择投入长鑫/兆易创新,公司上市估计浮盈超过1000亿元;2019年,又拿出100亿元投资支持新能源发展,选择投资蔚来,结果大众汽车新能源板块落地合肥。

　　复盘合肥市政府支持面板光电产业发展的决策过程,可以看到其中需要惊人的勇气和决策判断力。2007年京东方决定落地合肥投资6代线之前,公司5代线、4.5代线并不理想,尤其在2008年前后,受全球金融危机影响,国外液晶巨头纷纷降价,导致企业运营、市场销售很不景气,企业由盈转亏,资金压力巨大。当年,合肥市财政收入仅有215.2亿元、地方财政收入169亿元。在这样的背景下,合肥市委、市政府顺应科技发展规律趋势,立足充分产业调研基础,顶住舆论质疑压力和来自各方面的阻力,决定在合肥上马京东方6代线项目,不仅扶上马,还要送一程。

　　为了解决京东方资金不足、周转不灵的问题,京东方6代TFT-LCD液晶面板线项目所需总投资175亿元,由合肥市政府出面托底,根据当年签署的框架协议,合肥市运用产业基金为项目出资60亿元,并承诺增发不成功时保底90亿元,剩下的资金由合肥市政府支持下的贷款解决。鱼与熊掌不能兼得,资金有限的前提下,合肥市政府全力以赴支持产业发展,为了集中资金支持京东方,甚至暂停了地铁等公共基础设施项目建设。

政府与企业合力推动产业发展，产生奇妙的化学反应，京东方从举步维艰到实现"史诗般的崛起"，从深陷困境到成长为国际显示产业龙头，从 6 代线起步到京东方 8.5 代液晶面板生产线、全球最高世代线的 10.5 代线先后在合肥建成投产。同时，一大批显示领域的企业接踵而至，并因此带动我国平板显示产业完成了从跟跑到并跑再到领跑的三次跨越。合肥也成为企业认可的福地，成为企业合作商的福地。"鸡生蛋、蛋生鸡，鸡和蛋落地生根合肥不想走"，成了合肥平板显示产业生态的最好写照。跟随京东方的步伐，彩虹、住友化学、康宁、三利谱等一批上下游关联企业落户扎根合肥，助力平板显示产业凸显 10 倍级乘数效应，目前已形成千亿级产业规模，成为合肥经济总量的重要支撑。

合肥市政府支持平板光电产业发展、招商京东方的过程，是完善现有产业链，政府主导配套推动产业升级的过程，也是"用市场眼光和市场机制对风险进行计算与化解"的过程，在这个过程中形成了独特的"合肥模式"，就是以尊重市场规律为前提，把投资引领培育产业放在第一位，找准市场需求、遵循产业逻辑，巧用资本市场以小博大，并能实现"筹集—投入—退出"全过程把控。探索出一个"国资引导＋产业基金跟进＋资本市场驱动"的融资体系，即以国资入股"背书"，带动社会资本跟进，共同服务产业项目，培育产业发展。

第二次跃升。几年后合肥市政府再次把"合肥模式"用到合肥造"芯"上，为家电和显示屏造"芯"。行动之前，合肥反复研讨论证发展集成电路的可行性，出台《合肥市集成电路产业发展规划（2013—2020年）》，提出要把合肥打造成中国硅谷。2016 年合肥携手兆易创新，以合肥国资出资 75％，兆易出资 25％比例，成立合资公司合肥长鑫，专攻半导体动态随机存取存储器（dynamic random access memory，DRAM）芯片研发生产，向美韩企业（三星 45％、SK 海力士 29％、镁光科技 21％）占据 95％的 DRAM 芯片市场进军。经过 5 年左右的努力，2019 年合肥长鑫实现了中国芯"从 0 到 1"的突破，发布了国产 DDR4 内存芯片，实现了 8GB 颗粒的国产 DDR4 内存量产，打破了国际市场垄断局面。从长鑫存储到联发科技、晶合集成、通富微电,合肥完成了集成电路从研发设计到晶圆制造再到封装测试、设备材料、第三方服务平台的全产业链生态,是中国大陆唯一拥有完整技术、工艺和生产运营团队的 DRAM 项目。从长鑫起步,2021 年合肥有集成电路企业超过 300 家,从业人员 2.5 万,产值超过 400 亿元,成为拉动经济增长的又一支新生力量。合肥市政府提出,加快建设长鑫二期、晶合二期,促进集成电路产业集群扩产增效。"集终声智""芯屏器合",为朝着高端化、数字化、智能化方向迈进打下坚实基础。

第三次跃升。合肥市政府一直关注那些技术先进,符合产业发展趋势,前景远大,但又因种种因素而"走投无路"的公司,在关键时刻,通过"投资"方式筑巢引凤。其投资理念和逻辑是,如果目标公司经营状况良好,资源多,很难青睐弱势城市,弱势城市只有在企业经营出现困难时,真心相助,帮助企业渡过难关,才能吸引到行业龙头。2007 年在京东方亏损 10 亿元背景下,合肥引入了京东方。作为国内知名的造车新势力,蔚来汽车在 2019 年面临不小压力,内有融资难、财务压力大等问题,外有特斯拉在上海建立超级工厂,搞降价促销,屋漏偏逢连夜雨,又出现安全隐患。合肥市排除困难,与蔚来汽车签署合作框架协议,集合 70 亿元战略投资(持股占比 24.1%)投向蔚来,蔚来以子公司融资的方式,持股占比 75.9%,蔚来获得新生,总部正式落户合肥。受合肥市政府注资消息刺激,蔚来股价上涨,一年后,合肥市政府在收回成本的情况下盈利 35 亿元,蔚来携手江淮汽车、大众汽车,推动合肥新能源汽车上下游产业拓展,形成新的赛道和经济增长点。"家有梧桐树,引得金凤凰",2021 年合肥与比亚迪从洽谈到签约仅用 23 天,从签约到开工仅用 42 天,从开工到投产仅用 10 个月,再次加力赋能新能源汽车产业。目前合肥正加速向"全国新能源汽车之都"迈进,从"芯屏器合"走向"芯屏汽合",争当全国战略性新兴产业发展的排头兵,加快打造新兴产业聚集的产业名城。

合肥的实践表明,抓住电子信息与新能源(汽车)产业的发展,就是抓住了增长的关键点,抓住未来源源不断增长的发展后发力量,促使形成经济增长强大的爆发力。因此,厦门要以新一代信息技术为核心,加快数字经济发展;要以保证人民生命健康为目标,加快生物医药大健康产业发展;要以碳达峰碳中和为己任,加快新能源产业发展。

第二节　发展电子信息产业链集群

以新一代信息技术为核心的电子信息产业,由半导体和集成电路、新型平板显示、计算机与通信设备、软件信息服务业等组成。当前厦门正在积极打造"芯—屏—端—软—智—网"一体的产业生态圈,持续推进新型显示与智能终端、集成电路、软件信息服务等产业融合发展。

一、半导体和集成电路产业

集成电路是把一定数量的常用电子元件,如电阻、电容、晶体管等,以及这些元件之间的连线,通过半导体工艺集成在一起的具有特定功能的电路。它在电子信息产业分类中归于硬件,是电子元器件的组成部分,由集成电路、光电子器件、分立器件、传感器组成半导体和集成电路产业。

(一)产业发展规律和趋势

集成电路产业是世界最前沿的高技术产业之一,是围绕集成电路芯片的生产制造而衍生的产业。按照产业链上下游分,集成电路产业可分为设计业、制造业、封测业、集成电路设备、材料等环节;按照产品分类,集成电路产业又分为模拟芯片、逻辑芯片、存储器芯片和处理器芯片等种类。

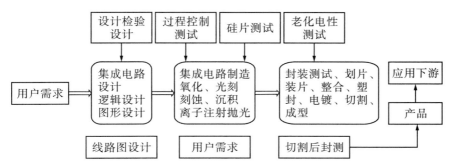

图 4-3　集成电路设计、制造、封装测试及应用流程图

资料来源：根据公开资料整理。

集成电路产业是技术密集型和资本密集型产业，在电子信息产业中具有先导地位。集成电路产业具有显著的"垂直分工"特性：上游的集成电路设计企业属于智力密集型；晶圆制造企业属于资本技术密集型企业；而下游的封装、测试企业属于劳动密集型企业，技术和资金门槛相对没有上游那么高。

全球半导体和集成电路产业目前主要集中在美国、韩国、日本、欧洲及中国大陆、台湾地区。美国具有技术优势，在电子设计自动化软件平台、芯片设计、设备等方面居于领先地位。日本在硅材料提纯制作方面居于领先地位。欧洲在关键设备方面占据高地，比如荷兰 ASML，该企业的 EUV 光刻机占据全球 80% 以上的市场，向全球复杂集成电路制造提供综合性关键设备。中国台湾地区和韩国在晶圆制作及存储器占据优势，其中韩国是全球最大的存储芯片生产国，三星和 SK 海力士合计占有全球 DRAM 市场近七成的市场份额，再加上 SK 海力士收购英特尔的 NAND Flash 存储芯片业务后，韩国在全球存储芯片市场占有优势地位。中国台湾地区从 20 世纪 60 年代起，致力于晶圆制造，推动形成两种集成电路产业发展模式：一种是传统的集成制造（integrated device manufacture，IDM）模式，另一种是 20 世纪 60 年代始于台积电创办而后逐渐发展起来的垂直分工模式（Fabless＋Foundry＋

封装测试代工）。

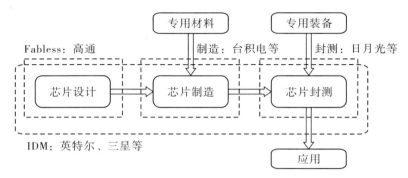

图 4-4 集成电路发展模式及代表企业

资料来源：赛迪智库 2015 年 2 月公布。

中国消费市场大，半导体和集成电路产业奋起直追，产业发展势头迅猛。2021 年全球半导体市场保持高速增长。根据世界半导体贸易统计组织（World Semiconductor Trade Statistics，WSTS）统计，2021 年全球半导体销售达到 5559 亿美元，同比增长 26.2%。中国是最大的半导体市场，2021 年的销售额总值为 1925 亿美元，同比增长 27.1%。

2021 年，中国集成电路产业继续保持快速、平稳增长态势。中国半导体行业协会数据显示，2021 年中国集成电路产业首次突破万亿元，当年集成电路产业销售额为 10458.3 亿，同比增长 18.2%。其中，设计业销售额为 4519 亿元，同比增长 19.6%；制造业销售额为 3176.3 亿元，同比增长 24.1%；封装测试业销售额 2763 亿元，同比增长 10.1%。

2021 年，中国集成电路产品进出口都保持较高增速。根据海关统计，2021 年中国进口集成电路 6354.8 亿片，同比增长 16.9%；进口金额 4397.5 亿美元，同比增长 23.6%。2021 年中国集成电路出口 3107 亿片，同比增长 19.6%，出口金额 1538 亿美元，同比增长 32%。

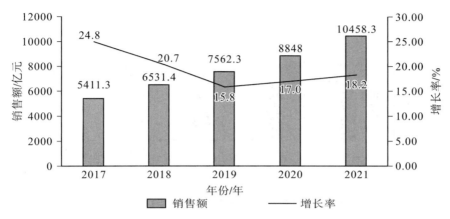

图 4-5　2017—2021 年中国集成电路产业销售额增长情况

资料来源:中国半导体行业协会。

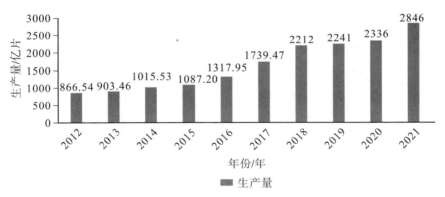

图 4-6　2012—2021 年中国集成电路生产量

资料来源:中国统计年鉴和 IDC(Internet Data Center,互联网数据中心)数据
(2021 年)。

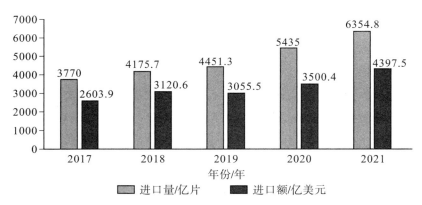

图 4-7　2017—2021 年中国集成电路进口情况

资料来源：海关总署。

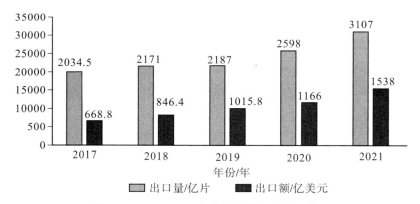

图 4-8　2017—2021 年中国集成电路出口情况

资料来源：海关总署。

中国半导体和集成电路产业的加速发展，深刻改变了生产生活方式，对转变经济发展方式、保障国家安全、提升综合国力产生着积极影响。但也面临竞争和挑战：美国大幅度增加促进制造业回流举措。据央视报道，2020 年 5 月，美国政府出资 520 亿美元吸引台积电到亚利桑那州投资建 5 纳米制程先进晶圆厂，月产能 2 万片，近期又继续扩建 3 纳米制程晶圆厂，并不断扩大建厂规模。除此之外，美国出台所谓"芯片法案",加大了对中国半导体制程设计、生产设备等方面的出口管制，欧洲也紧随其后，将出台新规，拟限制对华出口制造 14 纳米或更先进芯片的制造设备。这些将减缓中国半导体和集成电路产业的发展进程。

（二）厦门产业发展状况

集成电路是厦门电子信息产业的重要组成部分，是厦门市未来产业发展的重点方向。2006 年起，厦门根据城市特点及加快两岸产业合作交流的愿景，致力打造集成电路世界公共服务平台暨集成电路设计企业孵化基地，吸引于集成电路设计企业，同时扶持培育引进集成电路制造与封装测试企业。经过多年努力，近年来集成电路产业在厦门市实现跨越式发展，厦门进入国家集成电路规划布局重点城市行列。2021 年，厦门半导体和集成电路产业产值 481 亿元，增长 10.2％。其中，集成电路产业产值 309 亿元，增长 16.3％。2022 年，集成电路产业产值 329.5 亿元。拥有企业 300 多家，联芯 12 英寸晶圆厂、士兰特色工艺、通富先进封装等一批重大产业项目已建成投产，天马 6 代 AMOLED、中创新航等一批项目正在抓紧建设，已初步形成涵盖芯片设计、制造、封装测试、装备与材料及应用等各环节的集成电路产业链。获国家批复建设海峡两岸集成电路产业合作试验区、"芯火"双创基地（平台）、国家集成电路产教融合创新平台，主要集中在火炬高新区、海沧台商投资区、自贸试验区湖里片区等区域。

表 4-1　厦门市集成电路产业链各环节主要代表企业

产业链环节	代表企业
集成电路设计	矽恩微电子、优迅、紫光展锐、星宸
制造	厦门联芯、瀚天天成、三安集成、天马微电子、士兰
封装测试	通富、士兰
装备与材料等	信和达电子、弘信电子、瀚天天成
应用系统设计	盈趣科技、东林电子、美亚柏科

(三)存在的主要问题

产业竞争力不足。一是产业规模小。尽管成长快,但是总的生产规模仅 300 多亿元,与深圳等发达城市的龙头企业相比,还存在较大的差距。二是企业规模小。销售收入超亿元的 IC(integrated circuit,集成电路)设计企业仅元顺、芯阳、优迅 3 家,既缺乏 IC 设计领军企业,也缺乏市占率高、掌握尖端核心技术的龙头企业。三是制造和封测领域规模未显现。联芯、士兰微、通富微电和芯舟科技的高端封装载板项目规模效应尚未完全显现。

产业链上下游缺乏配套协作、关系松散。一是设计—制造—封测缺乏相互配套,如设计龙头优迅与制造龙头联芯未形成上下游协作,各企业有各自的服务对象,市场形成错位。二是上游设计与下游整机应用缺乏互动配套。由于下游应用(即设备和整机厂商)直接决定上游 IC 设计的业务量,而厦门本地整机设备领域总部型企业数量少,且优势领域如平板显示龙头宸鸿、天马处于产业链中游,无采购决策自主权,计算机龙头戴尔、冠捷上下游配套相对封闭,导致厦门 IC 设计业务规模增长受限。

产业技术领军人才和基础人才双缺乏。目前,厦门集成电路产业在设计、晶圆制造、测试、封装及方案设计等领域均面临人才紧缺难题。调研显示,厦门 70% 集成电路行业企业表示缺乏人才是制约企业创新和技术研发的关键障碍。与此形成鲜明对比的是,高通有产业技术人才 3.6 万人,联发科有产业技术人才 4.5 万人。厦门集成电路产业关键核心技术人才及跨界融合人才储备不足,具体表现为本地很难招到有经验的技术人员和资深工程师,也难找到熟悉企业业务又与互联网融合的跨界融合人才,人才缺失导致企业研发能力不强,技术和产品更新受限。此外,厦门的房价和生活成本比较高,许多毕业后跟着企业一起创业打拼的青年人工作一段时间后,在厦门仍然买不起房子,归属感得不到满足而导致离职。导致许多中小创业型企业在招聘人才和留用人才时,需要为此付出额外成本,无形中增加企业的经营压力,削弱企业竞争力。同时,随着国内武汉、昆山、无锡、合肥、成都、上海、深圳等地大力推进集成电路产业项目,整个中国将在今后几年面临较大的产业人才缺口,厦门市集聚集成电路人才将面临同类型城市的激烈"抢人大战"。

(四)对策建议

要充分发挥联芯、紫光展锐、士兰微、通富微电、瀚天天成、优讯、开元等集成电路龙头企业的示范效应和虹吸效应,加强产业链上下游实力企业及配套企业招商引资。进一步加强和提高本地集成电路企业研发能力和创新能力,从应用端、需求端出发,引导产品开发,不断提升集成电路设计、封装测试、装备与材料工艺水平。加快构筑和完善产业生态,形成"硬件＋软件＋服务"的产业生态体系,提高产业链配套能力,形成具有竞争力的产业链集群。

加速推进全产业链各环节发展。在设计方面,提升加强移动智能终端芯片、数字电视芯片、网络通信芯片设计、汽车芯片设计竞争力,加快研发突破智能交通、工业控制、金融电子、汽车电子、医疗电子等关键集成电路及嵌入式软件,探索开发智能穿戴设备芯片及操作系统。加快开发云计算、大数据、物联网、元宇宙、工业互联网等新兴领域核心技术,以及基于新业态、新应用的信息处理、传感器、新型存储等关键芯片及云操作系统等基础软件。鼓励本地集成电路设计企业为智能装备制造产业升级、智慧城市建设等方面提供配套,带动软件业、制造业、服务业协同发展。在制造方面,持续推动先进生产线建设。继续加大 40 纳米、32/28 纳米芯片生产规模,提升质量、形成品牌。多渠道吸引投资,大力发展微机电系统(micro-electro-mechanical system,MEMS)、模拟及数模混合电路、高压电路、射频电路等特色专用工艺生产线,形成符合需求的特色专用工艺生产线。在封装测试方面,适应集成电路设计与制造工艺节点的演进升级需求,紧跟系统级封装(system in package，SiP）、3D 封装等先进封装和测试技术；大力发展智能移动终端芯片封装、射频识别（radio frequency identification，RFID）芯片封装、功率半导体芯片及模块封装、传感器芯片及模组封装等。在关键装备与材料方面，加强集成电路设备、材料与工艺结合，开展关键技术攻关。注重差异化战略，重点发展第三代半导体材料碳化硅等。开发集成电路制造用高密度封装基板、化学试剂、光刻胶、大尺寸硅片等关键材料。

培育发展集成电路产业龙头企业。加强引进大型龙头企业，实施产业补链强链招商工程，创新招商体制机制，围绕"设计—制造—封测—装备与材料—应用"产业链各个薄弱环节和重点发展环节，联合国内外先进技术和主流厂商联合攻关，吸引知名大型集成电路企业建设运营、生产中心和研发基地，建设高端生产线。针对"双百人才"等创建的市场开拓型企业，实施本土龙头企业培育工程，贯彻落实《厦门市加快发展集成电路产业实施细则》增产奖励政策，推动一批创新能力强、发展潜力大的中小规模企业加速成长。鼓励本地集成电路骨干企业通过控股、参股、收购等方式开展并购整合，组建上规模、有技术、效益好的大型企业，延伸产业链、完善提升自身技术实力和品牌价值。主动服务现有士兰微、通富微电等龙头企业，及时协调解决企业发展过程中遇到的土地、资金、人员招聘等问题，促进企业不断进步。

完善产业创新链。鼓励企业加强自主创新。支持集成电路企业开发新技术、新产品和新工艺，对符合条件的研发费用税前加计扣除额给予一定比例的补贴；鼓励有实力的企业设立研发机构，对新获国家级、省级技术中心或工程中心，产学研示范基地，设立博士后科研工作站、创新实践基地，以及申报各级产学研共性技术重大专项研究的，按规定给予项目资金补贴，推动企业提升核心竞争力；鼓励企业培育核心知识产权，加强集成电路知识产权运用和保护，引导建立集成电路知识产权战略联盟，加快形成行业重大创新领域标准，发挥技术标准的作用，占据产业技术竞争的制高点。支持产业开放协同创新。鼓励上下游企业间加强垂直合作、信息交流、投资研发、技术融合、合作加工服务等,推动芯片企业与整机制造企业联合建立实验室、工程技术中心;引导芯片设计企业加强与整机制造企业的创新合作,鼓励贴合整机发展需求的芯片定制服务;支持设计企业与制造企业、整机企业联动,根据应用端发展需求提供完整解决方案;创新合作机制,以台湾工研院、台湾新竹科学工业园、台湾交大、厦门大学和中科院微电子研究所为核心,推动两岸集成电路企业共同参与,建设集政、产、学、研、用于一体的新型研究机构,促进两岸在集成电路产业方面的科技交流与合作。

完善产业发展生态链。促进集成电路龙头企业与中小企业构建合理分工体系,促使产业链上下游企业间构建密切互动的产业协作关系。鼓励设计企业、制造企业与本地整机或应用企业形成虚拟 IDM 模式,鼓励集成电路与工程机械、轨道交通、汽车、计算机与通信设备、平板显示、LED 照明等优势产业联动发展,鼓励紫光展锐等设计企业为本地计算机通信整机企业提供芯片定制服务,提供完整解决方案,密切集成电路与软件、整机与芯片的互动关系,加快构建"芯片—软件—整机—系统—信息服务"产业生态链。充分发挥自主集成电路产品在"智慧名城"建设中的作用,扩大在数字电视芯片、网络通信芯片、消费电子、生物医疗、远程教育、电子政务等领域的广泛和深度应用,加快全市民生、产业等重要领域基础设施信息化进程。优化市场供需信息推送服务,推动集成电路、平板显示和计算机与通信设备领域企业组建电子信息产业联盟,收集在地产品信息,定期为上下游企业提供点对点、一对一的产品项目信息推送服务,引导 IC 设计、制造、封测与本地整机或应用企业形成虚拟 IDM 模式,促进形成本地上下游供应配套关系。重点企业做大规模,引导本地电子信息整机设备企业与集成电路企业构建供应链关系,适度降低整机终端企业采购本地芯片模组补助对象的年销售额门槛标准,提高本地集成电路芯片在下游终端设备的搭载量。

建立健全集成电路产业人才引育体系。加大高层次、复合型人才及人才团队引进力度。大力引进领军型集成电路产业人才及人才团队,不仅引进技术型领军人才,还要注重引进生产管理、品质管理、销售、投融资等方面的人才,构筑完整的产业人才支撑体系。将集成电路设计、制造、封装与测试、工艺工程师等人才列入厦门重点产业紧缺人才需求目录,优先享受相关人才奖励和保障政策,给予领军人才同等水平的户籍、医疗保障、住房、子女教育等方面的重点支持。积极落实市《台湾特聘专家制度暂行办法》及实施细则,发挥厦门与台湾地区的地缘相近优势,加大台湾地区集成电路产业人才引进力度。利用自贸试验区海外人才离岸创新创业基地人才柔性引进机制,借美国硅谷大厂大规模裁员之际,吸引集聚美国硅谷等地的集成电路顶尖技术人才。加强专业人才培养和储备。依托已有"国家软件与集成电路人才国际培训基地""国家火炬计划软件产业基地""国家软件人才引智基地"等平台,加强厦门集成电路专业人才培养和储备。鼓励紫光展锐、优讯高速芯片等龙头企业与电子科大、华中科大等集成电路学科优势高校开展产业人才联合培养,共同建设"企业—高校"产业人才实训中心。支持有条件的高校设立集成电路学院,建设实习基地,对接台湾地区集成电路创业项目和创新人才,加强两岸集成电路产业技术交流和人才培养,努力形成产业高端人才集聚池。完善创新创造的分配激励机制,落实科技人员科研成果转化的股权、期权激励和奖励等收益分配政策,提高技能人才待遇及子女就学优先择校等待遇,吸引技能人才落户厦门。

二、光电平板显示产业

平板显示产业跨越化工、材料、半导体等多个领域,集成微电子技术、光电子技术、材料技术、制造装备技术、半导体工程技术等多个技术门类。其产业覆盖不仅包括上游的原材料/元器件制作、装备生产与供应、技术服务、产业投融资服务,还包括中游的面板/模块生产,以及下游的整机装配及系统集成应用产业,如高清彩电、电脑显示器、手机等。产业链技术壁垒高、工艺复杂、生产工序及流程关键技术点多、难度高、辐射范围广、产业链长。产业链上中下游之间相互联系、相互依赖和相互增强，是典型的技术与资本密集型产业，对社会经济的拉动效应极为明显。[①] 平板显示作为数字经济的基础显示窗口，展现出其基础性与战略性。

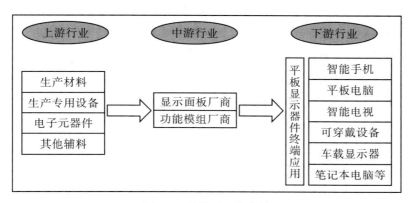

图 4-9　平板显示产业链

（一）产业发展规律和趋势

显示技术是将电信号转换为视觉信息的技术，该技术融合了光电子、微电子、化学、制造装备、半导体工程和材料等多个学科。显示产业具有投资大、技术迭代快、产业链长、多领域交叉等特点，是支撑信息产业持续发展的战略性和基础性产业。[②]

阴极射线显示技术起步早，有 100 多年历史，早年黑白电视、彩色电视的屏幕大多采用 CRT（cathode rays tube，阴极射线管）技术，因其视角大、响应快、色彩逼真，成为主流显示技术。随着基础材料的不断

---

① 中宏产业研究.2023—2028 年中国平板显示产业发展预测及投资策略分析报告［EB/OL］.(2022-08-09).https://zhuanlan.zhihu.com/p/551712588.

② 思瀚产业研究院.显示技术的发展历程主要包括三个阶段［EB/OL］.(2022-10-11).https://baijiahao.baidu.com/s? id＝1746352620041377134&wfr＝spider&for＝pc.

进步，20世纪90年代以后陆续出现了等离子（plasma display panel，PDP）显示、液晶（liquid crystal display，LCD）显示。CRT显示、PDP显示和LCD显示曾经在一段时间内并行，2000年以后，在技术进步的推动下，TFT-LCD（thin film transistor-liquid crystal display，薄膜晶体管型液晶显示）成为新一代显示主流技术。2010年以后，有机发光二极管（organic light-emitting diode，OLED）显示实现产业化，并逐步发展为与LCD显示并存的两大技术路线。

全球范围内，新型平板显示产业的竞争主要集中在东亚地区，中日韩占据第一梯队。中日韩面板显示产业之间呈现出特色分明、错位发展的竞争态势。中国的新型平板显示产能增长迅速，中国已成为最大的平板显示生产制造基地和研发应用地区，是全球显示产业发展的重要引擎。

中国电子信息产业发展研究院发布的《中国新型显示产业发展现状与趋势洞察》报告显示，中国新型平板显示产业在过去10多年内，规模持续增长，2012—2021年，年均复合增长率高达25.8%，同期进出口发生了逆转，贸易从2012年的逆差140亿美元转变为2021年的顺差85亿美元，标志着我国从"少屏"到"产屏大国"的转变。年产能超过2亿平方米，全球产能约3.5亿平方米，占全球产能60%左右。在LCD方面，近5年TFT-LCD产能年均复合增长率达24.7%，产能份额占比全球近五成，稳居世界第一。在OLED方面，近5年OLED产能年均复合增长率达113%，2020年我国AMOLED产能438.8万平方米，占全球产能的17.6%。工信部副部长王江平表示，2021年，中国新型显示产业营收超过5800亿元，同比增长40.5%，全球占比达36.9%，有力支撑了智能手机、电视以及各种显示平板等传统领域应用。

2021年3月31日，为支持新型显示产业发展，财政部、国家发展改革委、工信部、海关总署和税务总局五部门发布《关于2021—2030年支持新型显示产业发展进口税收政策的通知》，自2021年1月1日至2030年12月31日，对新型显示器件（即TFT-LCD、AMOLED、Micro LED），对新型显示产业的关键原材料、零配件（即靶材、光刻胶、掩模版、偏光片、彩色滤光膜)生产企业进口国内不能生产或性能不能满足需求的自用生产性原材料、消耗品,免征进口关税。2021 年 12 月 31 日,工信部发布《重点新材料首批次应用示范指导目录(2021 年版)》,共计 304 种材料,其中提到先进半导体材料和新型显示材料,包括 8.5 代线及以上新型显示用玻璃基板、4K/8K 用混合液晶和 OLED 用传输层材料等材料,自 2022 年 1 月 1 日起施行。

中国平板显示产业成长比较快的城市有合肥、武汉、深圳和厦门,另有广州、成都、北京、苏州、重庆、南京等城市都在新型显示产业方面有所成就。这些城市新型显示产业普遍起步较早,拥有两条(含两条)以上面板生产线,集聚了众多产业链上下游企业,占据了国内新型显示的主要产能。

前文已述,合肥通过引进京东方等龙头企业,以创新驱动为主动力,放眼全球显示产业及技术发展动向,着眼新技术、新产品的前瞻布局,围绕产业链部署创新链,围绕创新链布局产业链,按照"龙头企业—大项目—产业链—产业集群—产业基地"发展思路,形成上游装备、材料、器件,中游面板、模组,下游终端应用的完整产业链条,实现了"从沙子到整机"的全产业链布局,打造"芯屏汽合""集终声智"现象级产业地标,构筑了良好的战略性新兴产业生态,产业发展浪潮澎湃。根据赛迪顾问发布的《2021 中国新型显示十大城市白皮书》,合肥位列十大城市之首。2021 年,全市新型显示产业产值同比增长 19.3%,汇聚了京东方、彩虹、乐凯、康宁、三利谱、力晶科技、住友化学、法液空等一批具有国际影响力的龙头企业,新型显示产业链企业超 100 家,累计投资项目超过 120 个,完成投资超 1550 亿元,建成 3 条 TFT-LCD 高世代液晶面板生产线(一条 6 代线、一条 8.5 代线、一条 10.5 代线)、一条硅基 OLED 显示器件生产线、一条 6 代 AMOLED 全柔面板线。

武汉高校林立,在光电学科研究上独树一帜。以强大的科研团队为基础,2008 年开始从零起步,历经 14 年追逐、精心打磨 6 条平板显示生产线,从硬屏到柔性屏、从中小到超大,武汉已成为全国最大的中小尺寸显示面板研发生产基地，多种显示面板出货量居全球前列。"武汉造"LTPS（low temperature poly-silicon，低温多晶硅）平板面板出货量全球第一，LTPS 笔记本面板出货量全球第二，小尺寸 LTPS 手机面板、柔性 OLED 手机面板出货量位于全球前四。天马微电子、华星光电、京东方齐聚武汉，在国内面板三巨头影响下，在显示屏产业链上游，武汉已培育出鼎龙、尚赛光电、华烁科技等一批核心材料企业，吸引了康宁、法液空等知名企业落户；在下游，武汉已聚集了联想、攀升等一批知名企业，形成了较为完善的产业链条，成为国内重要的产业集聚区。

在未来显示应用范围不断扩展，显示需求多样化的背景下，TFT-LCD 以及 AMOLED 作为市场主要技术种类，将与 Mini LED、Micro LED 等多种显示技术各自满足不同场景下的显示需求，长期共存，相互竞争。

按照中商情报网的预测，高世代 TFT-LCD 产线投资巨大，在中大尺寸面板方面保持领先，a-Si TFT-LCD 产品性能稳定，性能指标满足笔记本电脑和平板电脑及车载要求，是笔记本电脑和平板电脑面板主流产品，未来将在车载市场占据绝大部分份额。IGZO TFT-LCD 成本较 LTPS TFT-LCD 低，性能优于 a-Si TFT-LCD，在中大尺寸面板方面更有优势，预计在笔记本电脑和平板电脑面板中占比将逐步提高，占据主要高端市场。AMOLED 由于拥有低能耗、轻薄以及可柔性化等特点，在手机、可穿戴设备市场具备优势，随着产能和良品率的提升，近年来在手机应用中快速渗透，在高端智能手机中对 TFT-LCD 相关技术产品形成较为明显的替代。Micro LED 显示性能较 OLED 更为优异，但技术尚未成熟，若突破巨量转移等技术瓶颈，将占据可穿戴设备等近场显示技术市场主导地位，并可渗透 100 英寸以上超大屏显示市场。

随着 5G 的发展，万物互联时代的来临，信息爆炸的年代同样需要爆发式的影像资讯技术来支持人们对资讯的获取，智能穿戴、智能家居、虚拟现实/增强现实（VR/AR）等产品已经开始大量进入我们的生活，各种新型的显示技术，如 Micro LED、QLED（quantum dot light-emitting diodes，量子点发光二极管）、全息显示等陆续出现。

在对新型显示面板产业保持乐观的同时,也要看到,经过近 30 年的发展和快速迭代,电子消费品已经普及,消费需求出现疲软现象,在技术没有根本性突破的状态下,新型平板显示产业的市场需求将逐步回落,增速有所放缓。

(二)厦门产业发展状况

自 2003 年起,厦门市把光电(包括平板显示、LED、太阳能光伏等)作为战略性新兴产业培育发展,经过 10 多年努力,2014 年平板显示产业链首次突破亿元,其规模占全省光电产业总产值的一半。拥有友达、冠捷、天马、宸鸿、乾照、晶宇、明达、信达、萤火虫、赛特勒、三安、华联电子、巨茂光电、光莆电子等 300 多家光电产业企业,主要生产面板(天马)、TFT 模组(友达)、背光模组结构件(达运、辅讯)、触控模组(宸鸿)、SMT 贴片、FPC 等配套件、整机(冠捷、景智)、LED(三安光电)。2014 年 4 月厦门电气硝子玻璃公司注册成立,致力于 8.5 代及以上的TFT-LCD、OLED 等显示屏用玻璃基板制造,推动从产业链后端功能模组向前端关键零组件完善发展。

2021 年平板显示实现产值 1606.24 亿元,增长 6.9%,2022 年产值1498 亿元,连续多年产值超过千亿元,厦门被国家确定为六大平板显示产业基地之一,是国家光电显示产业集群唯一试点、全球触控屏组件最大研发和生产基地。厦门平板显示产业已覆盖上游玻璃基板、中游面板、背光模组、触摸屏模块,以及下游整机应用等上下游全产业链布局,主要分布在火炬园及火炬(翔安)产业区。其中,厦门火炬高新区作为新型显示产业的主要集聚地,已连续 3 年被评为国家"五星级"新型工业化产业示范基地。随着多个项目的建成投产,厦门也将成为覆盖所有主流显示技术的高新产业城市。

2022 年底,赛迪顾问发布《2022 新型显示十大城市及竞争力研究》,厦门跻身"2022 年新型显示十大城市",位列第六,较 2021 年排位上升两名。同时,厦门荣登"2022 年新型显示增速最快五大城市"榜首。

（三）存在的主要问题

尽管成绩突出，但厦门平板显示产业"聚而不链，链而不强"的问题始终存在，产值自 2014 年突破千亿元大关后，一直在 1200 亿～1500 亿元徘徊。存在的主要问题表现在：

结构性矛盾突出。上游刚投建、建设周期长，产量效益尚未体现。电气硝子投资量大，分 4 期投入，到 2021 年底才能形成 8.5 代、10.5 代生产能力，为未来大屏幕显示提供玻璃基板。中下游面临全球结构性产能过剩的情况，出现"量升价跌"的增长瓶颈，如友达、宸鸿已连续 3 年减产 10 亿元以上。目前受消费类电子产品接近饱和大环境影响，企业产值不升反降。

核心技术缺失。光学薄膜、液晶材料、玻璃基板等关键上游原材料和设备大多掌握在日、韩、美、欧以及中国台湾地区企业手中。厦门平板显示产业仍以劳动力密集的加工组装为主，高新技术企业"虚高度化"的特征较为明显。近几年来，以平板显示为主的计算机、通信和其他电子设备制造业增加值率维持在 21% 左右，比全市平均水平低 3 个百分点，比全国平均水平低 6 个百分点，产值高、利税少。2020 年初疫情暴发，加上外部环境变量增多，几大龙头企业产值不升反降，成为影响厦门工业增加值上升的负面因素。

本地配套率不高。尽管厦门市平板显示产业引进了大量外资企业，并填补了上游产业链的空白，但这些外资企业的创新载体大多未在厦门落地生根，在厦设立的工厂运作服从于境外母公司的经营和调整，与本地企业的关联性不强。如友达、宸鸿等台资企业大多局限于集团内的垂直配套；电气硝子产品主要供应广州 LGD 8.5 代 a-Si TFT-LCD 产线；天马微所需的大部分上游材料从日韩、长三角和珠三角采购，本地配套率仅 5%～10%。由于厦门市平板显示中游面板企业以代工为主，下游整机厂商以外资为主，一般无采购决策自主权，与本地集成电路产业链没有形成非常紧密的供应配套关系。

（四）对策建议

补齐产业链。一是引进上游。大力引进技术门槛高、投资大的关键原材料和设备（如液晶材料、靶材、玻璃薄化、蒸镀设备等）生产企业，尽快补足上游产业链短板。二是做强中游。重点围绕天马微 LTPS 5.5 代线和 6 代线产能，通过"外引内推"形成关联产业集群；推进电气硝子与天马微 LTPS 产线的玻璃基板配套；提升天马微产线的良品率，吸引其面板模组的应用端系统厂商，强化终端产品的成本竞争力。在触控屏领域，推进宸鸿与欧菲光整合，成立合资公司在厦投资新产能，进军车载等新兴市场，形成平板显示与智能汽车产业的对接。三是做大下游。重点针对冠捷、万利达等具有增长潜能的下游厂商，探索转型和增长模式，"一企一策"助其发展；鼓励中游面板厂商进军下游，延伸至终端品牌；培育做大如美图移动等根植型整机厂商市场规模，扶持整机厂发展，扩大下游出海口。

加强产业链配套。一是加强产业链融合。开展横向整合，推动集成电路、平板显示和计算机与通信设备领域企业组建电子信息产业联盟，收集在地产品信息，定期为关联企业提供点对点、一对一的产品项目信息推送服务，打通企业协作信息渠道，促进形成本地需求供应配套关系。二是鼓励龙头企业开展产业链的垂直整合。借鉴日韩三星、夏普等大型面板企业经验，不仅在产业链上游掌握材料、设备等专有技术，在下游也拥有自主品牌。鼓励龙头企业通过资本运作，在产业链上下游进行跨企业的垂直整合，实现核心技术开发和关键部件制造的本地化。三是完善政策扶持。加快研发支持，培育一批平板显示专用配套设备的制造企业。通过首购补贴等举措，鼓励面板制造和整机企业给予本地装备材料试用机会和需求空间，提高产业配套水平。四是推动厦台产业合作。协助友达、冠捷等龙头企业完善产业配套，通过人才合作交流，推动与台湾地区面板产业形成配套体系，借助与欧菲光的合作，引导宸鸿降低成本，与戴尔等下游应用终端企业配套。

鼓励研发创新。鼓励和支持友达、天马微、宸鸿等龙头企业加大研发投入，建立市级以上企业技术中心、工程（技术）研究中心等创新平台，吸引冠捷在厦设立研发中心。鼓励企业承担国家、省、市重大科技项目，牵头组织实施产业关键和共性技术攻关，围绕新型显示技术提高自主创新能力；引导企业由注重规模向并重企业活力、成长和创新能力转型，扶持和壮大一批具有创新能力和自主知识产权的科技型企业，在各自的细分市场做大做强。布局公共技术平台。依托现有LED质量检测平台、科学仪器共享平台等，进一步完善提升平板显示产品认证和检测平台。借鉴深圳清华大学研究院、中科院深圳先进技术研究院等经验，探索建设新型研发机构，鼓励厦门大学等本地高校院所依托微电子等优势学科，发挥高校院所原始创新、高新技术与应用技术研发、科技人才培养方面的作用。

　　培育新增长点。重点关注如AMOLED、Micro LED、柔性显示、量子点显示、石墨烯触控屏等新技术，及可穿戴设备、智能家居、小间距LED显示广告屏、车载显示等平板显示的创新应用。在存量方面，扩大天马微LTPS产线的市场占有率，积极接洽天马5.5代AMOLED项目、上海AMOLED后道封装产线，吸引天马将总部转移至厦门。在增量方面，加强北京、深圳、台湾等重点城市和地区的驻点招商，针对台湾地区奇钰、华亚及大陆京东方、华星光电、中电熊猫等进行新一轮招商，做好新技术的产业布局。

三、计算机与通信设备产业

　　计算机与通信设备产业由计算机制造业、计算机服务业和通信设备业等部分组成。计算机制造业是生产各种计算机、外围设备、终端设备以及其他相关装置的高科技产业。计算机服务业指为满足计算机或信息处理的需要而提供的软件和服务行业。通信设备业指为实现通信目的，利用电子技术和信息技术所从事与通信设备制造相关的设备生产、硬件制造、系统集成的行业。

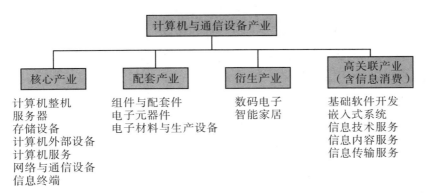

图 4-10 计算机与通信设备产业组成

计算机俗称电脑,是能够按照程序运行,自动、高速处理海量数据的现代化智能电子设备。计算机具有运算速度快、计算精确度高、逻辑运算能力强、存储容量大、自动化程度高、性价比高等特点。

计算机由硬件系统和软件系统所组成。硬件包括 CPU 驱动芯片、DRAM、NAND 存储芯片、Wi-Fi 蓝牙等核心关键部件,外壳、连接器等结构件,电池、主板、键盘、摄像头等其他组件,显示面板等,PC 机品牌主要有惠普、戴尔、联想、华硕、宏碁、三星、索尼、东芝、LG 等。目前随着中国计算机产业的进步,出现了浪潮等国产品牌。

计算机产业链:上游指硬件各环节生产、软件开发,中游形成个人计算机、超级计算机、工业控制计算机、网络计算机、嵌入式计算机等五类计算机,下游通过品牌专卖店以及电商平台等渠道,最终到消费者手里。

(一)产业发展规律和趋势

1946 年世界第一台电子计算机 ENIAC 诞生,占地面积约 170 平方米,质量约 30 吨。1958 年,晶体管计算机诞生了,它属于第二代电子计算机,只要几个大一点的柜子就可能将它容下,运算速度大大提升。1965 年,第三代中小规模集成电路计算机出现了。1976 年,采用大规模集成电路和超大规模集成电路制成的第四代计算机"克雷一号"

诞生。经过几十年发展，电子计算机经历了电子管、晶体管、集成电路和超大规模集成电路 4 个阶段的发展。计算机不断向着小型化、微型化、低功耗、智能化、系统化发展，体积越来越小，功能越来越强，价格越来越低，应用越来越广泛。

2001 年苹果开始推出采用了机械转盘控制的 iPod，2007 年和 2010 年推出了采用多点触控技术的 iPhone 和 iPad，不断开发应用，提高手机和平板电脑使用体验。

2013 年计算机设备制造开始从发达国家回流或者转移至成本更低的东南亚、南美国家，2013 年高端国际软件外包和嵌入式软件开始往中国、印度转移，速度不断加快。以 2014 年为元年，战略性新兴产业关键技术研发和应用，全球站在同一条起跑线上。传统 PC 机市场份额不断下降，平板电脑 2017 年的市场份额上涨，智能手机的普及对 PC 机销售形成巨大挑战。随着智能手机整合数码相机等功能，其使用范围越来越广泛，不断蚕食传统功能手机市场。在物联网的发展下，智能手机功能与智能家用家电和可穿戴设备逐渐融合，相互促进发展。智能手机市场份额快速增长，促使电信运营网络设备企业市场增速较快，光通信市场出现重大利好，电信运营商与互联网企业、应用层面定制网络设备的需求不断提高。

受云计算服务兴起影响，传统服务器需求缩小，大数据中心、虚拟化技术和高效能产品给高端服务器带来发展良机，云服务提供商、互联网数据中心作用越来越重要，存储器的市场需求表现出强劲的增长，高速存储需求上扬，基于移动互联网的应用正在从娱乐类的业务转向金融、交通、医疗等重点领域。

受益于电子计算机在技术和生产工艺上的提升，各类功能性电脑层出不穷，如高配置的专业游戏本、主打便携办公功能的超级本、专业"图形工作站"等，中国电子计算机行业在波动调整中上升，2016 年到达谷底，之后持续复苏，2019—2021 年实现连续 3 年增长，且呈加速趋势，2021 年产量达 4.85 亿台，同比增长 19.75%。

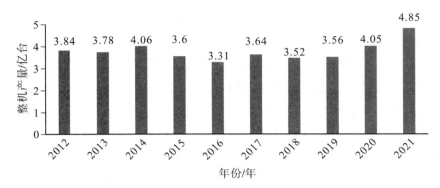

图 4-11　2012—2021 年中国计算机整机产量

资料来源:国家统计局、华经产业研究院。

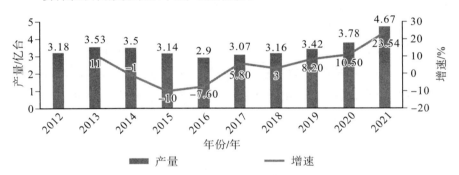

图 4-12　2012—2021 年中国微型计算机设备产量及增速

资料来源:历年《中国统计年鉴》。

2021 年,由大规模集成电路组成的、体积较小的微型计算机设备产量 4.67 亿台,同比上升 23.54%,达到近年历史峰值。

受 2020 年新冠疫情暴发影响,全球笔记本电脑需求量激增。中国海关数据表明,2020 年中国笔记本电脑出口数量为 1.81 亿台,同比增长 25.7%,2021 年中国笔记本电脑出口数量为 2.22 亿台,同比增长 22.7%。这两年笔记本电脑出口量较以往 1.4 亿台左右明显增长。

平板电脑作为日常办公和娱乐工具,2021 年保持高景气状态。据 IDC 数据,2021 年中国平板电脑出货量为 2846 万台,同比上升 21.8%。

华经产业研究院调查数据显示,我国计算机产量最高的两个地区为西南和华东地区,2021 年的产量占行业总产量的 45.05％、33.52％；华南地区排在第三位,占比 14.59％；其他地区的占比较低。截至 2021 年,重庆已连续 8 年蝉联全球最大的笔记本电脑生产基地,广达电脑重庆基地是全球第一大笔记本电脑生产厂商,2021 年全年产值达到 1400 亿元,笔记本电脑出口值 2000.9 亿元,同比增长 15.9％,占同期重庆出口总值的 47.8％,连续 3 年位居全国第一。2021 年,重庆市笔记本电脑产量 0.94 亿台,同比增长 19.1％,连续 8 年蝉联全球第一；实现产值(含配套)3392.3 亿元,同比增长 11.6％。重庆汇集宏碁、华硕、惠普、OPPO 等一批知名品牌笔记本电脑与智能手机企业。"十三五"期间,重庆吸引英业达、纬创、紫光华智、传音等研发中心企业落户。于 2021 年推出《重庆市智能终端产业高质量发展行动计划(2021—2025 年)》,提出进一步巩固提升智能终端产业在全市工业经济中的支柱地位和辐射带动作用,顺应"产业数字化、数字产业化"发展趋势,打造世界级智能终端产业基地、全国重要的智能终端创新集聚地、全国领先的智能终端智能制造示范高地。

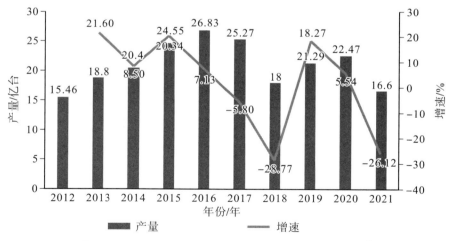

图 4-13　2012—2021 年中国移动通信手持机产量及增速

资料来源:历年《中国统计年鉴》。

　　微型计算机与移动通信手持机呈现此消彼长、共同成长的态势。在微型计算机迅猛增长的同时,2021 年移动通信手持机出货量实现了 16.6 亿台。随着计算机与通信设备产业迅速发展,充分满足现时生产生活需要,市场格局已经初步形成,行业集中度不断提高,市场结构呈现出了垄断和竞争互相强化的态势,呈现出一种竞争性极强的寡头垄断市场结构。如果没有突破性的技术革命,很难打破这种平衡的格局。例如,当年苹果智能手机的出现,依靠从 0 到 1 的技术创新,迅速占领通信市场,带来移动通信的深刻变化,也触发电子摄影设备的变化。当年柯达等胶卷相机巨头被数码照相机打败,而数码照相机又被智能手机替代覆盖,智能手机功能越来越强大。突破性创新和融合创新将是未来计算机与通信设备产业发展的重要趋势,计算机与通信设备产业要顺应数字化时代要求,主动融入云计算、大数据、物联网、移动互联网、智能制造,创造一个美好的万物互联时代。

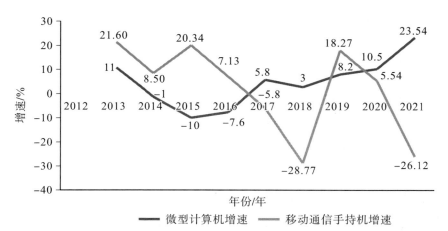

图 4-14　2012—2021 年中国微型计算机与移动通信手持机增速比较
资料来源:《中国统计年鉴》(2013—2022 年)。

（二）厦门产业发展状况

作为厦门市重点打造的千亿级产业链群之一,厦门的计算机与通信设备产业经过多年的发展,在 2017 年创造了 823 亿元产值,增速超过 20%,形成了以计算机整机、手机、数码相机、定位导航等产品为龙头的一批集成制造产业,聚集了一批基础元器件、配套件、外部设备、IT 服务等配套及产业链延伸企业。2018 年突破千亿元大关,计算机与通信设备产业工业总产值 1204 亿元,2019 年继续攀升至 1256 亿元,2020 年保持在 1200 亿元以上,为 1215 亿元,2021 年总产出继续保持增长态势,但是在全市规上工业总产值中所占的比重有所下降。

表 4-2　2017—2022 年厦门计算机与通信设备产业情况

主要指标	2017 年	2018 年	2019 年	2020 年	2021 年	2022 年
计算机通信规上工业产值/亿元	823	1204	1256	1215	1375	1216
全市规上工业产值/亿元	5741	6447	6790	6861	8228	8313
产值占比/%	14.33	18.68	18.50	17.70	16.71	14.63

资料来源:《厦门经济特区年鉴》(2018—2023 年)。

2021 年厦门计算机与通信设备产业链规模不断扩大,产值持续增长,全年产业链实现工业总产值 1375 亿元,增长 15.5%。计算机、通信和其他电子设备制造业产销率为 94.12%,计算机、通信和其他电子设备制造业,实现出口交货值 1397.84 亿元,比上年增长 8.3%。2022 年产值有所调整,总产值为 1216 亿元。

目前厦门计算机与通信设备制造上游拥有紫光展锐等手机基带芯片设计企业,中游拥有生产关键零部件,如生产柔性电路板的弘信电子、达尔电子,全球光学镜头领先企业玉晶光电,生产电子控制器件的华联电子、兴联电子等企业,下游有浪潮、戴尔、神州鲲泰、亿联网络等一批从事计算机整机、服务器、视频会议通信终端生产组装企业。规模以上计算机制造企业 32 家,完成工业总产值 778.60 亿元;通信设备制造企业 25 家,完成工业总产值 94.58 亿元;广播电视设备制造企业 8 家,完成工业总产值 66.76 亿元;非专业视听设备制造企业 13 家,完成工业总产值 223.78 亿元。"芯""屏""器""云"多条产业链互相依存,优势互补,已涵盖整机制造、通话终端、电子元器件、外部设备、IT 服务等产业链环节,整机品牌具有全球影响力。

在厦门主要计算机通信产品出货量上,2018 年移动手机出货量上涨迅速,2019 年包括笔记本在内的微型计算机增长较快,当年微型计算机 1700 万台,比 2018 年增长 79.4%,移动手机 1105 万台,比增 53.0%,2020 年受新冠疫情影响,出货量有所下降。微型计算机减至 976 万台,移动手机减至 279 万台。2021 年出现回升势头,全年生产智能手机 121.24 万台,电子计算机整机 1047.07 万台,其中笔记本计算机 397.87 万台、平板电脑 102.79 万台。2022 年,移动手机产量增长 36.9%,为 166 万台,而微型计算机产量下降 15.6%,为 789 万台。

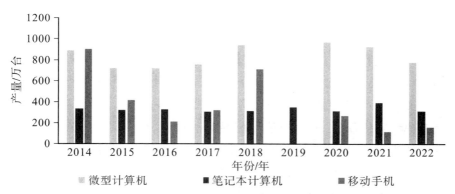

图 4-15　2014—2022 年厦门微型计算机、笔记本计算机与移动手机产量

资料来源:《厦门经济特区年鉴》(2014—2022 年)。

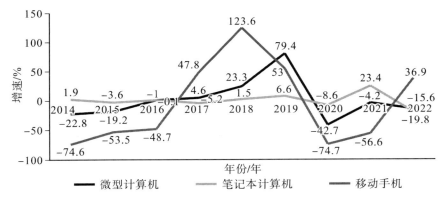

图 4-16　2014—2022 年厦门微型计算机、笔记本计算机与移动手机增速

资料来源：《厦门经济特区年鉴》（2014—2022 年）。

　　由于厦门计算机与通信设备制造企业大多数通过招商引进落地，该产业链上龙头大企业"三资"企业居多，占全行业企业的 70% 以上。例如 2021 年营收达 592 亿元的戴尔就是"三资"企业，戴尔（中国）已经连续多年进入厦门制造业前 10 强。

（三）存在的主要问题

　　原始创新较少。从对厦门计算机与通信设备制造产业现状分析可知，目前企业主要集中在上游和下游整机组装上，中游关键零件仅有部分在厦门生产；计算机硬件核心部件 CPU、主板、存储芯片、键盘、鼠标及其他元器件缺失；厦门产值贡献最大的戴尔（中国）以物流、销售、区域服务为主，在本地配套仅涉及箱体外壳等原始基础部件，采购未超过整体价值的 1%；核心技术在国外、关键零部件在外采购，软件操作系统也未在本地开发，创新载体在母公司。

　　赛道切换不及时。在计算机与通信设备产业刚在中国发展起步时，厦门曾经起了大早，厦华、夏新手机都曾是爆款，风靡一时。但是由于未及时转型，产品创新不够，投资决策失误，软件与应用行业发展未及时跟进，终端设备终究回归传统产业特征，未能实现从 2G 到 3G 的跨越,智能手机终端逐渐不见厦门品牌踪影。

人才缺口逐年扩大。同类型知名企业集聚度不够,难以吸引跨界融合人才和行业核心人才;本地生活成本和房价偏高,又难以留住中低端技术型人才。

(四)对策建议

在数字化时代,正确认识"数字化进程基本上是由大规模的计算平台驱动,计算机行业发展的核心驱动力代表数字化的广度与深度"观念,把计算机与通信设备产业发展牢牢同数字化发展联系起来。计算机与通信设备产业国产化、云计算重构商业模式以及5G时代智能设备将迎来新的蓬勃发展期,要把握有利时机,推动计算机与通信设备产业向国产化、云化和智能化方向创新发展、融合发展,重新掀起厦门计算机与通信设备产业新一轮的发展浪潮。

推动计算机与通信设备产业国产化发展。信创产业是经济数字化转型、提升产业链的重中之重。要立足科技自强,抓住时机,借助美亚柏科安全信息研发优势,加强云计算、软硬件研发与网络安全等方面研发,提升信息安全管理和防控能力,在信创重塑数字底座之际,贡献厦门力量。

推动计算机与通信设备产业云化发展。在疫情与多变的全球贸易环境的刺激下,计算机与通信设备产业发展更需要聚焦内需,云计算重构商业模式。通过视频会议系统基础,集成发展最具潜力的 SaaS (software-as-a-service,软件即服务)市场,寻找新的赛道,为产业发展服务。短期内 SaaS 市场规模将快速增长,发展前景广阔。越来越多以 Salesforce、Zoom 为代表的 SaaS 龙头公司市值开始挑战甲骨文、IBM 等传统软件巨头。厦门应高度重视 SaaS 市场强大的规模化能力,引进广联达、用友网络、金蝶国际、金山办公、石基信息软件公司,加快开发工业设计软件,让云计算助力实体经济发展,并获得强劲增长。

推进计算机与通信设备产业智能化发展。我们已经历 IBM 主机、

PC、互联网、移动互联网四次计算平台的更迭，目前正处从移动互联网向 AIoT(artificial intelligence & Internet of things，人工智能物联网)时代发展的"分水岭"。智能汽车将是百年汽车工业史上一次伟大的范式转移，复制智能手机的交互与功能变革两大路径。要推动计算机与通信设备产业朝着全场景智慧生活和智能汽车方向创新融合发展。

四、软件和信息技术服务业

软件和信息技术服务业包括软件开发、集成电路设计、信息系统集成和物联网技术服务、运行维护服务、信息处理和存储支持服务、信息技术咨询服务、数字内容服务和其他信息技术服务等行业。它是新一代信息技术的灵魂，它的发展牵动国民经济和社会发展全局，是先导性、战略性、基础性产业，具有加速技术迭代、提高产品附加值、资源消耗低、应用范围广泛等突出特点，对经济社会发展具有重要的支撑和引领作用。

(一)产业发展规律和趋势

1.国际产业发展

软件信息产业发端于 20 世纪 50 年代，历经半个世纪的发展，当前全球形成了以美国、欧洲、印度、日本、中国等为主的国际软件产业分工体系。20 世纪 90 年代，全球软件产业快速发展，年均增长 15％以上。进入 21 世纪后，增速有所放缓，年均增速维持在 5％左右。2009 年受金融危机影响，全球软件产业出现负增长。伴随着世界经济的复苏和发达国家大力推行的"数字经济"和"宽带经济"，以及企业采用信息技术减少生产运营成本，新技术、新模式不断涌现，2011 年全球应用程序开发与软件生产总收入达到 778 亿美元。随着信息化技术的不断发展，经历了 5 个发展阶段，分别是独立编程服务阶段、软件产品阶段、企业级解决方案阶段以及面对大众的成套软件阶段和企业云化阶段。软件应用不断扩大,2021 年全球应用程序开发与软件生产总收入已超过 1 万亿美元,仅工业软件市场规模就达 4561 亿美元,主要分布在北美、欧洲与亚太地区,并且呈现不断上升的趋势。

在发展中,由于美国较早布局,涌现出一大批软件企业,如微软、甲骨文、IBM、英特尔、埃森哲、SAP、惠普、雅虎、CA Technologies、赛门铁克、凯捷、Salesforce、Adobe、ServiceNow、Intuit、Workday、SS & C、Autodesk、思杰系统、诺顿、新思科技等,在软件业发展中一直处于领先地位。据巴西软件行业协会公布的 2020 年统计数据,2020 年美国软件及服务投资支出额达 6350 亿美元,全球排名第一;日本投资支出额 840 亿美元,排名第二;接下来为英国、德国和中国。

从国际软件业发展的经验看,每一个工业强国的背后都有本土工业软件巨头支撑。例如飞机制造作为高精尖工业,对于设计软件要求与需求极高,法国航空业的快速发展便孕育出达索系统等全球 CAD (computer aided design,计算机辅助设计)软件巨头。

尽管美国、欧洲等拥有众多著名软件企业,但是从全球来看,软件及服务企业以中小微企业为主。从企业规模分布情况看,企业员工少于 100 名的占比为 95%,100～500 人的占比为 4.4%,500 人以上的仅为 0.6%。

2.我国产业发展趋势①

我国软件和信息技术服务业(简称软件业)从小到大,不断壮大。2014 年营业收入 37026 亿元,到 2021 年已经达到 95505 亿元,是 2014 年的 2.58 倍。2022 年,我国软件业运行态势良好,软件业务收入保持较快增长,盈利能力稳步提升,软件业务出口保持增长,从业人员规模不断扩大。拥有主营业务年收入 500 万元以上(规上)企业超 3.5 万

---

① 本部分数据来自工信部网站,2021 年、2022 年软件和信息技术服务业统计公报及《中国软件产业统计年鉴》(2022 年)。

家,累计完成软件业务收入 107790 亿元,同比增长 11.2%。2022 年软件业务利润总额为 13144 亿元,比增 10.68%,主营业务利润率有所回落,为 9.1%。软件业务出口有所增长,出口额 643 亿美元。其中,软件外包服务出口额 173 亿美元,比增 9.2%,嵌入式系统软件出口额为 244 亿美元。当年,行业从业人员平均数 743 万。

图 4-17　2014—2022 年中国软件和信息技术服务业规上企业营收及增速

分领域看,信息技术服务占全行业收入的 65.5%,占比高、增速快,同比增长 11.7%,高出全行业水平 0.5 个百分点。在信息技术服务中,电子商务平台技术服务占比 15.75%,增速快,同比增长 18.5%;云服务、大数据服务紧随其后,占比 14.87%,增速一般,为 8.7%;而集成电路设计仅占比 3.98%,增速 12%。

软件产品收入占全行业比重为 23.06%,增长 9.9%,实现平稳较快增长。其中,工业软件产品实现收入 2407 亿元,同比增长 14.3%,高出全行业水平 3.1 个百分点。

嵌入式系统软件占全行业比重为 10.08%,收入增长涨幅缩小。2022 年,嵌入式系统软件营收实现 10861 亿元,同比增长 11.3%,增速较上年同期回落 7.7 个百分点。

信息安全产品和服务收入占全行业收入比重较低,为 1.36%,但增长加快。2022年,信息安全产品和服务收入1469亿元,同比增长10.4%,增速较上年同期回落2.6个百分点。

分区域情况看,东部地区保持较快增长,中西部地区增势突出。2022年,东部、中部、西部和东北地区分别完成软件业务收入88073亿元、5673亿元、11414亿元和2630亿元,分别同比增长10.6%、16.9%、14.3%和8.7%。其中,中部、西部地区高出全国平均水平5.7个、3.1个百分点。4个地区软件业务收入在全国总收入中的占比分别为81.7%、5.3%、10.6%和2.4%。

主要软件大省收入占比进一步提高,部分中西部省(区、市)增速亮眼。2022年,软件业务收入居前5名的北京、广东、江苏、浙江、山东共完成收入72889.68亿元,占全国软件业的67.6%,比较上年同期提高1.6个百分点。软件业务收入增速高于全国平均水平的省(区、市)有12个,其中增速高于20%的省(区、市)集中在中西部地区,包括贵州、广西、湖北等。

2022年,全国15个副省级中心城市实现软件业务收入53891亿元,同比增长10%,增速较上年同期回落6.3个百分点,占全国软件业的比重为49.9%;实现利润总额6924亿元,同比增长2.4%,增速较上年同期回落2.1个百分点。其中,深圳、杭州、南京营业收入稳坐前三位,2022年青岛、济南和武汉软件业务收入增速快,超过全行业平均水平,大连、厦门、沈阳等城市则保持相当的发展后劲。

表4-3 2021—2022年部分副省级城市软件业务收入及增速

城市	2021年业务收入/亿元	同比增速/%	城市	2022年业务收入/亿元	同比增速/%
深圳	9013	13.9	深圳	10080.13	10.3
杭州	6933	22.4	杭州	8037.03	1.7
南京	6702	13.6	南京	7303.58	9.0
广州	5857	18.4	广州	6469.98	10.2

续表

城市	2021年业务收入/亿元	同比增速/%	城市	2022年业务收入/亿元	同比增速/%
成都	4456	15.1	成都	4734.87	10.5
济南	3803	20.3	济南	4403.33	15.6
西安	3141	15.0	青岛	3643.75	15.2
青岛	2900	20.3	武汉	2517.51	20.0
武汉	2159	13.2	西安	2042.49	11.1
厦门	1369	10.3	厦门	1445.55	15.1
沈阳	970	—	沈阳	1093.62	12.1
宁波	594	—	大连	950.91	12.6

（二）厦门产业发展状况

2003年软件业就成为厦门前瞻布局的三大新兴产业之一，合力推动，加快发展。借助软件园专业化园区，发展了一批国内知名企业，如35互联、4399等，培育了众多软件动漫开发人才，厦门曾被誉为游戏产业的"黄埔军校"，产业起步早，发展基础扎实。占地面积1平方公里的软件园二期于2005年奠基，2007年建成，吸引1300余家企业入驻，汇集人才近7万人。2011年开工建设规划面积为10平方公里的软件园三期，目前已完成的片区与软件园二期形成招商引资"葡萄串"效应，互相促进，加速助力厦门软件信息业发展。2022年厦门软件业务营收1368亿元，在健康医疗、动漫游戏、信息安全、移动互联、数字文创、大数据、人工智能等细分领域处于领先位置，获工信部批复建设"两岸数字经济融合发展示范区"，厦门软件园获批建设"国家数字服务出口基地""中国（厦门）智能视听产业基地"，入选中国软件百强企业，互联网百强企业数量全国前六，是全国14个软件名城之一。

厦门软件业拥有一批单项冠军企业和领军企业，产品实现规模化应用,市场遍布海内外。在动漫游戏、信息安全、人工智能、集成电路设计等领域,拥有一批处于领先地位的知名企业,如 4399、亿联、吉比特、美图、美柚、一品威客、咪咕动漫、紫光展锐、美亚柏科、网宿科技等,还拥有一批"小而美"、极具成长潜力的企业,如黑镜科技、雅基软件等。在 5G、云计算、算力等领域,拥有移动、电信、联通等三大运营商政务云数据中心、鲲鹏超算中心、浪潮数据中心等。在人工智能及数字化转型领域,拥有南强智视、瑞为科技等企业及奥普拓等优秀行业应用云平台。

在园区载体建设方面,厦门软件园一期、二期、三期合计占地面积 15 平方公里左右,是软件业发展的重要载体。园区不断完善基础设施和公共服务体系,获评"全国影响力园区"。园区集聚企业效果明显,累计注册企业数超过 1.3 万家。此外,还有湖里创新园、开元创新社区、翔安数字经济产业园、同安新经济产业园等若干特色产业园区为软件企业及数字经济企业服务。

在产业发展配套服务方面,拥有由 4 家评测机构、8 家产业协会和行业组织、9 个公共技术服务平台构成的完善公共服务体系,促进技术应用于创新孵化,为广大企业提供高质量、低成本的公共服务,助力形成完整产业生态。

(三)存在的主要问题

产业集聚和影响力不足。产业规模不大,营收规模在 15 个副省级同类城市比较中,排名第十位,与排名第一的深圳相比,相差近 7 倍。在北京、深圳、上海、杭州、南京、广州、成都、济南、青岛、武汉、苏州、无锡、厦门、福州等 14 座软件名城中,2022 年厦门软件业务收入排名倒数第二,仅高于福州。全国百强企业、骨干大企业和知名品牌数量少,缺少类似腾讯、阿里等家喻户晓、在国内外有影响力的企业,多数企业在细分行业占有一定优势,但在全国范围内影响力普遍偏小。

软件业赋能产业发展能力较弱。本地软件企业主要集中在生活文创类服务业或聚焦信息安全、大数据等方面,在人工智能、云计算、大数据等新一代信息技术领域,操作系统、数据库等基础软件领域,工业软件等行业应用领域,软件开发存在短板,与本地机械装备、平板显示、集成电路、计算机与通信设备等制造业融合度较低。

应用场景不丰富。一是应用场景系统规划不足,体现整体性、重塑性的场景不多,呈现"碎片化""孤岛型"倾向,场景关联性差。二是应用场景创新设计尚有缺失,现有场景基本根据重大会议重要节点布置生成,体现白鹭、大海元素较多,立足现有基础,进一步创新设计还不够。三是应用场景开发参与主体不够充分,往往面向已经有过该方面经验的团队进行招标,好处是成功率高,不足在于无法培育反哺当地创新型中小企业。

(四)对策建议

围绕大数据赋能行业转型发展,推进信息安全、健康医疗、工业等领域大数据应用创新,大力发展软件和信息技术服务,实现数字产业化,加强数字智能技术与制造业融合发展,加速推动制造业做强做大。

一是招引强化优质企业。加快建设完善软件园一期、二期、三期园区载体,完善各项配套服务,吸引国内百强企业、总部企业、独角兽企业、高成长平台企业、知名创业团队落户软件园。重视本地优质软件企业,关心支持企业成长,及时了解企业发展中的困难问题,主动靠前服务。

二是打造高水平创新平台。争取国家级、省级重大科研基础设施落地厦门,积极创造条件申报建设国家级重点实验室、工程研究中心、技术创新中心等高层级产业创新平台,面向"卡脖子"领域定期发布紧缺技术和产品需求清单,制定时间表与路线图。

三是前瞻布局新赛道。加强与工信部赛迪研究院、中国信息通信研究院、中国软件行业协会、腾讯研究院等专业智库合作,推动厦门不断拓宽研究领域、提升研究深度,提前在 4G/5G、工业互联网、智能制造、移动互联网、物联网、车联网、未来网络、云计算、大数据、人工智能、虚拟现实/增强现实(VR/AR)、智能硬件、网络与信息安全等方面进行前瞻布局,推动软件和信息技术服务产业发展。

四是开放典型应用场景。聚焦智能制造、智能可穿戴设备、智慧医疗、智慧农业、公共管理、社会民生、文旅会展等领域,定期进行应用场景梳理并循环发布清单,采用定向渠道向厦门企业推介,鼓励企业积极参与人工智能场景开发应用,不断提升地方应用场景与企业的匹配度,为企业发展提供强大应用支撑。

五是推进融合创新。鼓励工业软件、信息技术应用的软件融合创新,通过集成创新推动原始创新;鼓励企业从需求端出发,开发目标导向、问题导向的应用软件,为本地制造业服务,加速软件业与集成电路、平板显示、计算机与通信设备制造等电子信息制造的融合发展,推动实现"1+1>2"的效果。

第三节　发展生物医药产业链集群

一、产业发展规律和趋势

生物医药产业是基于生物技术及其外延技术,融合生命科学理论及工程学、生物学、化学、物理学的系统理论、方法和技术,运用于药品制造、医疗救治与健康保养而形成的产业,由生物技术产业与医药产业共同组成。

生物医药产业链全流程包括产业链上游的研发,中游的生产、流通,下游的消费,每个链条包括不同组织机构。

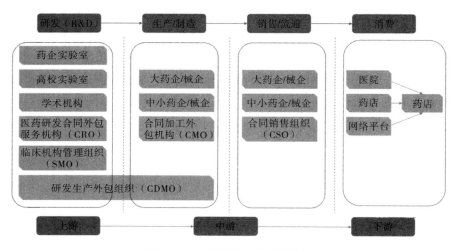

图 4-18　生物医药产业链全流程

资料来源：火石创造。

生物医药产业是全球经济发展的核心领域，是工业化和现代化主力军，已成为各国科技竞争和产业发展的战略重点。2020 年初新冠疫情暴发，更加凸显生物医药健康的重要性，群众对生物医药健康需求明显提升。

习近平总书记指出，疫情对产业发展既是挑战也是机遇，要改造提升传统产业，培育壮大新兴产业。生物医药已经成为各地高度关注、大力发展的产业，随着认识不断提高、政策密集出台、重点领域投资加快，生物医药产业驶入了发展"快车道"。

从全球范围看，生物医药产业主要集中在美国、欧洲、日本、印度、新加坡和中国等国家，其中美国、欧洲、日本等发达国家凭借技术、资本优势，占据主导地位。

在改革开放前，中国医药服从全国统一布局，直到 1964 年中国医药工业公司，在上海、武汉、天津、沈阳、南京、杭州、广州、重庆、长沙等 9 个城市设立分公司，制药工业才逐步在全国展开。

20 世纪 90 年代末，中国生物医药才开始起步发展，各地开始兴建医药工业园区;1981年外资药企开始在中国沿海布局建设。经过高速成长,21世纪初至今,中国生物医药产业规模不断壮大,作为综合反映我国生物医药产业发展整体水平及动态发展质量重要指标的中国生物医药产业发展指数,[①]从2018年的6727增长到2020年的11966,增幅达77.88%,指标的变化反映出我国生物医药产业近年在政策、资本、技术的推动下迅速发展。市场规模实现扩大,需求快速增长,2015—2021年,大健康产业年均增幅为11%,其中药品产业年均增幅为12%,医疗器械产业年均增幅为22%。

表4-4　中国生物医药产业市场规模

年份	大健康产业/亿元	药品产业/亿元	医疗器械产业/亿元
2015	49985	12207	3080
2016	56073	13294	2700
2017	62000	14304	4425
2018	70100	15334	5304
2019	78162	16407	6365
2020	87306	17919	7765
2021	97800	25000	10000
2022	108900	27516	13000

资料来源:火石创造基于公开资料整理的《中国医疗器械蓝皮书》;2021年、2022年根据网络资料补充。

在市场规模不断扩大基础上,经过近几十年发展,我国生物医药产业已经初步形成区域集聚形态,环渤海、长三角、珠三角及成都、武汉、西安等地由于资源、资金、人才等优势形成产业集群,并且随着政策、投资等力度不断加强,产业有进一步集聚趋势。以长三角为例,上海、南

---

①　中国生物医药产业发展指数(China biomedical industry barometer,CBIB)基于城市、园区、企业、资本4类成分机构,从经济、创新、要素等角度,对产业进行综合、动态、全方位评价。

京、苏州、连云港、泰州形成庞大的生物医药产业群。

表4-5　2020年中西部部分城市生物医药产业经济实力指标

城市	医药制造总产值/亿元	医药制造规上企业数/个	医健企业数/个	医药工业百强企业/个	独角兽企业数/个	上市企业数/个	上市企业总营收/亿元
成都	712.39	196	58992	3	1	35	825.6
武汉	343.96	74	32001	1	1	41	1122.4
西安	265.75	67	36414	1	0	11	32.3

根据国家发改委2019年10月公布的17个生物医药产业集群看，环渤海经济区6个，分别为北京昌平、大兴，天津经开区，河北石家庄，山东临沂、烟台；长江经济带6个，分别为成都、重庆巴南、武汉、杭州、苏州、上海浦东；粤港澳大湾区2个，分别为广州、珠海；另外有哈尔滨、通化和厦门。

特色专业化集群开始出现，如以生物药特色集聚发展的苏州生物港，以生物药为核心二次发展的上海张江科学城，以小核酸为特色的江苏苏州昆山小核酸基地，以牙科器械为特色的四川资阳牙谷。

就产业集群发展路径模式，按照火石创造归纳分析[①]有两种：第一种是塔形体系，就是拥有一流的科研资源，基础创新极其扎实，构建了稳固的产业发展基础，由此推动创新转化，并促进形成初创公司到大企业，这种模式源于强大基础创新能力和市场化运营的产学研用结合。世界一流生物医药产业集群，如美国旧金山湾区、波士顿、英国剑桥科技园、德国纽伦堡医谷等都遵循塔形体系逐步形成产业集群。第二种是树形体系，自上而下，以实现产业规模为目标，形成企业集聚，产生研发需求，政府搭建孵化器、公共平台和技术平台为企业服务，推动基础创新，企业与大学、科研机构合作创新。在该发展路径中，政府发挥着

---

① 　国家发改委创新和高技术发展司等.中国生物医药产业发展报告（2020—2021）[R].北京：化学工业出版社，2021：31.

重要的作用,我国苏州、上海浦东新区等生物医药产业集群大体按照树形体系演进。未来如何将创新资源与政府作用有效结合起来,即将强大的研发能力、专业服务能力和产业化生态有机结合起来,推动生物医药产业快速发展,值得思考和研究。

生物医药产业具有高技术、高投入、长周期、高风险、高收益、低污染的特征,因此在发展过程中,政策、市场、人才、资本对于生物医药的加速发展至关重要。

从生物医药企业发展壮大的规律来看,市场开拓是企业成功的途径之一。扬子江药业就是典型案例。扬子江药业1971年从乡镇企业起步,到1981年才获准批复挂牌扬子江;1971—1992年是企业艰苦创业的阶段,企业紧盯质量不放松,采用加大营销力度方式,推广企业产品。1988年上海毛蚶引起甲肝流行之际,扬子江药业板蓝根为阻断传播发挥了积极作用,当年企业抓经机遇,打了漂亮的翻身仗。1993—2011年企业推进二次创业,实现跨越式发展。2012年后,企业继续稳扎稳打,向国际化迈进。严格执行国家GMP认证,开展数个品种的FDA和欧盟认证,成立120多个质量检验小组,严把质量关,到2022年扬子江药业营收已经达到7853亿元,位居中国医药百强榜前列。

二、厦门产业发展状况

生物医药产业是厦门市重点发展的战略性新兴产业。2003年就明确生物医药是厦门三大战略性新兴产业之一,着手编制生物医药产业发展专项规划,从研发到金融全方位服务,真金白银、真心实意支持生物医药产业发展。建设厦门生物医药港,形成以海沧生物医药港为核心,"一港多区"的发展格局,目前生物医药港已成为我国东南沿海集聚度最高、创新研发转化能力最强的生物医药产业基地之一。2015年开始,厦门市先后出台和两次修订升级生物医药产业专项政策,突出特点,聚焦创新药物、医疗器械等重点领域,覆盖临床试验各阶段和注册申报、产业化、国际化认证等全过程，着力优化产业生态环境，在科技、金融、人才等方面给予全方位的支持，特别是引进人才，对厦门生物医药业的发展意义极大。吸引的一批高端拔尖人才，成为厦门生物医药产业发展的星星之火。在高端拔尖人才的带动下，众多企业从小到大，由大到强，撑起了厦门生物医药发展的蓝天，壮大了生物医药产业发展的能级，让生物医药产业发展成为彰显厦门市自主创新能力的标杆性产业。2019 年厦门市生物医药产业入选首批国家战略性新兴产业集群，至今连续三年入选国务院办公厅"大力推动战略性新兴产业集群发展真抓实干、成效显著"督察激励名单。"2022 年国家生物医药产业园区排行"榜上，厦门生物医药港综合竞争力进入全国前十，位列综合竞争力榜单第十位、合作竞争力单项榜单第四位、人才竞争力单项榜单第十位，在差异化特色化发展方面，被列为三家医疗器械具有特色的园区之一。

当前厦门市生物医药产业加快发展，产业规模持续扩大，企业实力不断提升，涌现出一批国内领先、具有国际竞争力的龙头企业，在医疗器械及诊断试剂、保健食品及化妆品、化学药品、生物药品等方面形成优势。

产业规模持续扩大。2011 年以来，厦门市生物医药与健康产业规模不断扩大，总产值年均增长率超过 20%。2021 年厦门市生物医药与健康产业工业总产值达到 988 亿元，同比增长 27%，核心领域增长 30% 以上，实现营业收入 1115.70 亿元，同比增长 20.7%，首次突破千亿元大关。438 家生物医药与健康产业高新技术企业完成工业产值 708.83 亿元，同比增长 40.02%，实现营收 695.14 亿元，同比增长 43.63%，其中 107 家企业产值或营收超亿元。2022 年厦门生物医药与健康产业继续保持良好增长势头，实现工业总产值 1050 亿元，比增 27.9%。厦门生物医药港入选国务院第三批大众创业万众创新示范基地，在 2020 年中国生物医药产业园区综合竞争力位列第十二，在龙头竞争力单项榜单中排名第八。

　　产业发展地方特色优势突出。在体外诊断、助听器、骨外科植入材料、呼吸耗材等医疗器械方面,在新型疫苗、基因工程蛋白药物等创新药方面,在抗体检测、核酸检测等应急医疗物资方面形成了地方优势和特色。以体外诊断产品、骨科介入材料、医疗检测设备等为代表的医疗器械领域成为厦门生物医药产业优势领域,2021年规模约占全省80%。体外诊断领域拥有宝太生物、波生生物、万泰凯瑞、安邦生物、英科新创、致善生物等众多代表企业,生产Caris 200全自动化学发光免疫分析仪、人类10基因突变联合检测试剂盒、ctDNA检测试剂盒等一批国内及国际领先的创新产品,细分领域产值从2019年的20多亿元跨越到2021年的超200亿元。以新型疫苗、基因工程蛋白药物为代表的创新药物研发成果突出,拥有世界首支戊肝疫苗、国产首个长效干扰素等重磅新药,2021年全市已上市5个一类新药,在研一类新药30多项。万泰沧海国产首支二价宫颈癌疫苗2020年底获批上市后累计产值已超100亿元,九价宫颈癌疫苗进入Ⅲ期临床试验阶段,与国际疫苗巨头葛兰素史克开展新一代宫颈癌疫苗研发与产业化合作;特宝生物在研的重组人粒细胞刺激因子注射液等三大长效生物制剂有望成为未来新的业绩增长点。艾德生物与知名跨国药企强生达成伴随诊断战略合作。万泰凯瑞、安邦生物等3家企业研制的新冠病毒检测试剂盒获批上市,艾德、宝太等14家企业的新冠病毒检测试剂进入商务部出口白名单。力品药业的盐酸可乐定缓释片成为福建省首个获得美国FDA批准并进入国际市场销售的高端制剂。以检测试剂为代表的应急医疗物资服务抗疫需要。2020—2021年间,厦门市诞生了全球首个双抗原夹心法新冠病毒总抗体检测试剂、全球首个杂交捕获免疫荧光核酸检测试剂等,新冠病毒检测试剂国内注册6个,国外注册认证超过190项,2021年出口新冠病毒快速诊断产品超200亿元,约占全国三分之一,为国际、国内疫情防控贡献出厦门力量。

　　产业创新能力不断提升。厦门市持续推动"产学研医用管投"等多维度合作,助力创新成果切实落地,从传统化学药到创新药、现代中药,抗癌、抗病毒等重大临床新药研发,厦门生物制药研发始终走在全省前列。海沧生物医药港作为厦门市生物医药产业发展的重要载体,集聚1400多家企业,建成厦门生物医药孵化器、中试基地、产业园、协同创新创业中心等通用厂房专业园区,实现"孵化器—中试园区—产业基地"的3个梯次发展,已形成以医疗器械及诊断试剂为特色的产业集群,并在新型疫苗、基因工程蛋白药物、化药制剂改良、高端保健品等领域形成较强的原始创新能力。搭建了厦门生物医药测试分析平台、闽台诊断产品创新创业园、厦门体外诊断仪器公共技术服务平台、厦门化学创新药研发平台等10余个专业技术服务平台。包括海沧生物医药港在内,全市已建成40多个国家、省、市级研发创新平台、重点实验室、公共技术服务平台和中试及产业化基地,集聚4家国家区域医疗中心、5家国家临床医学研究中心分中心,先后引进厦门市创新生物医药研究院等20多家新型研究院。2022年,福建省生物制品科学与技术创新实验室已在厦落地,生物安全防护三级（P3）实验室也启动建设。加强产学研医资等深度协作,促进医企合作、校企合作,探索建立政产学研合作,突破产业内共性技术和关键技术瓶颈的集成攻关模式,催生宫颈癌疫苗等创新产品问世,也让创新走向更广阔的空间。

企业实力不断增强。2021年,厦门市生物医药与健康产业107家企业产值或营收超亿元,59家企业增速在100%以上。当年新增年销售收入上10亿元企业达到5家,创历史新高。2022年,万泰沧海产值突破百亿元大关。龙头企业贡献突出,宝太生物科技有限公司抓住新冠检测试剂市场需求井喷的机遇,业绩出现爆发性增长,2021年销售收入突破200亿元,一度成为厦门市规模最大生物医药企业。上市公司培育成效明显。拥有生物医药上市企业4家,金达威、大博医疗在中小企业板上市,艾德生物、华夏眼科在创业板上市,特宝生物在科创板上市。英科新创、致善生物等一批企业逐步成长为上市公司。招商引资成效显著。国内市值最大上市制药企业江苏恒瑞在厦门投资,引进中硼、富立康泰、莱必宜、本素药业、力品药业等一批高质量项目。目前生物医药企业遍布核心原料零部件研发、产品研发生产、临床转化研究、医药流通、生物服务等全环节生物医药产业链。

产业生态环境逐步完善。出台《促进生物医药与健康产业发展实施意见》《加快生物医药与健康产业发展若干措施》等扶持政策,全方位扶持生物医药产业发展,从技术创新、成果转化与产业化、招商引资、市场开拓,到人才引进和金融扶持全方位推进。注重产业链、创新链融合,资金链、人才链、服务链协同配合,不断优化产业生态环境,全力打造特色鲜明的国家战略性新兴产业示范集群、独具特色的生物医药产业创新中心。2016—2022 年,厦门为企业兑现生物医药产业政策奖励4.86 亿元,兑现减税降费 23.22 亿元。这些获补贴企业获得临床研究奖励的创新药数量远超过去历年总和,营收实现 46.0％的年均复合增长率,产业发展后劲十足。生物医药港支撑作用明显,政策环境不断优化。

三、存在的主要问题

产业和企业规模小。厦门生物医药产业虽然已有一定基础,但实力仍比较薄弱,与国内发达地区相比,产值不到苏州的 20％,规模较小,辐射带动能力不强。生物医药产业创新产品偏少、缺乏国内国际品牌,难以有效推动产业快速发展。厦门生物医药企业规模普遍较小,厦门 75.57％的生物医药企业产值或营收规模在 1 亿元以下,与当年中国医药工业十强企业相比,差距很大。例如 2022 年排名第十位的扬子江药业营收 785.53 亿元,而厦门仅 1 家企业突破百亿元。宝太生物因市场需求萎缩,营收急速下降。既没有全国生物医药产业百强企业,也没有独角兽企业,与国内发达城市相比,差距较大,例如苏州工业园区生物医药企业中,就有 60 余家独角兽(准)企业。缺乏带动能力强、影响力大的龙头企业,制约着厦门生物医药产业做大做强。

表 4-6　2019—2022 年中国医药工业企业十强榜

排名	2019 年	2020 年	2021 年	2022 年
1	扬子江药业	中国医药集团	中国医药集团	中国医药集团
2	广州医药集团	扬子江药业	扬子江药业	上海复星医药
3	中国医药集团	广州医药集团	广州医药集团	广州医药集团
4	华润医药控股	江苏恒瑞医药	江苏恒瑞	华润医药控股
5	修正药业	华润医药控股	华润医药控股	齐鲁制药
6	上海医药	修正药业	修正药业	上海医药
7	上海复星医药	上海复星医药	上海复星医药	石药控股
8	拜耳医药保健	上海医药	上海医药	修正药业
9	中国远大集团	齐鲁制药	齐鲁制药	中国远大集团
10	江苏恒瑞医药	石药控股	石药控股集团	扬子江药业

资料来源：根据公开资料整理。

创新不足。在近期公布的 2021 年度中国生物医药企业创新力百强系列榜单中，排名前 30 的 Big Pharma 企业创新力前 30、小分子药物企业创新力前 30、抗体药物企业创新力前 30、中国新技术药物企业创新力前 30 名单中，都未见厦门企业身影。部分检测试剂的关键技术来自外部，尽管在新型疫苗、基因工程蛋白药物、体外诊断、助听器、骨外科植入材料、呼吸耗材等环节有优势，但在医药研发、原辅料、设备、工艺、验证等环节缺少产业化项目，缺乏生物样本库、基因库等创新基础设施，无法提前布局创新药、生物制品、医疗器械等前沿领域。

生态不优。与国内发达地区相比，厦门生物医药港园区规模较小，专业园区已经饱和，向外拓展空间有限，创新型医药产品产业化用地需求难以满足。由于生物医药港开发年代早，园区公共设施建设和社区的配套服务不够，园区对外交通联系不畅，对生物医药港产业的支撑性不足，影响生物医药港可持续发展。厦门生物医药人才政策在领军人才方面发挥了积极的作用，但是受发展机会不多、房价高企、优质教育资源不足等影响，仍然面临吸引高端研发人才难，部分专业人才缺失的局面,同时由于人才政策覆盖面有限,对于一般人才和技能型人才支持不足,生物医药企业面临招人难的困境。企业普遍存在融资困难、资金缺乏的问题,产业基金少,风险投入机制不完善,扶持政策不够精准,扶持力度有待加强。

四、对策建议

立足现有产业发展基础,把握生物医药领域发展前沿,加强国际合作,强化创新引领,优化产业结构,着力提升生物医药科技和产业竞争力,通过集聚重点、龙头带动、突破短板、完善生态,进一步加强研发创新资源和产业发展资源集聚,推动产业链整合、创新链提升、服务链优化,实现厦门生物医药产业高质量发展。

把握生物技术、基因技术融合创新和广泛应用的重大机遇,重点发展创新药、医疗器械两大方向,拓展医药健康服务业,探索生物医药前沿科技,为未来产业发展奠定基础。在加强开发创新药物方面,重点研发疫苗、重组蛋白及多肽药物、抗体药物等生物药、小分子药;培育发展靶向药和改良药;积极挖掘厦门中医药传统优势,加速疗效确切、临床价值高的特色创新中药研发,推动地方特色中药饮片、经典名方的开发以及名优大品种二次开发和应用,推动中药现代化发展。在发展先进特色治疗性医疗设备方面,重点发展医学影像设备、肿瘤治疗装备、高通量测序设备、医疗手术机器人、微创手术导航系统与设备、医学电子内镜诊疗一体化智能系统、远程监护系统、心电监护仪等高端医疗器械。着力支持公共卫生应急管理、人工智能与大数据等多学科交叉的诊断与防控新技术。提升肿瘤伴随诊断试剂、小型智能即时检验(point-of-care testing,POCT)设备、微流控系统、传染病快速检测等体外诊断设备与试剂。推动发展心血管介入、创伤骨科、脊柱关节、人工器官、皮肤创伤修复、运动医学等高值医用材料和3D打印生物材料。提升高端康复器材、慢病监测管理、可穿戴设备及远程诊疗、远程健康管理等健康管理设备。在培育发展医药健康服务业方面,利用人工智能、云计算、大数据、远程医疗、健康物联网等先进技术,发展"互联网＋"医院、智慧医疗等个性化健康管理服务业。加快发展第三方检测服务、合同研究组织(contract research organization,CRO)研发服务等高技术服务业,支持合同加工外包(contract manufacture organization,CMO)、合同研发生产外包(contract development and manufacturing organization,CDMO)等新模式、新业态。探索发展中医药适宜技术,提供高质量的中医药治未病和养生服务。支持本地医药健康类企业创新服务模式,适度延伸发展老龄健康服务、慢病疗养、母婴护理、医疗美容、健康旅游等医疗健康体验服务。探索发展生物医药前沿科技。探索基因技术、细胞治疗技术等前沿技术的创新与应用。

着力招大引强。围绕产业链扩链强链补链,按照产业路线图,分领域梳理国内一批行业关键企业,建立招商对象目标库进行精准招商,积极引进行业龙头企业、高潜力、高成长生物医药企业和高水平研发服务机构;大力支持园区企业滚动发展,由园区企业延伸、衍生和推荐引进有潜力的创新企业,实现以商引商。培育生物医药产业科技"小巨人"企业,全面支持龙头骨干企业做强做大;对于龙头骨干后备企业,采取一企一策,着力解决发展中存在的资金、政策等问题。鼓励优质生物医药企业境内外上市融资,通过并购重组、技术引进,在本地增资扩产、转型升级。扶持中小微企业向专精特新发展。持续培育优势品种,遴选扶持一批技术领先、竞争潜力大的创新型中小企业,支持其技术成果转化。吸引投资机构在医药、健康领域开展孵化、转化风险投资,带动一批创新性强、市场潜力大的企业做大做强。引进一批前沿科技、细分领域、新兴业态、交叉学科方面的优质企业,孵化细分领域单打冠军企业。

提高产业创新能力。针对厦门市生物医药产业发展需求,围绕产业创新链中关键制约因素和短板,夯实创新策源基础。依托重点单位打造国家科技创新战略等平台,鼓励重点企业、科研院所和医疗机构承担国家、省级攻关任务,对国家级重大创新载体建设,健全创新支撑平台,鼓励研发基因工程等生物技术,推动关键核心技术突破。鼓励生物医药企业积极对接国家、省里重大科技专项,开展核心技术攻关。推动新药创制、高端医疗器械、检测诊断、生物疫苗、抗病毒药研发、生物医用新材料等生物医药重点领域纳入国家、省里产业核心和关键技术攻关项目。支持企业加强创新药品、改良型新药、医疗器械研发生产,支持企业加强高端仿制药、首仿药研发,开展仿制药质量和疗效一致性评价,提高仿制药质量。

构建"产学研医"创新生态圈,探索实施"境外创新孵化＋国内加速转化"等新型模式,共建科技孵化加速器和产业化基地,促进合作项目落地成长。鼓励企业与高校、科研院所、医疗机构共建研发实验室,共办新型研发机构,争取建设国家生物医药技术创新中心、福建省生物医药实验室。对市级公共技术服务平台进行业务整合,进一步提升其服务能力和水平。推动科研成果产业化,尽快从实验室走向市场。鼓励企业建设工程技术研究中心、企业技术中心、院士工作站、博士后工作站,鼓励开展关键技术研究,引导企业积极对接国家"重大新药创制"专项,进一步提升创新和应用技术研发水平和能力。加强药物核心技术攻关和成果转化。着力挖掘新药发现阶段极具潜力的临床前候选化合物,对开展新靶标、新机制、新原理等生物医药前沿领域高水平基础研究和核心技术攻关的,给予适当奖励,探索建立创新研发和成果产业化激励机制、风险补偿机制。支持医疗机构建设临床医学研究中心,鼓励医疗机构的医务人员与企业、研发机构联合开展临床应用研究,共享研发成果。建设公共技术服务平台。建设医疗器械注册检验平台,推进厦门生物医药产业协同创新创业中心、厦门生物医药测试分析平台、闽台诊断产品创新创业园、厦门海洋生物产业社区等公共技术服务平台建设,理顺公共服务平台管理运营机制,促进创新资源开放,实现仪器设备充分共享。

构建生物医药产业高质量发展良好生态环境。搭建"产学研用金服"合作交流平台,推进"产业园区＋新型孵化器＋产业基金＋产业联盟"一体化园区发展模式,促进产业链、创新链、人才链、金融链和服务链深度融合。加大重大生物医药产业项目土地供给,优先保障项目落地,支持鼓励企业对厂房设施等进行合理化改造,拓展发展空间。完善人才服务支撑体系,提升人才服务能力,通过政策宣传、搭建咨询服务平台、常态化走访机制等举措,为生物医药人才提供工作、生活配套保障。深入推进生物医药行业职称评审改革,以需求为导向,拓宽专业人才职称晋升通道。强化产业金融支撑,鼓励探索投贷联动、融资租赁、知识产权质押、知识产权证券化等创新型金融支持方式,支持优质生物医药企业充分利用境内外多层次资本市场上市挂牌融资,拓宽直接融资渠道。

第四节　发展新能源产业链集群

一、产业发展规律和趋势

能源是指各种能量的来源,也是驱动现代人类生产生活、世界运转的动力。以往工业生产和社会生活常以煤炭、天然气、石油等作为提供动力和储备能量的物质资源,因这些物质经过漫长的地壳活动演变而来,因此也称"化石能源",又因为在人类工业历史上长期使用,也叫作"传统能源"。传统能源由于污染严重,不可再生,能量利用率低等,常遭到诟病。

近年来随着全球能源需求的持续增长,气候变化和生态环境的问题日益突出,加快发展新能源,像风能、太阳能、核能等,已成为世界各国维护能源安全,应对气候变化,实现可持续发展的共同选择。1981年,联合国召开的新能源和可再生能源会议对新能源做出了定义:以新技术新材料为基础,使传统能源完成现代化开发和利用,具有可循环使用、低污染的特点,重点开发太阳光伏能、氢能、风能、潮汐能、地热能等。

中国作为发展中的大国,正处于工业化和城市化的快速发展阶段,能源需求持续较快增长,而中国高度依赖煤炭的能源结构造成了保护生态环境和应对气候变化方面的双重压力。根据国家统计局资料,2020年中国化石能源进口依赖程度较高,进口原油占82%,天然气占42%,煤炭占8%,进口石油量占石油可用量的90.7%,其中交通运输业占30%。因此,大力发展新能源,有利于优化我国能源结构,使我国能源、经济与环境协调发展,实现可持续发展的目标。

从理论上说,除了核能、地热能以外,其他能源的源头都能直接或间接地追溯到太阳。发展各类新能源,就是要最大限度化解传统化石能源带来的温室效应,提高能源转换效率、降低能源使用成本,提高能源使用效率,满足储能和动力需要。

相关研究表明,经过多年发展,光伏能、风能、潮汐能等已经实现较高能源转换效率。以光伏能为例,光伏发电主要利用多晶硅半导体界面的光生伏特效应而将光能直接转变为电能。美国较早推动光伏发电规划,日本和以德国为代表的欧洲国家紧随其后,中国从1996年起步,发展迅速,目前中国光伏产业位居世界前列。中国生产了全球80%的太阳能电池板、85%的太阳能电池和97%的太阳能硅片。[1] 对于光伏电池而言,当转换率超过20%,每多1个百分点,就可以为下游的电站节省至少5%的成本,中国的技术可以实现26.81%的转换率,是目前最高的世界纪录。[2] 2020年全球光伏发电量达855.7太瓦时,中国占30%,美国约占15%,日本不到10%。光伏的系统成本已经从2007年

---

[1]　中国光伏蜕变20年:坐拥万亿产值、千亿级上市公司,何以成就世界第一? [EB/OL].(2023-11-02). https://m.thepaper.cn/baijiahao_25159677.

[2]　我国硅太阳能电池转换效率创世界纪录[EB/OL].(2022-11-22). https:// baijiahao.baidu.com/s? id=17501501451044759148&wfr=spider&for=pc.

的 60 元/W 降到 2021 年的 3 元/W,部分分布式电站已经降到 2.35
元/W 的成本。"光伏＋锂电"储能将大大降低成本,预计到 2025 年
"光伏＋储能"系统成本实现 0.2 元/kWh,2030 年成本有望降到 0.15
元/kWh 以内,成本远低于化石能源。尽管光伏太阳能有着美好的发
展前景,但是光伏发展受日照时间等自然条件约束较多,国内已经产生
以无锡尚德为代表的一批优秀光伏企业,市场格局基本形成,后发地区
需要寻找新的赛道。

　　锂离子电池与氢能的选择。锂离子电池由正极材料、负极材料、隔
膜、电解液四个主要部分组成,其中正极材料是其电化学性能的决定性
因素。从产业链看,正极材料上游包括金属矿(镍矿、钴矿、锰矿、锂矿)
原材料,中游包括制造、装配形成电池组,下游为动力电池、3C 电池和
储能等领域的应用。

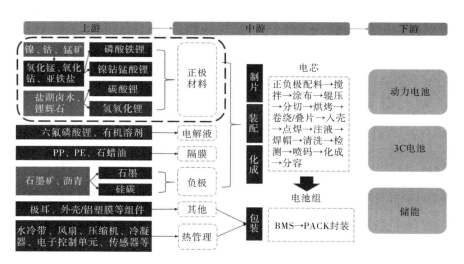

图 4-19　锂电子产业链示意图

资料来源:厦门市发展研究中心课题组。

　　目前主流的正极材料包括三元正极和磷酸铁锂。三元正极是含锂
的过渡金属氧化物,其能量密度高,但是安全和成本不具优势;磷酸铁

锂是聚阴离子化合物,其优势在于安全、成本低,但能量密度弱于三元正极。2021年动力电池装机总量中,三元材料占据份额高,为55.3%,而磷酸铁锂发展速度快。未来还可以有更多的技术路线出现,如高镍三元等。在各自不同的应用场景中同时存在,如中高端车辆实现长距离续航用三元,中短途、储能、电动重卡等用铁锂。此外还有钴酸锂、锰酸锂,钴酸锂成本较高、寿命较短,主要应用于3C产品;锰酸锂能量密度较低、寿命较短但成本低,主要应用于专用车辆。

　　根据EVTank数据,全球锂离子电池出货量规模由2015年的100.8 GWh增长至2021年的562.4 GWh,复合增长率为33.18%。

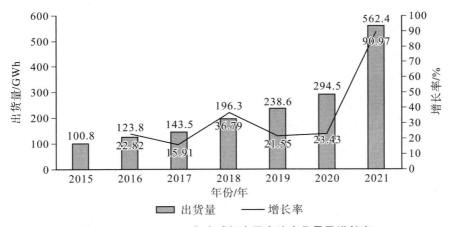

图4-20　2015—2021年全球锂离子电池出货量及增长率

资料来源:EVTank。

　　从区域分布来看,全球锂离子电池产业主要集中在中、日、韩三国。从2015年开始,中国大力推动新能源汽车发展,受此影响,中国锂离子电池产业规模迅猛增长,2015年产值985亿元,超过韩国、日本跃居全球首位。2018年,中、日、韩三国锂离子电池电芯产值合计达2800亿元,占全球锂离子电池电芯产值的比重接近99%。[①]　其中,我国锂离子

---

① 数据来自高工产业研究院。

电池电芯产值为 1550 亿元，占全球总产值的比重为 54.77％，位居全球首位。韩国 700 亿元，日本 550 亿元。

2021 年中国生产锂电池 232.6 亿只，市场规模 3126 亿元，锂离子电池出货量 229 GWh、产量 324 GWh。消费、动力、储能型锂电池产量分别为 72 GWh、220 GWh、32 GWh，分别同比增长 18％、165％、146％，占比分别为 22.22％、67.9％、9.88％，动力电池的占比最大且增长最快。动力电池中又以磷酸铁锂电池占比高，2021 年磷酸铁锂电池产量累计 125.4 GWh，占总产量 57.1％，同比累计增长 262.9％。2021 年动力电池出货量，全球大概率超过 350 GWh，比 2020 年增长 150％，全球电动车 2021 年出货量达到 600 万辆以上，2022 年中国新能源汽车爆发式增长，产销分别为 705.8 万辆和 688.7 万辆，发展势头迅猛。

也要看到，受锂电大规模生产、需求扩大影响，锂电池生产成本变动大。锂资源材料价格不断上升，2021 年以来，碳酸锂、氢氧化锂的价格一路上涨，从年初的 5 万多元/吨涨至 20 余万元/吨，到 2022 年曾经高达 60 万元/吨，随后价格出现回落。在负极材料方面，石墨负极能量密度已接近极限，需要技术进步改进性能，如特斯拉引进的硅碳负极，2022 年硅碳价格引进超过 15 万元/吨。电解液虽然不是电池核心部分，却是缺口最大、价格上涨最快的部分，六氟磷酸锂价格已经从 2021 年初的十几万元一吨上涨至五六十万元一吨之后，价格出现回落，2022 年底现货报价 23.2 万元/吨，较 2021 年底 55 万元/吨，跌幅达 57.82％。[①] 隔膜技术壁垒高，行业集中度高，头部前五大企业占据市场 82％以上份额。

预计 2025 年，全球电动车占有率超过 35％，达到 3000 万辆，按平均 60 千瓦时/车计算，电池用量达到 1800 GWh，储能及商用车领域用量估计超过 500 GWh，三元与磷酸铁锂的比例可能接近 35∶65，磷酸铁锂将占据市场绝对主流，市场锂电池出货量可能在 3000 亿美元以

---

① 从近 60 万跌至 10 万以下！六氟磷酸锂企业积极求变，多线并行！［EB/OL］.（2023-04-12）. https://www.cls.cn/detail/1320034.

上。由此看,锂电池产业需求旺、增长速度快、发展前景广阔。未来发展方向有两个方面:一是与新能源汽车结合,继续在动力方向上有所作为,实现迅猛增长。二是在储能方向上实现快速增长。储能是能量在时间、空间上实现移动,让能量可控,维护电网稳定,提高电力系统的灵活性,也是可再生能源空间错配,适当调节季节性、时段性需求。锂电池因其特性,在储能方面可以发挥积极作用。延续锂电池原理,进一步开发钠离子电池,更好满足新型能源的储能需要。

工业和信息化部原部长、中国工业经济联合会会长李毅中在 2022 年中国电动汽车百人会论坛上表示,预计到 2030 年,汽车保有量大概是 4.5 亿辆,其中,燃油车 3.6 亿辆,电动汽车 9000 万辆。如每辆车平均电量大于 65 千瓦时,车载储能容量超过 58.5 亿千瓦时(约相当于三峡大坝 11 天的发电量)。

新能源的另一主要组成部分是氢能,是与锂离子电池为代表的电化学能完全不同的另一种新能源来源方式。随着技术的不断发展,未来氢储能与电化学储能有望实现互补,满足不同地域对新能源的使用和需求,从而从总量结构上减少化石能源需求,服务国家战略,促进绿色发展。

氢能是以氢气为核心的能量提供方式,氢是宇宙中分布最广泛的物质,约占宇宙质量的 75%。氢气燃烧性能良好,燃烧时主要生成水和少量氮气,不会产生诸如一氧化碳、碳氢化合物等,与其他燃料相比更清洁。同时氢气的导热性能好,导热系数高出一般气体导热系数的 10 倍左右;发热值高,氢的发热值 142351 kJ/kg,是汽油发热值的 3 倍,远高于化石燃料、化工燃料和生物燃料的发热值,是良好的传热载体。氢能兼具能源介质和化工原料介质"双重身份",因其良好来源与燃烧特性,受到广泛关注,正逐步成为未来新能源最具潜力的发展方向之一,有望成为碳中和战略中的核心一环。尽管如此,也要充分认识到氢气作为能源使用,必须通过氢能载体实现,而不同方式的储氢载体,安全性、能量效率各不相同。目前氢能车载燃料电池,普遍采用储罐载氢技术,若将储罐与氢气视作整体,其能量密度远低于汽油,甚至低过甲醇。同时由于氢气特性使然及技术限制,氢燃料电池作为动力能源较多。

从氢能产业链角度看,由上游制氢、中游储氢运输、下游应用组成。其中,制氢和储（运）氢是形成氢燃料电池的核心。

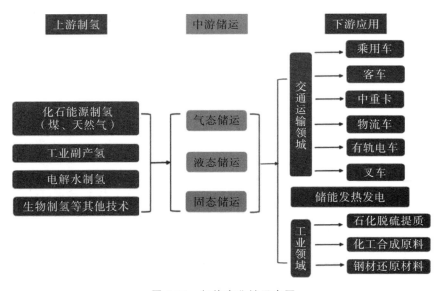

图 4-21　氢能产业链示意图

目前根据介质不同,储氢方式有高压储氢、液化储氢、固态吸附储氢、液态有机化合物储氢、金属氢化物储氢、自然储氢等多种,因介质不同生成的燃料电池能量密度不同。

表 4-7　各种储氢方式

方式	储氢性能	实现阶段
高压储氢	氢质量含量 1~5.8 wt.%,压力为 35/45/70/90 MPa	目前已经商业化
液化储氢	氢质量含量>5 wt.%,将纯氢冷却至−253℃储存,超低温消耗能量大,成本高	优势在于储氢密度高,多用于航天、军工领域

续表

方式		储氢性能	实现阶段
固态吸附储氢		氢质量含量 5.3～9 wt.%,以碳材料为主进行物理储氢,环境为77 K、4 MPa,纳米碳材料储氢性能好	目前处于实验阶段
液态有机化合物储氢		氢质量含量 6～8 wt.%,常温常压,储氢容量大	目前处于实验阶段
金属氢化物储氢		氢质量含量 1.4～3.6 wt.%,常温常压,安全性好,但是储氢合金存在易粉化、能量衰减和变质等问题	目前处于实验阶段
自然储氢	水储氢	氢质量含量 11.1 wt.%,常温常压,能量比度高,成本高	以电解水制氢为主
	甲醇储氢	氢质量含量 12.5 wt.%,常温常压,能量密度高,低成本	目前已经商业化,且价值极高

氢能源发展历经近 400 年历史,从 1625 年发现氢气,到 1939 年氢燃料电池诞生,实现了技术飞跃。氢能用途广泛,主要有工业用氢(氢能冶金)、交通运输用氢(氢燃料电池交通工具)、电力用氢、建筑用氢(小比例加入天然气供热等)等。其中工业用氢占据 50%～60%。工业用氢可以通过管道运输实现应用,也可以通过加氢站不同运输载体实现应用。

1960 年美国通用电气公司将氢燃料电池技术用于航天任务,1999 年才在德国出现了使用液氢技术的加氢站,氢燃料电池逐步走向大众。

2000 年德国开始小批量生产宝马氢能汽车,日本紧随其后,推出丰田氢燃料电池汽车,不久后又暂时停产。2010 年前后,氢燃料电池汽车与电动汽车旗鼓相当,之后电动汽车成为新能源汽车的主流方式。氢燃料电池汽车仅在少量公共交通、载重机上使用。特别是受制于加氢站布局,氢燃料汽车发展尚待时日。

前文所述制氢和加氢站是氢能利用和氢燃料电池的核心。根据制备方式不同,氢气又可分为化石能源制氢、工业副产氢和电解水制氢。其中,电解水制氢成本最高,根据《中国氢能产业发展报告 2022》,可再生能源电价是电解水制氢成本的重要组成部分,占比 60%～70%,电力成本成为大规模应用的核心壁垒。当前,在内蒙古、宁夏、甘肃、新疆、青海、西藏等可再生能源丰富的地区,电解水制氢成本已降至 25 元/kg 以下,具备与天然气制氢进行竞争的条件。根据中国氢能联盟预测,2030 年可再生能源电解水制氢成本将降至 15 元/kg,经济性进一步显现。

表 4-8　三大制氢方式技术路线比较

制氢方式		优点	缺点	原料价格	制氢成本/（元/kg）
化石能源制氢（灰氢）	煤制氢	技术成熟、成本较低	储量有限、环保性较差、工艺流程长	550 元/吨	9
	天然气制氢			3 元/m³	27
工业副产氢（蓝氢）	焦炉煤气、氯碱等	成本低、纯度高	无法规模化集中供应	—	10～16
电解水制氢（绿氢）①	商业用电	工艺简单、碳排放量小	耗电量大	0.8 元/kWh	48
	低谷电			0.3 元/kWh	23
	可再生能源弃电			0.1 元/kWh	14

资料来源:中国氢能联盟、华经产业研究院。

加氢站主要由制氢系统、压缩系统、储存系统、加注系统和控制系

---

① 根据生产来源和制备过程中的碳排放情况,氢能可分为灰氢、蓝氢和绿氢。灰氢,是通过化石能源(如煤炭、石油、天然气等)燃烧产生的氢气,生产过程中排放大量二氧化碳。蓝氢,是将天然气通过蒸汽甲烷重整或自热蒸汽重整制成的氢气,是在灰氢基础上应用碳捕集、利用与封存技术实现低碳制氢。绿氢,是使用绿色能源(如太阳能、风能、核能等)制造的氢气,电解水制氢是目前最主要的绿氢制取方式,生产过程中基本没有碳排放。

统等部分组成。从成本结构来看,压缩机成本和土地购置费的成本占比最高,分别为 34% 和 27%;储氢罐成本占比 11.7%;加氢机成本占比9.2%。

目前,我国是世界上的最大制氢国,可再生能源装机量全球第一,但电解水制氢占比不到 1%。在技术进步、成本下降预期以及"3060"双碳目标、政企合作示范等多重推动下,绿氢产业逐渐成为市场投资热点,中石油、中石化、三峡集团等能源央企以及隆基、晶科等众多光伏龙头纷纷入场,万吨级的大规模光伏制氢项目持续出现。项目主要集中在内蒙古、新疆等绿电(如太阳能、风力、地热等)资源丰富的西北、华北、东北地区。厦门大学嘉庚创新实验室学者研究认为,截至 2021 年1 月,全球已公布的电解槽装机总量为 54 GW(含规划项目),伴随光伏发电成本与电解装备成本的持续下降,预计 2021—2025 年电解制氢成本将下降 38%,到 2025 年,可再生能源制氢成本将低于化石能源制氢,到 2027 年我国电解槽装机总量将达到 1.2 亿千瓦(约相当于 5 个三峡大坝总装机容量),每年提供绿氢 255 万吨。

根据中国氢能联盟 2022 年 7 月发布的《中国 2030 年"可再生氢100"发展路线图》,到 2030 年,全国可再生氢总需求达到 770 万吨/年,电解槽装机总量达到 102 GW,设备产值超过 2000 亿元。各地高度重视氢能发展,截至 2022 年 8 月,全国范围内省(区、市)级的氢能产业规划达 13 个,地级市及区县级的氢能专项规划超过 50 个,争取在新一轮能源技术革命中占据先机。

二、厦门产业发展状况

(一)锂电与配套领域

厦门锂电池产业已落地企业有中创新航、厦门时代、海辰新能源,总规划产能达到 250 GWh。紫金矿业为代表的厦门企业直接收购国内外原料矿产,在碳酸锂及钴、镍金属矿产资源上,拥有一定发言权,位居国内第二;厦钨新能源的高倍率锂离子电池三元正极材料国内领先,2021年实现产值70亿元,累计比增高达87%,已与中创新航形成本地配套。拥有研制硅基负极材料的高容纳米具有先进性,拥有以厦门时代为代表的电解液、隔膜材料企业,建立了研发平台、生产线,具备初步生产能力和技术储备。在锂电池生产制造的中游环节,拥有中创新航(中航锂电)、海辰新能源及厦门三圈电池、宝龙工业等传统企业。厦门时代预计满产后可以实现千亿元产值,中创新航预计成为国内最大的制造基地。2021年,厦门时代、中创新航和海辰锂电成为厦门新增百亿元企业。2022年,厦门新能源增长40.7%,是战略性新兴产业集群中增长速度最快的产业集群。

(二)绿氢制造及加氢站领域

厦门在高价值金属粉末(钨、钼、镍等)生产及半导体、新型显示产业领域均需要大量的高纯氢气,目前氢气采购大多来自林德气体的灰氢。如金龙集团中小批量氢气采购价格高达270元/kg(含运输费用),远高于目前嘉庚创新实验室电解水制氢30~35元/kg(现场制氢,不含运输费用)的成本价。由于显著的成本优势,嘉庚创新实验室电解水制氢设备的毛利率可达70%左右。

绿色制氢中试有所突破。厦门大学电化学专业及氢能研发能力全国领先,省、市、校共同投入30亿元建设的嘉庚创新实验室已在制氢装备技术研发及中试上取得突破性进展。以嘉庚创新实验室为龙头的制氢装备产业正处于爆发前夜,将带动特种催化剂、膜电极、金属极板、密封材料、水处理系统制造等供应链企业在厦集聚,同时助力化工、钢铁、交通、船舶等行业减少碳排放量上亿吨。

在氢燃料电池上,耐克森能源科技与金龙联合,运用液态氢制作的氢燃料电池及锂储备电池混合驱动公交车投入湖州试运行。厦钨新能源与林德叉车合作,采用固态氢制作氢动力驱动叉车试运行。

三、存在的主要问题

在锂电及配套方面：

一是创新研发有待进一步加强。龙头企业锂电池在能量密度、续航与安全、快充与寿命的性能平衡上仍较难取得突破性进展，新技术研发周期较长，围绕锂电池龙头企业的产学研合作亟待加强。嘉庚创新实验室在铝塑膜、硅基负极材料等的研发创新已经取得成效，但在下一代锂电池材料及储能技术领域仍须加大投入和加强开放创新合作。

二是锂电池上游产业链本地化配套有待加强。在电解液、磷酸铁锂等材料上未实现本地化，相关原材料行业仍以商贸为主，合作主要在供应链和贸易链环节，如盛屯矿业、紫金矿业，其开采和加工均在外地，贸易商配套材料的产能、供货周期、产品质量等不能很好地满足锂电池生产制造商的需求。

三是锂电应用生态有待进一步加强。目前本地尚无整车厂商，因此本地锂电池企业重点选择非乘用车动力电池和储能电池生产。中创新航、宁德时代、海辰新能源一期项目主要选择细分领域布局，如中创新航前期客户以商务车配套为主；新能安以两轮电动电池、无人机消费电池为主，二期厦门时代以动力电池和储能电池为方向；海辰新能源主要聚焦在储能电池领域。由于缺乏整车配套，锂电产业发展将受限制，也不利于厦门经济总量整体迅速提升。

在绿氢制造及加氢站建设领域：

一是缺少满足相关条件的专业化园区。电解水制氢设备测试场地对面积、层高、配电容量有特殊要求，质子交换膜（proton exchange membrane，PEM）电解水制氢设备测试缺少电容量初期可大于 1.5 兆瓦，后续扩大至 6 兆瓦，25 米范围内没有任何建筑物且没有架空电线的专门试验测试场地。

二是没有专业化工园资质。目前氢气在批量制取、存储、运输与应用上仍属危化品生产管理,企业在厦门市开展小范围或实验室氢能应用示范及自用的制氢、储存、加氢虽不须办理危化品生产经营许可,但是较大规模生产均需要获得专业化工园区资质。

三是厦门市尚没有加氢站。全国218座加氢站主要分布在长三角与珠三角,由于加氢站建设缺少标准法规与政策体系,建设成本较高,投入回报率低,工业用氢大多通过管道解决,氢燃料电池尚处于实验阶段,未到大爆发期。

四、对策建议

能源与信息的深度融合将加速推动我国能源结构转型,改变原有能源格局,实现能源独立与安全。厦门要以现有发展基础好、成长势头猛、技术相对成熟的锂电池为基础,抓住氢能产业发展窗口期,在氢能新赛道上,依托嘉庚创新实验室打造制氢装备技术输出高地,加强研发、完善产业链配套、拓展应用,降低新能源产业用电成本、物流成本;全力支持嘉庚创新实验室绿氢制造与加氢站示范项目建设,设法解决化工园区资格认证,或通过工业"飞地"模式,创新推动锂资源回收及绿氢大规模开发利用,形成氢锂双链并进的新能源产业链群,推动新能源产业发展,为国家战略多做贡献。

(一)锂电及配套方面

加快锂电池关键核心技术攻关和产业化应用。围绕动力及储能电池,支持电芯系统、关键材料、制造装备及新体系电池的研发创新与产品迭代。依托嘉庚创新实验室,宁德时代与厦门大学共建的厦门时代新能源研究院,中创新航、海辰新能源在厦研发中心等平台,积极打造国家级创新平台,发展快充高比能量电池技术,不断提升锂离子电池单体和系统比能量、循环寿命及充电倍率,降低生产成本,布局钠离子电池等新型电池研发项目,推动下一代动力电池、储能技术、智慧能源等重点领域项目攻关和产业化应用。支持新能源企业建立博士后工作站，加强企业博士后工作站与高校人才联动,强化产学研用深度融合。

合理布局锂电池产业链环节。紧紧抓住正极、负极、隔膜、电解液等四大关键主材以及铝箔、铝塑膜等关键性辅材产业链环节,引入电池结构件、包覆材料等细分领域材料生产项目,提升电池箔、铝塑膜等各类电池配套材料生产能力,布局发展高端石墨、碳硅等高性能负极材料及隔膜材料生产,配套完善碳酸铁锂产业链;依托厦钨新能源,重点发展高端磷酸铁锂等正极材料及高镍三元材料、三元高电压钴酸锂,形成技术线路完整、配套齐全的锂电池产业生产基地。

招商引资强化应用场景供给。继续做大动力和储能电池应用市场。在动力电池方面,推动厦门新能源汽车整车规模化发展,依托大小金龙,以新能源客车为载体,促进客车向网联化、智能化方向发展;想方设法谋划布局新能源整车(专用车、特种车)项目,积极谋划新能源乘用车项目;拓展在市政交通、重卡、工程机械、环卫车等新行业新领域应用示范,加强充电桩、换电站等新型电力基础设施配套建设,扩大本地动力锂电池应用范围,做大经济规模。在储能方面,拓展锂电池储备功能,完善锂电在电网储能应用及与光伏、氢燃料电池配套储能应用;拓展锂电池在电网储能、智能和信息化装备领域的应用,满足新兴市场应用需求,建设重点示范项目;探索加大峰谷电价差,改善储能经济模型,先行推动储能在本地市场的推广应用。在消费电池方面,在5G、智能穿戴、无人机等消费领域拓展锂电应用,最大限度扩大锂电池使用范围;发挥金砖创新基地平台纽带作用,推动锂电池企业拓展金砖国家及"一带一路"海外市场。

规划布局精细化工园区。进一步挖掘厦钨新能源技术创新示范应用,可回收镍、钴、锰、锂等动力电池中有价金属,建设覆盖全市、体系完善的锂离子电池梯次利用、拆解、再生利用网络。建设锂离子电池高效回收、高值利用的先进示范项目,提高锂资源使用效率,降低成本、减少污染,加强资源节约循环利用。引入负极分散剂、黏合剂、导电剂等高附加值产品和企业，发展高性能、高安全电解液及功能添加剂，推动锂电池相关材料产业集聚。

（二）绿氢制造及加氢站建设方面

厦门应该充分利用技术优势，重点突破制氢加氢关键环节，通过制氢加氢推动应用，向氢能全产业链逐步延伸，为技术进步做贡献，为国家能源安全保障做贡献，为国家双碳目标实现做贡献。

一是给予中试到产业化过渡阶段专项支持。聚焦电解水制氢关键环节，对电解槽新技术研发和新设备应用推广提供适当支持，推动以嘉庚创新实验室为代表的电解水制氢装备产业发展壮大。以协助坚实专业化厂房为起点，满足配电容量，对于通过认定的首台（套）装备，给予设备融资租赁费用补助。鼓励绿氢制造设备从中试到产业化，走向批量生产，在厦成立总部，将厦门产绿氢制造设备推广到全国。

二是扩大本地应用场景。以改革创新的思路，支持用氢端企业开展技术创新综合应用，在技术成熟时，及时配合企业推广应用示范项目；鼓励重载运输设备企业与氢能制作研发机构联合创新，在渡轮、重卡、装载机上推广氢能项目示范应用。

三是探索加氢站建设与审批方法。借鉴广东、唐山等地做法，允许利用非商业服务用地建设自用的加氢站，企业自用型加氢站无须办理"燃气经营许可""气瓶充装许可"等经营、充装手续。对扩建、改建日加氢能力不低于 500 kg 的固定式加氢站给予建设运营补贴。研究制定《厦门市加氢站管理暂行办法》，科学界定政府各职能部门在加氢站建设、经营过程中具体的审批监管事项及职责，统一规范加氢站审批、建设、验收标准。

第五章
培育壮大市场主体

市场主体是现代化产业体系构建的基石,是产业链集群的细胞,是推动社会经济发展的重要力量。习近平总书记指出,市场主体是我国经济活动的主要参与者、就业机会的主要提供者、技术进步的主要推动者,在国家发展中发挥着十分重要的作用。构建现代化产业体系,加快产业创新发展,需要树牢企业根基,从厚植根植性嵌入式企业、做优百强企业及培育专精特新企业做起。

第一节　厚植根植性嵌入式企业

一、厦门企业现状

截至 2021 年底,全市共有企业 76.3 万家。其中,规上工业企业2747 家,规上服务业企业 1788 家;民营企业 74.4 万家,占全市企业数的 97.5％;2022 年,厦门经营主体数增至 84.7 万家,比增 10.5％。其中,规上工业企业 2889 家,净增国家高新技术企业 800 多家,国家高新技术企业突破 3600 家,专精特新"小巨人"企业 143 家,形成了"大企业顶天立地，小企业铺天盖地"的发展格局。

在众多经营主体中，评选出现代化产业领军企业 10 家，包括塔斯曼、百利、爱垦园艺、福建傲农生物科技、安井食品、厦门茶叶进出口有限公司、新盛洲植物油、中绿食品、江平生物基质技术、汇盛等。它们在花卉种植、食品、种苗等方面发挥着龙头带动作用。

新经济领军企业 10 家，包括今日头条（厦门）、京东东和贸易、亿联网络、吉比特、4399、三快在线、青瓷文化传播、美亚柏科、家乡互动（厦门）网络科技、友微科技等。它们在内容制作、网络安全、平台经济等方面发挥着领航作用。

先进制造的领军企业合计 30 家，包括戴尔系列、宸鸿系列、友达、天马微、冠捷、强力巨彩系列、宏发系列、三安系列、联芯、法拉电子、盈趣、通达系列等 12 组企业，金龙系列、ABB 系列、路达系列、捷太格特、林德（中国）叉车、明达实业、施耐德 7 家机械企业，它们在电子信息、机械装备支柱产业发挥着带头作用；厦门宝太生物、万泰沧海、波生生物等 3 家生物医药企业，厦钨系列、正新系列、厦顺铝箔、科华数据等 4 家新能源材料企业，它们在战略性新兴产业发挥着带头作用；另外还有厦门烟草、海峡黄金珠宝、银鹭系列、金牌厨柜等 4 家传统企业。

现代服务业领军企业合计 30 家，包括建发、国贸、象屿、厦门航空、港务控股等 5 家物流供应链、交通运输企业，安踏、恒安、华彬快消、辰视光学、永兴东润服饰、夏商、集团、特步、明穗粮油贸易、恒兴集团、嘉晟等 11 家商贸企业，国际银行、金圆集团、厦门银行、厦门农村商业银行、瑞达期货等 5 家金融服务企业，它们在商贸物流和金融服务方面发挥着支柱作用；福建人力宝科技信和达、均和、悦服好工（厦门）人力资源服务有限公司、北京外企人力资源服务福建有限公司、方胜众合企业服务、盛屯矿业、紫金矿业、合兴包印等 8 家专业服务企业和信息集团等 1 家软件信息企业，在生产性专业服务方面发挥着作用。另有建筑业领军企业 10 家。

领军企业是各领域产业链（群）龙头，在行业中发挥着集聚带动作用。以厦门建发集团为例,这家从厦门成长起来的国有企业,根植厦门、服务全国、放眼全球,肩负厦门经济特区许多重要领域改革创新使命,在建立健全现代国有企业制度上不断探索,聚焦主业做大做强,不断创新经营和盈利模式,实现供应链、房地产开发、旅游酒店和会展核心主业规模效益快速增长,成为生产性服务业的重要企业。近年来,紧跟时代,为构建新发展格局做贡献,不断挑战自我、取得突破。2013年营收超过千亿元,到2021年营收再次迈上新台阶,达到7078.44亿元,比增63.49%,净利润60.98亿元,比增35.39%,净利润总量和增速都居历史高位,在疫情严重、面临百年未有之大变局、国际形势复杂多变的情况下,取得如此成绩实在不易。2022年,建发集团营收额再创新高,为8474亿元。

图 5-1　2012—2022 年厦门建发集团营收额与增速

资料来源:根据公开资料整理。

在厦门企业中,有众多沪深上市公司。截至2021年12月31日前,厦门沪深上市公司62家,占福建省的36%以上,位列全省第一;新三板挂牌企业93家,占全省的40%,位列全省第一;上市后备企业达254家。2022年12月31日前,厦门新增3家创业板上市公司,厦门辖区上市公司65家。

2021年,62家沪深上市公司中主板43家,创业板16家,科创板3家。从国民经济行业分类看,制造业41家,信息传输、软件和信息技术服务业7家,批发和零售业6家,交通运输、仓储和邮政业2家,金融业2家,水利、环境和公共设施管理业1家,采矿业1家,教育1家,科学研究和技术服务业1家。从企业所有制属性看,民营企业36家,地方国有企业12家,外资企业8家,公众企业4家,中央国有企业1家,集体企业1家。民营企业数量占上市公司的58%。民营企业市值3912亿元,地方国有企业市值1494.6亿元,分别占上市公司总市值的55.2%和21.1%。2022年,新增3家,为华厦眼科、嘉戎技术、唯科科技。

62家沪深上市企业市值总规模7081.6亿元,与厦门的GDP 7033.89亿元相当,较年初上涨745.3亿元。若扣除2021年新增4家上市公司(市值448.9亿元),同比上涨296.4亿元。上市公司最高市值734.9亿元(亿联网络),平均市值114.2亿元,市值中位数58.4亿元。2022年,65家厦门辖区A股上市公司总市值6592.18亿元,占A股上市公司总市值的0.75%。

在建发集团等大型龙头企业带动下,2021年厦门公司营业收入增长速度较快。营业总收入首次突破2万亿元,达到20410.4亿元,比2020年增长40.4%,净增5876.1亿元;2022年65家上市公司营业总收入22967.48亿元,比增12.22%。盈利能力有所提升,净利润284.1亿元,比2020年增长17.1%,净增41.5亿元。其中建发营收贡献占34.53%,净利润占21.46%。2022年65家上市公司中,33家实现净利增长,其中,增收又增利的公司有23家。

厦门上市公司研发投入不断增加。2021年披露研发支出的上市公司数量为57家,研发支出合计91.5亿元,较2020年增长27.3%,研发支出增量达到19.6亿元。上市公司中研发支出占营业收入比例的中位数提高到3.8%。再融资规模高于首发募集资金。上市公司累计募集资金902.5亿元,其中首发募集资金累计337.4亿元,通过再融资(增发和配股)累计募集资金565.1亿元。2022年,厦门上市公司实现直接融资 310.51 亿元,通过再融资募集资金 248.8 亿元。

上市公司薪酬普遍高于一般企业。根据智联招聘在线数据,2021年第四季度,上市公司继续以 11331 元/月的招聘薪酬稳居第一,高于厦门平均水平 9780 元/月、国有企业招聘薪资 10689 元/月、外资企业招聘薪资 10598 元/月标准;薪资涨幅拔得头筹,达到 5.9%,增幅水平高于国有企业 2.6%、外资公司 1.6%。

对厦门上市公司的数据分析可以看出,制造业企业数量多,是市场主体的中坚力量。制造业企业在研发投入、产值贡献、就业等方面都发挥着积极作用。

前文数据表明,2021 年在厦门 76.3 万家企业中,有 2747 家主营收入 2000 万元以上的规上工业企业。对比 2018 年经济普查数据,企业数量较 2017 年增长 45%。2021 年 2747 家企业产出工业总产值 8228.24 亿元,投入研发 192.50 亿元,利税总额 887.70 亿元。

表 5-1　2021 年不同规模类型规上工业企业主要指标比重

企业规模	企业数占比/%	工业总产值占比/%	研发费用占比/%
大型企业	3.53	47.78	40.37
中型企业	12.30	23.22	30.44
小型企业	77.97	27.43	28.46
微型企业	6.20	1.57	0.73

资料来源:根据《厦门经济特区年鉴 2022》数据整理。

表 5-2　2021 年不同所有制类型规上工业企业主要指标

所有制类型	企业数/个	亏损企业/个	工业总产值/亿元	研发费用/亿元	利税总额/亿元	平均用工人数/人
有限责任公司	122	22	1171.13	22.85	166.44	60302
股份有限公司	27	8	327.52	14.11	37.04	24566
私营	1876	306	2413.54	82.15	368.29	260755
港澳台	353	76	1436.63	29.06	122.44	157501

续表

所有制类型	企业数/个	亏损企业/个	工业总产值/亿元	研发费用/亿元	利税总额/亿元	平均用工人数/人
外资	369	55	2879.42	44.33	193.49	174639
合计	2747	467	8228.24	192.50	887.70	—

资料来源:《厦门经济特区年鉴2022》。

　　2021年规上工业企业中,开展研发活动的企业1152个,占比41.93%,尽管开展研发活动的企业数比2020年上升17%,但仍有超过50%的规上工业企业没有开展研发活动;规上工业企业专利申请数为14652件,占当年专利申请数的78.9%,其中发明专利4636件,占全市总数的64.85%,有效发明专利数为16601件,占全市67.98%;企业开办研究开发机构数为552个,比2020年上升2.6%。

　　2022年规上工业企业调整为3059家,在大、中、小、微企业中,厦门小型企业依然占据多数,比重为78.71%。大型企业虽然企业数量少,却是工业总产值贡献最多的,占比超过45%。相对微型企业而言,大、中、小企业重视研发投入,尤其是大型企业研发费用占比最高。

二、存在的主要问题

　　前文对领军企业、厦门上市公司及规上工业企业的分析表明,厦门领军企业之间缺少必然联系,例如电子信息领军企业之间没有组成相关协作关系,企业普遍存在规模较小,规上工业企业平均工业总产值为2995亿元,上市公司平均营收为334.59亿元,若扣除建发、国贸、象屿3家贡献大的企业影响,则上市公司平均营收不足百亿元;而深圳华为2021年营收为6368亿元,比亚迪营收为2161.42亿元,可见企业规模差距较大。

　　企业创新投入较少,2021年2747家规上工业企业投入研发费用仅为192.50亿元,61家上市公司研发投入仅91.5亿元,而深圳华为

2021 年研发投入高达 1427 亿元,差距明显。

根植性嵌入性有待进一步提高。除了本地成长的大型国有企业外,厦门有相当多企业从外部引进,如 ABB、戴尔、联想、太古、林德、宸鸿、正新、厦顺铝箔、天马、中创新航、厦门时代等央企和外企。其特点是国际化程度高、实力强,可以迅速做大规模,但是业务和资源配置受制于母公司的战略布局,研发中心不一定落在厦门,对优惠政策依赖性较强。

厦门作为闽南地区中心城市,对闽商具有较强的吸引力。吸引安踏、乔丹、七匹狼、特步、盈趣、银鹭、如意、安井、美团、瑞幸咖啡等落户。这些企业主要集中在贸易、餐饮等传统服务业,高端服务业、制造业实力不足。在发展过程中存在着融资难、人才流失等问题,加之省内周边城市不断崛起,存在回流竞争压力。

三、对策建议

因此厦门壮大市场主体,要围绕"4＋4＋6"现代化产业体系,紧紧把握根植性和嵌入性,促进企业加强创新,扩量提质。

关于企业根植性和嵌入性,丘海雄、于永慧研究认为,[①]根植性与嵌入性有联系又有区别,根植性反映企业与本地生产体系的融合程度,嵌入性则反映企业发展受到区域社会文化、制度、产业传统等社会整合力的约束,分为历史嵌入、文化嵌入、关系嵌入、制度嵌入、结构嵌入,亦可认作嵌入本地网络联系。无论扎根融合还是结网嵌入,都需要根据"4＋4＋6"现代化产业化体系绘制的产业发展路线图,以产业链集群为纽带,持续开展产业链的强链、补链、延链、建链工作,加深企业间交流与合作,结网嵌入,不断夯实产业基础。同时大力发展总部经济,引进

---

① 丘海雄,于永慧.嵌入性与根植性:产业集群研究中两个概念的辨析[J].广东社会科学,2007(1):175-181.

与培育相结合，鼓励企业根植厦门沃土。

一是鼓励支持企业科技创新。深入实施创新驱动发展战略，推进"政产学研金服用"协同发展，鼓励创新创业创造，推动制造业企业转型升级，向高端化、智能化、绿色化方向发展，鼓励企业适应市场需求，抓住核心关键技术，与本地科研机构开展联合攻关，从原始创新、集成创新、消化吸收再创新到自主引领创新，在应用技术领域形成"独门秘籍"，不断增强企业核心竞争力、不断拓宽市场，从小到大，由弱到强，产业链上下游、大中小企业协同创新，以厦门为起点，形成总部，向更大范围不断扩散。企业发展成就厦门发展，厦门发展为企业发展提供强大支撑，双向奔赴，共同成长。

二是优化产业布局。认真贯彻落实习近平总书记在福建时提出的"跨岛发展"战略，坚持规划引领，制定并落实《厦门市工业布局规划（2019—2035年）》及《各区（开发区）主导产业工作方案》。在岛内，重点发展以创新设计、智能服务、信息增值服务、定制化服务等为主的服务型制造业；在岛外，以机械、食品、医药等26个专业化工业园区为载体，通过严格产业准入、建设产业平台等方式，引导产业集聚集群发展，不断优化产业空间布局。

三是实施强链补链延链建链产业发展工程。组织开展产业链调研和"体检会诊"，结合厦门市资源禀赋和产业基础，制订行动方案，实施电子信息产业集群发展工程、机械装备产业集群发展工程、生物医药产业发展工程、新材料产业发展工程、新能源产业发展工程以及传统制造业数字赋能工程等6个系列的产业发展工程，厘清发展实施路线，并结合不同行业的不同特性，有针对性地制定落实行业扶持政策，通过行业龙头企业、标杆企业的扶持培育，带动上下游企业联动发展。如对于半导体和集成电路产业，出台产业扶持专项政策，从扶持企业人才引进、洁净厂房建设、流片补贴等方面入手，帮助企业做大做强。

四是持续招大引强。围绕现有产业链缺失环节、现有企业上下游配套、现有企业增资扩产等重点，着力引进有重大带动作用的龙头项目和强链、补链、延链的配套项目。围绕金砖国家新工业革命伙伴关系创新基地,加快人才、技术、资本等创新要素集聚,推动资本与产业融合发展。持续开展以商引商,定期与企业家开展对接交流,充分发挥投资咨询机构、招商顾问等信息资源、专业服务、市场运作等优势,着力构成"政府推动、企业主动、中介联动"的"以商引商"新格局。

五是发展总部经济。从"内培""外引"两方面入手,既要着力培育在厦民营企业总部,同时注重吸引跨国公司和国内大企业来厦投资。要按照"留住总部、培育总部、引进总部"的要求,鼓励和引导厦门现有总部企业做优做强、扎根厦门,培育本土创新型、成长型企业发展升级成为总部企业,积极引进市外总部企业在厦落户发展。推动在厦总部企业做强做大,积极参与标准制定,从中国标准推广到世界标准,从中国总部走向世界总部。加快出台总部经济实施办法,对总部企业认定、星级评定,以及在购房、用地、金融等方面予以相应支持。

第二节　做优百强企业

一、厦门头部企业分析

2006 年,厦门企业和企业家联合会开始评选百强企业。2021 年在产生厦门企业 100 强的同时,出炉了厦门制造业企业 10 强、厦门服务业企业 10 强、厦门专精特新企业 10 强、厦门绿色企业 10 强和厦门建筑业企业 10 强。2022 年,增加了物流业企业 10 强、知识产权企业 10 强以及台资企业 10 强。

表 5-3　2022 年厦门百强榜前三强企业名单

百强之首	制造业	服务业	专精特新	绿色	建筑业
建发集团	戴尔	建发集团	科之杰	天马微	中建四局
国贸控股	盛屯矿业	国贸控股	开发晶	宏发电声	中交一
象屿集团	厦门钨业	象屿集团	狄耐克	ABB	福建九龙

资料来源：根据公开资料整理。

　　尽管面临疫情及国际形势风云变幻,百强企业仍然逆势成长,主要经济指标屡创新高,营业收入和利税大幅增长。

　　百强企业 2022 年营收总额达到 31150 亿元,同比增长 11.7%,百强企业中,有 15 家企业营收突破 200 亿元,33 家企业营收超过百亿元大关,与 2021 年相比,超过百亿元营收的企业新增 4 家。

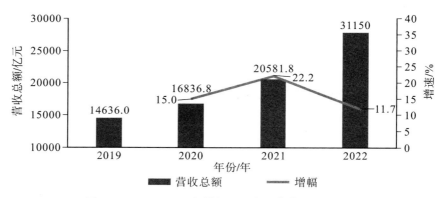

图 5-2　2019—2022 年厦门百强企业营收总额及增速

资料来源：《厦门日报》2022 年 12 月 27 日。

　　百强企业 2022 年纳税总额达 1054 亿元,同比小幅下降 0.5%,纳税额在 5000 万元以下的企业 29 家,纳税额在 5000 万～1 亿元的企业 17 家,纳税额在亿元以上的 57 家,较上年增加 3 家。在连续上榜的企业中,有 8 家企业的纳税总额连续多年保持正增长。

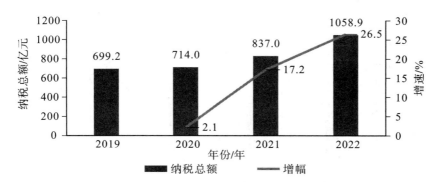

图 5-3　2019—2022 年厦门百强企业纳税总额及增速

资料来源：《厦门日报》2022 年 12 月 27 日。

百强企业净利润总和 633.2 亿元，同比增长 31.4％，较 2022 年中国 500 强企业增速高 21.8 个百分点。连续上榜 72 家企业中，68 家企业连续 4 年保持净利润为正，12 家企业保持净利润正增长。百强企业获取净利润集中在 1 亿～10 亿元范围内，企业数占比高达 50％，其次为 0～1 亿元，企业数占比 30％，10 亿元以上企业数占比 6％，无净利润企业占 14％。

百强企业在解决就业方面也发挥着积极作用。百强企业用工人数总和达到 50.6 万人，其中制造业十强企业用工人数占百强企业用工人数的 10％以上，服务业十强企业用工人数占四分之一以上，可见头部企业对稳就业的作用明显。

创新发展是企业生存的永恒动力。在创新发展方面，厦门百强企业研发总投入 178.1 亿元，占当年全市研发投入的 78.5％，百强企业研发总投入比上年增长 80.5％，较中国 500 强企业投入研发费用增速高 69.7 个百分点。71％的企业开展研发活动，其研发投入总量、增速与有研发投入的企业数均达到历年新高。连续上榜的 72 家企业中，有 48 家企业连续 4 年有研发投入，其中有 15 家企业研发投入保持正增长。研发投入排名首位的亿联网络坚持"研发制胜"，自主品牌 Yealink 畅销欧美等 140 多个国家和地区，IP 话机市场占有率全球第一，视频会议系统出货量全球第五。

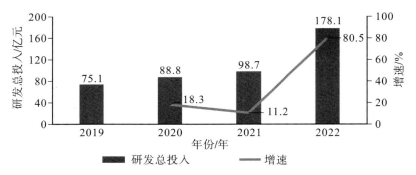

图 5-4　2019—2022 年厦门百强企业研发总投入及增速

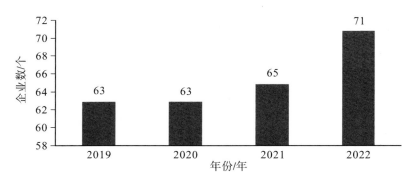

图 5-5　2019—2022 年厦门百强企业开展研发活动企业数

专利数量持续上升,百强企业整体创新能力领先全省平均水平。百强企业拥有专利总数累计 38094 项,同比增长 8.6%,比全省百强企业多 2425 项;拥有发明专利累计 17982 项,同比增长 13.3%,比全省百强企业多 7004 项;参与制定国际标准 190 项,同比增长 1.75 倍,比全省百强企业多 12 项。拥有专利数前三的为金圆集团、立达信、松霖科技,分别占全市百强企业专利总量的 24.8%、8.6%、6.9%。

百强企业中有民营企业 51 家,国有企业 28 家,集体企业 1 家,外资企业 20 家。民营企业数量多,但国有企业块头大。榜单中排名前三位建发集团、国贸控股、象屿集团都是市属国有企业,三大国企营业收入总和占上榜企业总营业收入65.5%。在2022年《财富》世界500强排行榜中,建发集团(第77位)、国贸控股(第106位)、象屿集团(160位)排名较上年度分别上升71位、65位、29位,这也是建发集团、国贸控股连续第6次,象屿集团连续第5次上榜世界500强。

厦门上榜国有企业体量大,效益好,总营业收入增速为42.8%,纳税总额增速为32.7%,分别比全国国有企业增速高24.3个和16.1个百分点。厦门三大国企增长势头更加强劲,总营业收入和纳税总额分别高出全国29.9个、32.8个百分点,充分展现了厦门国有企业改革的显著成效以及国有企业对经济增长的稳定器、压舱石的积极作用。

表5-4　2022年厦门上榜国有企业与全国国有企业主要指标比较

主要指标	营业总收入	纳税总额
厦门上榜国有企业增速/%	42.8	32.7
厦门三大国有企业增速/%	48.4	49.4
全国国有企业增速/%	18.5	16.6

由于厦门上榜核心国有企业主营业务都包括供应链,因此这些企业在融入新发展格局,服务双循环战略中做出了重要贡献。

28家上榜国有企业的海外营业收入、海外资产、海外员工数分别为11567亿元、527亿元、918人,分别是上年的7.82倍、1.85倍、1.76倍。建发集团积极推进国际化布局,在越南、日本、俄罗斯等国家和地区设立业务机构,并与62个"一带一路"沿线国家建立贸易合作。象屿集团深耕"一带一路",在印尼投资建设年产250万吨不锈钢冶炼一体化项目,推动国际产能合作,这也成为迄今为止厦门国企最大的海外投资项目。

正是由于上榜国企带动,国企充分利用两个市场、两种资源,通过设立产业发展基金、打造公共平台和混改并购等方式,在增强自身发展实力的同时,主动融入内外双循环的国家发展战略,推动制造业和服务业融合、国有资本和社会资本融合,成为国有企业之中特有的"厦门现象"。截至 2022 年底，厦门拥有的 15 家遍布重要行业和关键领域的市属国企资产总额 2.18 万亿元，同比增长 29.76％；所有者权益 6596 亿元，同比增长 28.75％；实现营收 2.34 万亿元，同比增长 14.90％，主要来自商贸业，占 86.75％，房地产业 6.16％，工业 4.15％；实现利润总额 338.07 亿元，同比下降 18.20％，已交税费 380.70 亿元，平均资产负债率 69.72％，同比上升 0.24 个百分点。

对比百强榜单制造业十强和服务业十强，2019—2022 年制造业企业营业收入年均增速 9.4％，比全市规上工业企业总营收平均增速高出 2 个百分点，是工业经济增长的主要动力；同期，服务业营业收入增速呈上升趋势，服务业增速超过制造业。近年来制造业受能耗、用地、疫情等多方面影响，发展速度有所减缓，而以供应链、软件信息为主导的服务业发展势头良好，制造业与服务业双轮驱动的产业结构有助于更好地激发经济内生动力，引领全市经济高质量发展。

二、对比深圳看差距

尽管从厦门百强榜单看到厦门企业的长足进步，但是与深圳行业领袖企业百强相比、与胡润中国 500 强深圳企业名单相比，差距十分明显。

厦门营收额超过 200 亿元的百强企业只有 15 家，而 2022 年深圳百强企业中国平安、正威集团、华为、腾讯、万科、招商银行、比亚迪等的营收额都在 2000 亿元以上。

表 5-5　2022 年厦门百强头部企业与深圳百强头部企业营收额比较

厦门企业	营收额/亿元	深圳企业	营收额/亿元
建发集团	8474	中国平安	11106
国贸控股	6934	正威	6614
象屿集团	5626	华为	6423

续表

厦门企业	营收额/亿元	深圳企业	营收额/亿元
厦门路桥	861	腾讯	5545
戴尔(中国)	651	万科	5038
港务控股	526	富士康工业互联网	5118
厦门钨业	482	招商银行	4890
海投集团	400	中国电子信息集团	2713
均和(厦门)控股	359	深投资控股	2548
中骏集团	282	比亚迪	4241

资料来源:根据公开资料整理。

由此看,厦门与深圳企业差距明显。在企业体量规模上有明显差距,在从事的行业类别上有差距,在企业所有制类型上也存在差距。例如,深圳头部企业营收额都在 2000 亿元上,且不乏制造业企业,如正威、华为、富士康工业互联网、比亚迪等,是广东省的制造业龙头;而厦门排名前三,营收额超过 5000 亿元的都是供应链企业,作为制造业企业的戴尔(中国)、厦门钨业,营收额在 500 亿元左右,与深圳差距大。与深圳企业相比,厦门头部企业中,70%是国有企业,而深圳逐步成长起来的民营大企业不在少数,如正威、华为、腾讯、万科、工业互联、比亚迪等,为深圳经济社会发展做出了突出贡献。

三、对策建议

党的二十大报告指出,要推动国有资本和国有企业做强做优做大,促进民营经济发展壮大,加快建设世界一流企业。市场主体是推动产业发展的主导力量,厦门要在深化国有企业改革,做强做大国有企业的基础上,为民营企业发展提供充分沃土,保护和鼓励民营企业创新发展,挖掘外资企业增资扩产的潜力,做到国有企业稳、民营企业活、外资企业留,形成完整的行业发展生态。

一是深化国企改革。大力培植具有创新特质和整合功能的供应链服务商。国有企业发挥自身投资和供应链优势，助力中小企业降本增效，推动制造业和服务业融合发展。推广象屿集团通过引入具有创新特质和整合功能的流通服务商，整合"商流、物流、资金流、信息流"，打造"四流合一"的供应链综合服务平台，实现全价值链流通服务，加速现代服务业与先进制造业的融合发展。加快传统优势企业转型升级。推动房地产企业加快转型升级，增强综合开发能力，提高资金周转效率，提高市场竞争力。推动传统工业企业向高端智能制造转型，打造千亿级制造业产业链。推动国有重点企业向先进制造业平台转型，加快智慧国企建设，推动国有企业数字化、网络化、智能化转型升级。

深化国资国企综合改革，探索混合所有制改革有效形式和盘活国有存量资产新路径，增强国有经济竞争力、创新力、控制力、影响力、抗风险能力，做强做优做大国有资本和国有企业。加快国有经济布局优化、结构调整和战略性重组，发挥国有经济战略支撑作用，推动国有资本更多投向战略性新兴产业和先进制造业、基础设施和城市更新、科技创新等关键领域。加强国有企业改革长远规划，提高国有企业盈利能力。推动更多国有企业资源及上市公司股权整合进入国有资本投资运营公司，在更大范围和更高层次上推进资本运作。推动国有资本和社会资本融合。以国有资本带动社会资本，搭建国有资本跟社会资本互动平台，采取资本赋能、渠道赋能等多种方式，赋能厦门市优质民营企业，助其度过最艰难的成长期，与国有企业共同发展的成功经验形成流程模式，逐步推广，让国有资本助力民营中小企业从初创企业逐步成长为上市公司、成为专精特新企业，实现质的飞跃。

二是促进民营企业高质量发展。建立和完善促进非公有制经济政策体系，依法平等保护民营企业产权和企业家权益，保障民营企业依法平等使用资源要素、公开公平公正参与竞争、同等受到法律保护。进一步放宽民营企业市场准入，破除招投标等领域各种壁垒。降低民营企业生产经营成本，持续推进减税降费政策"直达快享"。鼓励金融机构支持服务中小微企业，健全企业融资增信支持体系，加强民营骨干企业培育引导，催生更多单项冠军企业和独角兽企业。加快建设"中小企业能办大事"先行示范区，支持创建国家民营经济改革创新试验区。健全防范和化解拖欠中小企业账款长效机制。

三是建立健全外商投资促进体系。全面贯彻外商投资法，保障外商投资企业国民待遇，提高投资环境的开放度、透明度和可预期性。深化境内境外资本市场互联互通，健全合格境外投资者制度。保障外商投资企业平等参与政府采购、国有企业混合所有制改革、产业园区和基础设施建设。推动外商投资企业管理职能由重审批备案向投资促进、保护和管理转变。

四是完善配套服务。深入落实"提高效率、提升效能、提增效益"行动，采取线上服务和线下服务双线并行，努力为企业提供贴心的"保姆式"服务，着力构建利于企业持续健康发展的行业生态。推行惠企政策"免申即享"。利用"慧企云"协同平台上政府部门间的信息共享，搭建了"免申即享"惠企政策兑现服务模块，真正实现政策兑现"足不出户"、材料准备"系统代劳"、扶持资金"自动兑付"三大便捷。全力保障供应链畅通。建立重点企业微信群，积极宣传各级保产业链供应链畅通的政策措施，对企业提出的相关问题或需求予以快速响应。积极拓展产业本地配套，发挥政府引导和行业协会居间对接作用，梳理重点产业链配套需求，挖掘本地供应商，协助企业搭建上下游产业对接平台，促进本地就近配套。搭建互动平台，营造优良发展环境。举办论坛、研讨会等系列活动，组织交流学习，拓宽视野，积累经验，提供信息，推介新产品新技术评选先进，倡导企业文化，弘扬企业家精神，扩选一批高质量发展的标杆企业。

第三节　培育专精特新企业

一、概念的基本认识

从以上对根植性嵌入式企业及百强企业的分析可见，厦门中小企业占据大多数。中小企业是市场的主体，在推动经济总量增长、吸纳劳动力、稳定就业方面做出巨大贡献；中小企业也是天然的有着创新和创造活力的主体，是创新最活跃的因素，大多数科技创新来自中小企业。

企业从小起步，在市场经济的大潮中，跟随经济脉搏和经济发展周期，不断摔打，逐步成为大型企业。在市场激烈竞争中，勇于前进，不断探索，涌现出一批专精特新的优秀中小企业，包括独角兽、瞪羚、单项冠军、隐形冠军企业。它们在促进产业基础高级化、产业链现代化，增强产业竞争力，加快构建新发展格局方面提供了有力支撑。

瞪羚、独角兽、单项冠军、隐形冠军是中小企业成长过程中某个阶段具备的某项特征，但不是必然有的。为了加深认识，以下对这些概念做一梳理。

瞪羚企业指具有与"瞪羚"类似特征的企业，个头小而干练、能跑擅跳。这类以自身科学技术创新或商业模式创新为支撑，成功跃过创业风险，进入高成长期的中小企业，具有跳跃性的发展姿态。一般认定范围关键包含智能制造、新一代信息技术、人工智能、生物医药、节能环保和金融科技等符合我国和各省战略性新兴产业发展方向的领域。一个地区瞪羚企业数量越多，则创新活力越强，具备越大的发展动能。培养产业化、高成长性的瞪羚企业集群对孵化独角兽企业具备深远意义。

独角兽企业则指创立时间很短（一般是 10 年以内），发展十分迅速，获得过私募但未上市，企业估值已经达到 10 亿美元以上或超过 100 亿美元的初创企业。独角兽企业往往拥有关键技术，具有无可替代的核心竞争力。

单项冠军企业一般拥有 10～20 年较长时间积累，致力于细分市场领域。如制造业单项冠军企业指长期致力于制造业一些特定细分产品市场，生产技术或工艺国际领先，单项商品市场份额位居全球前列的企业。其包括两方面内涵：一是"单项"，即企业业务必致力于市场定位，长期在相关领域深耕细作；二是"冠军"，即企业在细分领域中有着冠军级的市场地位和技术水平。[①]

隐形冠军企业概念来自德国，指那些不为公众所熟知，却在某个细分行业或市场占据领先地位，拥有核心竞争力和明确战略，其产品、服务难以被超越和模仿的中小型企业。

《促进大中小企业融通发展三年行动计划》中明确指出，在各地认定的专精特新中小企业中，培育主营业务突出、竞争能力强、成长性好、专注于细分市场、具有一定创新能力的、可持续发展成为专精特新"小巨人"企业，并引导成长为制造业单项冠军企业。因此，我国对于中小企业成长路径的规划是，从专精特新"小巨人"企业、制造业单项冠军企业到领航企业（主业突出、综合实力强、具有全球竞争力）。那么单项冠军企业、隐形冠军企业与专精特新企业究竟有什么区别？

依据工信部的定义，专精特新"小巨人"企业是专精特新中小企业中的佼佼者，是致力于市场细分、创新能力强、市场份额高、掌握关键核心技术、质量效益优的标杆企业。考核指标集中在经济效益、专业化程度、创新能力、经营管理等 4 类专项指标上，每一类指标都有若干具体条件。其中，在经济效益专项指标上有明确的营业收入数量方面的要求，即上年度企业营业收入在 1 亿～4 亿元。制造业单项冠军企业则从目标市场、市场占有率、创新能力、经营业绩、主营产品、发展方向、品

---

① 工信部、中国工业经济联合会评定标准。

牌培育、环保能耗、管理制度等 9 个方面进行要求，每一方面有若干具体条件。其中，在市场占有率方面明确要求，细分市场占有率位居全球前 3 位。隐形冠军企业一般从领航企业、年营业额上限值、知名度 3 个方面进行认定。

三者认定标准不同，发展阶段也不相同，专精特新"小巨人"是成长为制造业单项冠军企业的由小到大的过程，是企业成长的必由之路。专精特新"小巨人"是国内领先企业，而制造业单项冠军企业或隐形冠军企业则是在细分领域拥有话语权的、市场份额高、极具影响力的全球领先企业。

特别需要指出的是，制造业单项冠军企业是中小企业成长的目标，但不特指中小企业，从目前获评企业的规模来看，大型企业是主体，占比约 60%，很大一部分还是上市企业，发挥着龙头企业作用，中型和小型企业仅占制造业单项冠军企业总数的 30%、10% 左右。

截至 2021 年 8 月，我国约有 4000 万家中小企业，其中 11.3 万家专精特新培养企业、4 万多家省级专精特新中小企业、4762 家专精特新"小巨人"企业、596 家单项冠军企业。

2022 年 12 月长城战略咨询发布的《中国独角兽企业研究报告2022》显示，2021 年中国独角兽企业数量 316 家。同期，胡润发布的"2021 全球独角兽榜"显示，2021 年中国新增 146 家独角兽企业，总数仅次于美国的 487 家，位居第二。印度以 54 家居第三。中国独角兽企业快速增长，说明中国的创新生态已经成为新经济成长的沃土。

二、厦门企业现状

2021 年，厦门市有国家级专精特新"小巨人"企业 79 家，占全省总量 35.7%，位居全省第一，其中重点"小巨人"企业 27 家，占全省总量 47%，位居全省第一。从工信部公布的 3 批全国共 4762 家专精特新"小巨人"企业名单来看，厦门跻身全国各地市专精特新企业数量前十强,位列第九。此外,还有省级专精特新中小企业 124 家,市级专精特新中小企业 622 家,成为推动厦门经济高质量发展的新锐力量。

2022 年,厦门市新增了 4 家国家级专精特新重点"小巨人"企业、64 家专精特新"小巨人"企业、147 家省级专精特新中小企业、417 家市级专精特新中小企业、112 家"2022—2023 年度厦门市最具成长性中小企业"、235 家"2022—2023 年度厦门市成长型中小企业"。[①]

截至 2022 年 12 月,厦门市共有 31 家国家级专精特新重点"小巨人"企业,数量占全省总量的 47%,位居全省第一,在全国各大城市中位居第十二位;拥有 143 家国家级专精特新"小巨人"企业,数量占全省总量的 50%,位列全省第一,位列全国同类城市第六位;314 家省级专精特新中小企业,数量位列全省第一。此外,还有 1208 家市级专精特新中小企业和 2304 家厦门市成长型中小企业。

专精特新十强企业是专精特新企业的代表,以下从十强榜单的企业看 2021 年厦门专精特新企业发展的特点。一是专精特新企业增势强劲,2021 年营业收入总额达 136.4 亿元,企业实力显著增强。营业收入、净利润、纳税总额增速分别为 273.4%、224.8%、233.9%,分别较百强企业增速高出 251.2、193.4、207.4 个百分点。二是战略性新兴产业成为专精特新深耕领域。专精特新十强企业有 9 家分布在电子信息、新能源、新材料、生物医药等厦门市重点发展的"4＋4＋6"现代化产业集群,高度契合厦门市产业转型的重点和方向,充分体现出专精特新企业集中涌现的战略性新兴产业已成为带动厦门市经济转型升级的重要力量。

表 5-6　2021 年厦门专精特新十强企业与厦门百强企业主要指标比较

主要指标	营业收入	净利润	纳税总额
百强企业增速/%	22.2	31.4	26.5
专精特新十强企业增速/%	273.4	224.8	233.9

① 厦门国家级"小巨人"企业数量占全省一半[N].厦门日报,2023-01-20。

专精特新十强企业代表了专精特新企业发展的方向,瞪羚企业、准独角兽企业、独角兽企业则从另一方面反映了企业的成长。

福建省经济信息中心以省数字经济领域创新企业名单为样本,发布的《福建省"独角兽""瞪羚"企业发展报告》显示,2022 年厦门数字经济领域独角兽企业 1 家,准独角兽企业 34 家,瞪羚企业 83 家,3 项合计共 118 家企业,占全省同类企业的 37.3%,与福州居于第一梯队。4399 网络股份有限公司市场估值 47.05 亿美元,是福建省估值最大的企业,比平均估值 20 亿美元高一倍多,连续两年被评为独角兽企业。

从初创企业到瞪羚、独角兽企业,从专精特新企业到省市专精特新企业到国家级专精特新"小巨人"企业再到冠军企业,企业从无到有,从小到大,聚焦细分领域,打造独门绝技,填补市场空白,形成大中小企业协调发展、更有效率的产业组织架构,加速完善产业链供应链。

三、对策建议

以市场主体梯度培育为工作重点,落实《厦门市先进制造业倍增计划实施方案(2022—2026 年)》等,完善企业成长加速机制,培育形成一批专注于细分市场、聚焦主业、创新能力强、成长性好的专精特新中小企业,推动制造业向高端化、智能化、绿色化发展,明确培育重点,促进企业创新发展,贯通创新链、产业链,强化资源要素保障、完善公共服务和政策保障服务水平。

一是明确培育重点。坚持梯度培育、动态管理,围绕梯度培育重点锚定目标企业,形成明晰的目标企业清单,动态建立培育企业库。通过优先支持项目申报、市场开拓、资质认定、供需对接等方式,打造"领航型"的头部企业,壮大一批重点产业的上市企业、龙头企业和骨干企业,培育一批新型产业的独角兽企业、瞪羚企业、工信部制造业单项冠军企业和专精特新"小巨人"企业等优质企业群体,通过龙头企业、骨干企业的带动,推动实现制造业规模倍增、数量倍增、效益倍增。瞄准行业一流和国际领先水平,引进一批头部企业和"高精尖"项目、国家级技术创新示范企业和独角兽企业、隐形冠军企业等。鼓励规模企业上台阶,对现有专精特新企业实施增资扩产、新建重大产业项目,按项目固定资产投资总额给予扶持。

二是促进企业创新发展。强化企业创新主体地位,完善技术创新制度。鼓励企业加大研发费用投入,开展核心技术、共性技术、关键技术研发和攻关,完善研发加计扣除政策,健全财政补助机制,激励企业设立研发准备金、加大内部研发投入,吸引电子信息、新材料、生物技术、新能源等领域的研发人员向制造业集聚。引导企业设立技术研发中心,开展原始创新,加强与高校科研院所合作,促进产学研用转化,不断完善技术公共服务平台建设。促进科技金融深度融合,设立创新创业科技投资基金,以股权融资形式支持科技型企业,为具有创新优势的企业开辟新的更具驱动力的融资渠道,加速产业升级和行业更新换代,引导民间资金向科技产业转移。基于国民待遇原则,聚焦于跨国公司在厦研发机构的能级,采取产业链合作创新、产学研合作创新、创新外包和购买激励等政策措施,提升厦门在全球创新网络中的地位,增强创新的本地溢出效应。鼓励现有企业技改创新,对增资扩产、技术改造项目给予资金补助。

三是贯通创新链、产业链。在厦门市计算机与通信设备、平板显示、半导体和集成电路等重点产业建立大中小企业协作配套产业联盟,认定一批协作配套示范企业。鼓励链主企业与中小企业组成联合体参加政府采购,符合条件的给予10%的价格扣除。梳理形成专精特新企业"存量专利清单""产品(服务)供给清单"和产业链下游大企业"产品需求清单",在厦门"慧企云"平台公开发布。梳理专精特新企业在新产品、新技术研发过程中对实验设备、科技文献等创新资源的需求清单,对其意向合作的大型企业、科研院所或高校进行定向牵线搭桥,促进专精特新企业与龙头企业在研发设计、生产制造、材料采购、品牌嫁接等方面的供需信息互通。

四是强化资源要素保障。鼓励市、区设立专精特新专项基金,在中央支持资金的基础上,加大厦门市配套投入力度。鼓励风投机构对厦门市专精特新企业进行投资,对投资专精特新企业1年以上的风险投资机构,可通过设立创业投资风险补偿专项资金的形式,按投资额给予一定比例风险补贴。开展北交所上市培训及诊断辅导服务,培育壮大可直接平移北交所的新三板精选层企业。用好再贷款再贴现等货币政策工具,鼓励银行创新"央行再贷款＋""央行再贴现＋"专属产品,降低专精特新企业综合融资成本。强化金融科技赋能,引导金融机构构建以大数据为基础的信用评价模式,探索建立信用风险预警机制。对于专精特新企业发展中遇到的土地问题,尽最大可能在政策允许范围内解决。如:增资扩产项目中涉及拆除重建,且拆除建筑面积(计容)累计超过合法已建总建筑面积(计容)50％(含50％)等4种情形由市政府委托属地区政府或园区管委会按规定研究实施;原用地已有约定的,增资扩产部分不再新增监管指标;降低重大项目的工业用地价格,按不低于最低价标准的70％执行。鼓励高校毕业生留厦工作,加强本地工科高校建设力度。进一步加大对厦门理工学院、厦门华厦学院等4所应用型本科高校的支持力度,继续引导本地工科院校紧紧围绕厦门市产业发展规划和布局,完善工科专业,培养更多本地急需的专业人才。引导9所高职院校在专业设置上向工科类倾斜,做好专业布局,大力培养工科类高素质技术技能人才。

　　五是完善公共服务和政策保障服务水平。建立专精特新企业服务专员库,汇集政策、信贷、上市、知识产权、数字化等方面资深专家,分阶段、分层次、分行业为企业提供全方位精准服务。完善知识产权管理保护机制,为专精特新中小企业提供发明专利优先审查及知识产权确权维权绿色通道。支持科研院所、新型研发机构等面向专精特新企业开展中试和技术熟化等集成服务。加强生物医药、新材料领域产学研用合作,争取国家临床医学研究中心在厦设立分中心,争创国家稀土技术创新中心厦门区域分中心。加大专精特新企业新产品新场景推广应用,每年评价一批新品进入全市创新产品应用示范推荐目录。强化对新技术赋能、跨界融合的创业新物种企业的精准政策支持,催生更多有首创特点、有爆发潜力的新商业模式和新技术产品。通过设立保障机制,逐一明确责任单位、后续措施、落实时限等,确保政策有效落实。支持龙头企业通过市场化方式对上下游企业进行并购整合;允许政府性基金或国有企业根据实际需要与企业按照一定比例共同参股投资;推进一批本地企业做强做优做大,实现产业规模扩张、结构优化和效益提升。

第六章
夯实产业发展要素保障

　　以科技创新为核心，推动技术、资金、土地、人才、数据等要素向产业高效集聚，构建企业全生命周期集成生产服务要素保障体系，为企业发展保驾护航，加快推动产业高质量发展。

　　生产要素是生产经济活动中所需的各种资源，是经济活动不可或缺的组成部分。传统西方经济学理论认为，生产要素一般被划分为劳动、土地、资本和企业家才能四种类型。劳动是指人类在生产过程中体力和智力的总和。土地不仅仅指一般意义上的土地，还包括地上和地下的一切自然资源，如江河、湖泊、森林、海洋、矿藏等。资本可以表示为实物形态和货币形态，实物形态又被称为投资品或资本品，如厂房、机器、动力燃料、原材料等；货币形态通常称之为货币资本。企业家才能通常指企业家组建和经营管理企业的才能。[①]

　　从供给侧来看，经济增长既取决于生产要素投入的增加，也取决于全要素生产率的提升。也就是推进经济增长、产业发展，一方面要通过加大资本和劳动力投入带动经济增长，另一方面要通过技术进步、人力资本提升、土地质量改善、资金效率提高、要素信息化改造等多种途径实现创新驱动，从而释放巨大的内在动力。

---

　　① 高鸿业.西方经济学［M］.4 版.北京：中国人民大学出版社，2007：168.

第一节　发力技术创新

　　经济增长的源泉包括劳动力投入、资本投入和全要素生产率。全要素生产率是在资本和劳动力投入确定不变的前提下，仍然能增加产出的因素，也就是因创新和技术进步，生产效率提高而增加了产出。单纯依靠资本投资和劳动力投入，在投入到达一定程度后会出现投资报酬递减效应。而技术进步带来的效率提升没有止境，新技术、新模式、新业态、新产业都能改变生产方式、提高生产效率，带来经济总量的突破。基于创新的经济增长方式是可持续的，是实现跨越式发展的关键。

　　技术创新是提高全要素生产率的根本方法。技术创新的途径有技术扩散、技术模仿和自主创新。自主创新是最根本、最核心的途径，是保持经济持续增长的重要法宝。加快自主创新就是要构建以企业为主体、市场为导向、产学研资深度融合的技术创新体系，牢牢抓住关键核心技术进行技术攻关，包括关键性技术、前沿引领技术、现代工程技术及颠覆性技术。要有目标、有重点、有步骤地围绕关键核心技术进行突破，加速科技成果在产业发展中的应用，促进科技成果转化成为现实的生产力，促进社会经济全面发展。这方面，深圳一直走在全国前列，值得学习借鉴。

一、深圳全过程创新生态链对厦门的启示

　　习近平总书记在党的二十大报告中强调，要完善科技创新体系，坚持创新在我国现代化建设全局中的核心地位，健全新型举国体制，强化国家战略科技力量，提升国家创新体系整体效能，形成具有全球竞争力的开放创新生态。

作为全国首个以城市为基本单元的国家自主创新示范区，近年来，深圳市不断完善"基础研究＋技术攻关＋成果产业化＋科技金融＋人才支撑"的全过程创新生态链，构建起"以企业为主体、市场为导向、产学研资深度融合"的技术创新体系，推出"建立科技人员双向流动制度""重构市场导向的人才分类评价激励体系"等诸多人才创新举措，构建跨学科、跨领域、跨行业的平台、项目、人才一体化建设机制，推进企业、高校科研机构、行业协会等协同联动，创新体系实现历史性变革、系统性重构，科技创新的"新路径"清晰可见，引擎动力不断增强，成为深圳创新发展的强大支撑。2021年深圳全市研发（R&D）经费投入占地区生产总值比重达 5.46%，居全国前列；其中，市级科技研发资金投向基础研究和应用基础研究占比 46%，基础研究能力稳步提升。国家高新技术企业突破 2 万家，居全国城市第二位；PCT（*Patent Cooperation Treaty*，《专利合作条约》）专利申请量连续 17 年居全国城市首位，深圳在国家创新型城市创新能力排名中位居第一。

启示之一：形成以"六个 90%"为鲜明特点的企业创新密码。深圳确立企业创新主体地位，深圳尊重企业的创新主体地位，形成了"六个 90%"创新密码，即 90% 以上的创新型企业是本土企业、90% 以上的研发机构设立在企业、90% 以上的研发人员集中在企业、90% 以上的研发资金来源于企业、90% 以上的职务发明专利出自企业、90% 以上的重大科技项目发明专利来源于龙头企业，让企业在科技创新中唱主角，推动产业链创新链深度融合。

企业作为深圳研发创新的主力军作用越来越明显。2021 年在深圳全市 R&D 经费投入中，企业主体的 R&D 经费投入为 1582.44 亿元，占全市比重为 94%。当年深圳基础研究经费投入 122.02 亿元，年增长 67.4%，继上年增长 111.9% 后，连续两年保持超高速增长，成为北京、上海之后，经费投入第三位的城市。其中，企业基础研究经费 79.84 亿元，占全市 65.4%，在全国企业基础研究经费总量中占 47.9%，居全国大中城市之首。深圳企业基础研究经费增长 110.8%，与全市的增长速度相比，高出 43.4 个百分点。

启示之二：全力以赴支持产业技术攻关。支持企业和战略科研平台组建创新联合体。深圳依托高科技企业和高水平研究型大学，发挥市场需求、集成创新、组织平台的优势，构建企业牵头、高校院所支撑、各创新主体相互协同的创新联合体，建立"需求方出题、科技界答题"新机制，形成高效强大的共性技术供给体系。如中国科学院深圳先进技术研究院、哈尔滨工业大学等科研机构和行业领先企业联合组建国家高性能医疗器械创新中心。

深圳建立关键核心技术攻关新机制。推动改革重大科技项目立项和组织管理方式，实行"揭榜挂帅"项目遴选制度，择优选定攻关团队；实行"赛马式"制度，平行资助不同技术路线的项目；实行"项目经理人＋技术顾问"管理制度，对项目实施全生命周期管理；实行"里程碑式"考核制度，对项目关键节点约定的任务目标进行考核，确保产业链关键核心环节自主可控。

深圳建立科技成果"沿途下蛋"高效转化机制。依托综合性国家科学中心先行启动区布局建设一批重大科技基础设施，设立工程和技术创新中心，构建"楼上楼下"创新创业综合体，"楼上"科研人员利用大设施开展原始创新活动，"楼下"创业人员对原始创新进行工程技术开发和中试转化，推动更多科技成果沿途转化，并通过孵化器帮助创业者创立企业，开展技术成果商业化应用，缩短原始创新到成果转化再到产业化的时间周期，形成"科研—转化—产业"的全链条企业培育模式。

启示之三：全方位加强研发资金保障。深圳高度重视基础研究和应用基础研究，形成基础研究长期持续稳定投入机制。2020 年 11 月正式实施《深圳经济特区科技创新条例》，明确三成政府科技研发资金必须投向基础研究，设立了市自然科学基金，资助开展基础研究和应用基础研究，培育科技人才。同时，深圳大力引导支持企业及其他社会力量通过设立基金、捐赠等方式加大对基础研究和应用基础研究的投入力度，并创设性地将这一捐赠支出视作能够促进社会发展进步的"公益捐赠",可按规定享受有关优惠待遇。2021年深圳R&D经费投入1682亿元,稳居全国大中城市第三位。

深圳发挥政府投资杠杆作用,以政府投资撬动社会资本,按照市场化、法治化原则,设立早期创业投资引导基金,构建引领和促进科技创新的风险分担机制。按照"全球化遴选顶级管理人、全球化引进早期硬科技、全球化招募合伙人、全球化让渡属地收益"的经营理念,深圳成立完全市场化运作的早期创业投资子基金,引导社会资本投向早期创业类项目和种子期、初创期企业。创业投资引导基金对子基金在项目投资过程中的超额收益全部让渡,同时最高承担子基金在一个具体项目上40%的投资风险,助力种子期、初创期企业跨越"死亡谷"。

启示之四:重视科技人才力量。深圳建立了科技人员双向流动制度,积极促成科技人才在高等院校、科研机构和企业之间合理流动,支持和鼓励事业单位科研人员按规定离岗创业和在职创办企业,允许科研人员从事兼职工作、高校教师开展多点教学、医师开展多点执业并获得报酬;允许高等院校、科研院所设立一定比例的流动岗位,聘请有实践经验的企业家、企业科研人员担任兼职教师或兼职研究员。

启示之五:深圳破除"唯论文、唯职称、唯学历、唯奖项",重构市场导向的人才分类评价激励体系。对市场发挥主导作用的竞争领域,以人才市场价值、经济贡献为主要评价标准,建立"经济贡献越大、奖励补贴越多"的持久激励机制;对政府主导投入的非竞争领域,由"以帽取人"向以岗择人转变,由用人主体自主评聘"高精尖缺"人才,加快建立以创新价值能力、贡献为导向的科技人才评价体系。

二、厦门技术创新实践

2022年,厦门科技创新综合实力实现系统性跃升,在福厦泉国家自主创新示范区考核评估厦门片区连续4年居全省第一基础上,成立科技创新委员会,稳步提升全市科技创新综合实力。全市R&D经费投入强度达到 3.2％,年技术合同交易额超过 134 亿元,高新技术企业突破 3600 家。加快高能级创新平台建设及重组,4 家国家级科技企业孵化器获评估优秀,组建 42 家省市重点实验室,培育 64 家省市级新型研发机构,厦门创新能力指数居国家创新型城市的第十四位。

高新技术企业加快发展。完善"科技型中小微企业—市级高企—国家级高企"培育体系,推动高技术企业发展。2022 年,国家级高技术企业实现产值 3420.22 亿元,同比增长 6.35％,其中,近 20％企业增长 50％,11％的企业增长超过 1 倍。全年净增国家高新技术企业超过 800 家,达 3607 家。拥有技术先进型服务企业 66 家,省级科技"小巨人"企业 490 家。

打造科技支撑力量。围绕产业链部署创新链,集聚创新资源,布局建设高能级创新平台,增强科技创新策源、科技成果转化和科技赋能发展能力。2022 年,嘉庚创新实验室在碱性电解水制氢上突破 20 多项关键技术,转化 32 条专利,孵化创办 15 家企业。翔安创新实验室、海洋创新实验室已在生物及海洋研究方面取得成效。认定 11 家省市级新型研发机构,新培育 107 家未来产业骨干企业技术,高能级创新平台实现量质齐升,为推动新技术、未来产业发展奠定基础。

促进科技成果转移转化。创新设立中科院科技服务网络计划(Science and Technology Service Network Initiative,STS 计划)厦门专项,11 个项目获省中科院 STS 计划配套项目立项;与中北大学、西北工业大学、福建省中医药大学签订合作协议,建设技术转移机构,推动科研成果来厦落地转化;加快与省内高新区协同创新,11 个协同创新平台项目获省自创区立项;推进金砖国家科技合作,策划建设金砖国家科技创新孵化中心。促进技术交易和成果转化。2022 年,新认定高新技术成果转化项目 326 项;全市共登记技术合同 7271 项,技术合同成交额 134.2 亿元。当年,厦门拥有有效发明专利 23763 件。公司专利占 70％,高校专利占 24％,科研机构专利占 3％,个人专利占 2％。全市每万人高价值发明专利拥有量 20.8 件,是全国平均水平的 2.2 倍,获得第 23 届中国专利优秀奖 10 项，位居福建之首。

打造厦门科学城。厦门科技城发展及空间总体规划面积 34.12 平方公里，将打造"一湾联动，两区先行"的空间发展格局，建设"原始创新—成果转化—产业落地"的全链条科创湾区。2020 年开始谋划，到 2022 年，已建立科学城项目储备库并完成项目入库 150 多项。在同安银城智谷加快推进科学城Ⅰ号孵化器，总孵化面积 10 万平方米，在翔安、集美策划Ⅱ号及Ⅲ号孵化器，推进中关村大学科技园联盟成果转化基地等首批重点项目落地，入驻企业已超 1400 家。

破解研发经费难题。引导企业申报研发费用税前加计扣除，2022 年国家高新技术企业所得税优惠相关税收减免 91.32 亿元，拨付企业研发补助资金 5.34 亿元。深化科技金融结合，新增发放科技信用贷款、科技担保贷款等 24.84 亿元。组建厦门科技创新创业引导基金，采用"子基金＋直接投资"相结合，引导社会资本投早投小投创新。首次设立的 10 支子基金，总规模已超 23 亿元。设立厦门市自然科学基金，支持 432 项应用研究和技术开发项目。

加快科技人才队伍建设。建立科技顾问体系，遴选首批市政府科技顾问。2022 年，10 个团队和个人入选省人才计划。布局建设科技特派员服务平台，组建全国首支外籍科技特派员队伍以及"碳汇＋"女科技特派员联盟厦门小分队。全年新认定高层次人才 1800 多人，加快构建梯次合理的金字塔形人才结构。举办"中国创新创业大赛"、"创客中国"中小企业创新创业大赛、"白鹭之星"创新创业大赛，通过大赛获得人才、吸引人才。

三、厦门技术创新存在的主要问题

外部环境日益严峻。近年美国陆续出台所谓"芯片法案"、《通胀削减法案》、《国家生物技术和生物制造计划》、《2021 年战略竞争法案》，逐步加大了对我国科技发展的战略遏制、技术脱钩和规则打压，围绕影响新一轮科技革命的重点战略方向,包括信息技术、人工智能、新能源材料技术、生物技术,意图打造排除中国的科技生态体系,在产业链供应链上推行与中国脱钩。受此影响,2022年厦门市集成电路公共服务平台已无法购买部分美国芯片设计测试软件,在厦的部分外企也可能因为受芯片影响产生外移倾向。

企业创新主体地位不突出。全市国家级高新技术企业只有2800多家,尚无千亿级本土科创领军企业,也无本土企业入选中国百强科技企业榜单,缺乏高能级科技领军企业。企业创新投入不足,规上企业仅有40%开展研发活动,拥有研发机构的企业不足20%,上市公司研发支出不到百亿元。每万人发明专利拥有量仅38件,在厦外企、台企如戴尔、友达等部分高技术制造业龙头企业,核心技术和研发投入主体不在厦门,"加工贸易型""加工组装型"特征较为明显,部分市属国企的科研投入低,其科研投入不足营业收入的0.04%。

研发创新投入不足。2022年R&D经费投入249.81亿元,投入强度为3.2%。尽管与往年相比有所进步,但是投入强度在4个经济特区城市中排名第三位,低于珠海的3.26%;在研发投入总量上不敌深圳等3座投入超过1500亿元的城市,不敌苏州、南京等8座超过500亿元的城市,也不敌宁波、青岛、无锡、东莞等投入超过300亿元的城市;R&D经费支出比例不合理,向研发投入结构前端延伸不够,企业研发投入主要投向试验发展阶段,占83.2%,厦门基础研究占全市R&D经费投入比重仅5.35%,不仅低于上海(8%)等先进地区,也低于安徽(7.4%)等内陆省份,还低于国家平均水平,由此导致产业技术变革以模仿性、渐进性创新为主,重大颠覆性创新成果偏少,未来科技创新后劲不足;科技投入大部分是"锦上添花",用于支持低风险的大企业产业化项目,无法"雪中送炭"扶持科技中小企业的幼苗阶段;先行先试魄力不足,在促进产业创新发展上,难以做到像合肥一样逆周期引进困难时期的京东方、蔚来等科技先导企业。

对人才吸引力有限。在厦高校、大院大所较少,仅有1所"双一流"高校厦门大学,且工科较为薄弱;厦门企业规模小,创新活力不足,高能级创新平台有限,对科学家、顶尖创业人才、产业领军人才等高层次人才吸引力不足,厦门高校毕业生留厦工作比例较低,厦大毕业生 2022 年留厦比例为 24.3%,集美大学 35.9%,厦门理工 50%,远低于新一线应届高校毕业生留存率,如杭州 79.42%、成都 77.65% 和重庆 76.48%。

协同创新推进难度大。厦门电子信息产业链上下游在本地的关联配套仍然薄弱,缺少一批带动性强的创新型、链主型和平台型龙头企业群体。厦漳泉产业结构错配,厦门主导行业为电子信息等,而泉州、漳州产业以纺织、食品加工、化工、装备制造等传统产业为主,无法在厦门周边形成高技术产业领域相对低成本的产业链配套腹地,也难以与厦门形成有效的协同创新效应。与京津冀打造协同创新共同体、长三角建设科技创新共同体和 G 60 科创走廊、粤港澳大湾区推进国家科技创新中心等做法相距甚远。

四、对策建议

党的二十大指出,坚持创新在我国现代化建设全局中的核心地位,加快实施创新驱动发展战略,加快实现高水科技自立自强,增强自主创新能力。学习深圳等地做法,厦门在推进科技创新上,要以企业为创新主体,促进产学研深度融合,加快关键技术攻关,加快应用基础研究成果转化,加强科技金融发展,建立产学研用全链条人才培养体系,让创新要素成为高质量发展的动力之源。

夯实企业科技创新主体地位。企业是创新的生力军,要想方设法地"觉醒"企业特别是中小企业的创新基因,推动创新要素向企业集聚。鼓励企业坚持系统谋划、分类指导、梯度推进,实施企业科技创新能力提升工程,支持龙头企业牵头组建创新联合体,推进产学研深度融合。加大国家高新技术企业认定力度,健全"众创空间—孵化器—加速器—产业园"的创业孵化服务链条,加快培育科技型中小微企业、市级高新技术企业、省级科技"小巨人"企业,打造一批瞪羚企业和独角兽企业。让有效市场和有为政府结合,探索出市场驱动型、平台支撑型、战略引领型发展模式,建设创新联合体,集聚全球战略科学家、高端开放创新平台、跨境资本和人才等一系列优质资源要素,助力创新联合体站得更高、看得更远、干得更实。大力加强对科技型中小微企业创新的支持力度,提高赋能活动针对性、政策扶持精准性,推动专精特新企业创新创富。充分发挥政府支持服务作用、各种资金投资驱动作用、中介机构专业作用、监管部门指导作用,全方位为企业创新做好服务。

加强关键技术的攻关。推动创建国家实验室,实现从 0 到 1 的突破,如加快推进嘉庚创新实验室、翔安创新实验室建设,策划海洋领域省创新实验室。争取筹划建设若干与厦门重点产业发展相关的大科学装置,新建一批市级重点实验室、市级技术创新中心。多方引进新型研发机构,打造"总院＋新型研发机构＋创新创业基金＋孵化器(加速器)＋科技服务"创新创业综合体,构建"研发、中试、孵化、产业化"科研成果转移转化完成链条,从科学到技术再到产业,推动基础研究向应用研究发展,应用研究向技术开发迈进,技术开发向商业化生产突破,商业化生产向规模化生产跃升,打通科研成果到产业化的"最后一公里",实现从 1 到 N 的迅猛发展。密切关注技术更新迭代,用颠覆式创新实现飞跃成长,顺应科技进步趋势。培育并做好"独门绝技"储备,关键时刻拿得出手,顶得上去,让科技创新始终伴随产业规模数量的扩展和质量效益的提升。加强知识产权保护,促进知识产权与产业发展深度融合,让知识产权保护成为保护创新的坚实后盾。

加大科技发展金融支持力度。推进科技和金融结合,构建多层次科技金融服务体系。按健全科技创新创业引导基金、科技成果转化基金、产业引导基金等联动机制,构建以财政为引导、企业投入为主体、金融机构为补充的多元化科技投入机制。努力扩大税收优惠和财政补贴规模水平,优化政府资金投入结构,进一步优化财政补贴层次,重点培育扶持创新活力强、市场前景好的科技企业。持续发挥风险补偿资金池引导作用,支持商业银行、担保机构等金融机构加大风险投资力度。支持科技可转债、科技担保、融资租赁、知识产权证券化、绿色信贷等产品,探索投保联动、投贷联动、投保贷联动等服务模式,推动供应链金融、海洋金融、绿色金融等金融业态发展。设立厦门市自然科学基金项目,深入实施"揭榜挂帅"制度,健全项目经费"包干制",激发科研人员活力。优化金融保障体系,引导金融机构扶持企业创新,设法解决中小微科技型企业融资难题,优化重大技术装备首台(套)等激励政策;发挥资本"一两拨千斤"的杠杆作用,推动形成"科技—产业—金融"良性循环。以市场化方式引导更多资金流向战略性新兴产业,完善多层次资本市场体系,发挥科创板、创业板、北交所以及私募股权投资基金等支持创新的功能作用,针对不同发展阶段的科技企业提供精准服务;鼓励更多社会资本参与,支持科技企业通过债券市场融资,满足科技企业多样化融资需求。深入推进注册制改革,帮助一大批"硬科技""三创四新""专精特新"创新型企业崭露头角,让企业能够大胆开展研发活动,在国际竞争中取得长足进步;实现资本与科技结合"1+1>2"的效果。

加强科技人才培养。围绕重大产业布局,鼓励企业、高校和科研院所成为应用型科技人才培养的联合体,建立产学研用全链条人才培养体系。加快产学研合作互动教学,支持形成校企联合培养机制,共同培养产业创新发展急需的工程技术人才、科学人才、管理人才,完善高技能人才培养机制,培养卓越工程师、大国工匠和高技能人才。破除人才流动中的体制壁垒和机制障碍,加快人才在高校、科研院所和企业之间无缝对接交流,推动人才跨领域、跨区域、跨部门流动。优化"海纳百川"系列人才政策,深入实施"群鹭兴厦"系列人才工程,引进一批引领科技创新、带动产业关键核心技术突破的国内外顶尖科学家、战略科学家、产业领军人才和一流创新团队。完善海外人才居住证和外国专家证制度,探索与世界接轨的柔性引才新机制,为引进高层次科技人才开设绿色通道,解决科技人才住房、子女就学等后顾之忧,形成有利于人才发展的评价科学、激励优化的合理人才评价机制,打造一支规模适度、结构优化、素质优良、作用凸显的专业化产业人才队伍。建立完善科技顾问体系,推进共建科技智库。引进一批顶尖科学家团队,遴选"未来产业首席科学家",发挥产业高端人才引领作用,开展产业重要领域关键核心技术攻关。加强产业骨干人才与科技创新工程衔接,健全科技人才评价体系。进一步推进外国人才专业技术、技能评价工作。提升和优化科技特派员队伍,进一步扩充外籍科技特派员服务队。

第二节　着力人才培养

人力资源是产业发展的基本保障之一。习近平总书记指出,"我们坚持发展是第一要务、创新是第一动力、人才是第一资源",并提出了"全方位培养、引进、用好人才,加快建设世界重要人才中心和创新高地"的战略目标,为我国新时代加快建设人才强国提供了根本遵循。要加快产业发展,既要有一定规模的人口支撑,也需要有高素质的人才加持。产业人才也可认为是人力资源,既包括掌握先进技术和知识的高端人才,也包括职业技能人才。

一、厦门产业人才的现状

产业服务人口基数逐步增大。随着跨岛发展战略的深入推动、岛外新城快速发展,制造业和服务业加快推动,人口承载能力不断提升,厦门人口总量显著增长,常住人口由 2012 年的 367 万人增长到 2022 年的 530 万人。2017 年开展的"七普"数据表明,厦门 15～59 岁劳动年龄人口 374.33 万人，占全部常住人口的 72.49%，比全国高 10.22 个百分点，说明厦门人口结构仍处于劳动力供给充足的人口红利期。依此推测在 2022 年的 530 万人口中，年龄 15～60 岁人口占 75% 左右，接近 400 万水平。

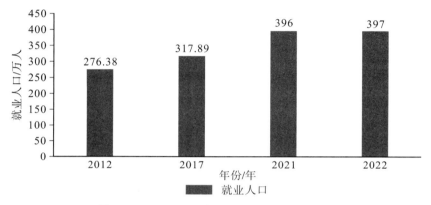

图 6-1　2012—2022 年厦门就业人口变动情况

资料来源：根据《厦门经济特区年鉴 2023》整理。

2021 年全市城镇新增就业人数 33.07 万人，引进柔性人才 9615 人，养老保险参保人数达到 356.63 万人。

厦门就业人口主要集中在制造业和服务业。第一产业就业人数仅占总就业人数的 2%，第二产业和第三产业占比分别为 57% 和 41%。制造业、建筑业、批发和零售业、交通运输仓储和邮政业、软件和信息技术服务业、房地产业、租赁和商务服务业等行业的用工数均超过 10 万人，其中制造业和建筑业用工数均超过 80 万人，制造业、建筑业与批发和零售业是厦门就业人数最多的行业。十年变动中，商务服务业人数不断增加。

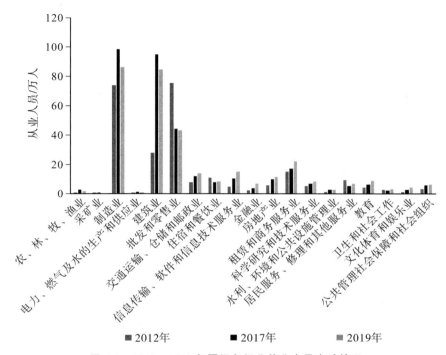

■ 2012年   ■ 2017年   ■ 2019年

图 6-2　2012—2019 年厦门各行业从业人员变动情况

虽然制造业、建筑业与批发和零售业是厦门就业人数最多的行业，但是却不是产出最多的部门。经济普查数据显示，在 19 个经济门类中，人均产出增加值最高的是金融业，排名前五的分别为批发和零售业，房地产业，居民服务、修理和其他服务业，交通运输、仓储和邮政业。制造业排名第十一位，人均产出效率一般。

表 6-1　2017 年厦门各行业人均产出增加值情况

行业门类	人均产出增加值/(万元/人)
金融业	132.62
批发和零售业	91.64
房地产业	30.77

续表

行业门类	人均产出增加值/（万元/人）
居民服务、修理和其他服务业	28.76
交通运输、仓储和邮政业	28.14
卫生和社会工作	24.07
教育	20.90
水利、环境和公共设施管理业	17.97
公共管理社会保障和社会组织	16.84
信息传输、软件和信息技术服务业	16.65
制造业	15.73
住宿和餐饮业	11.53
农、林、牧、渔业	8.96
科学研究和技术服务业	8.90
文化体育和娱乐业	8.72
租赁和商务服务业	7.21
建筑业	3.00
采矿业	—
电力、燃气及水的生产和供应业	—

资料来源：根据《厦门经济特区年鉴 2018》整理。

金融业之外，厦门高技术产业吸纳人才量最大。厦门深入实施人才强市和人才优先发展战略，全力打造人才生态最优城市，通过政策引导高素质人才流入。2021 年，全市人才总量达到 139 万人，重点产业人才 46.67 万人，专业技术人才 73 万人，技能人才 68 万人，为厦门社会经济高质量发展提供了有力的人才支撑。在 68 万技能人才中，高技能人才 21 万；而厦门引进的 46.67 万重点产业人才，主要集中在软件和信息技术服务、金融服务、半导体和集成电路、计算机与通信设备、生物医药以及新材料等行业，其中软件和信息技术服务业占比最大，达到 45.04%。

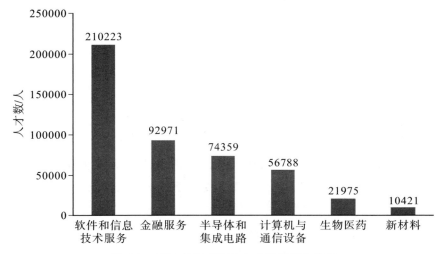

图 6-3　2021 年重点产业人才在各行业分布

随着岛内外一体化建设的加快,岛外新城综合功能不断提升,岛内外产业分工更加明晰,高端制造逐步在岛外产业园形成集聚,岛内人口也逐步向岛外新城疏散,城市新流入人口向岛外新城集聚。2012 年,岛内思明、湖里两区人口占全市比重 52.6%;10 年后的 2022 年,岛内思湖人口比重降至 38.81%;岛内人口少于岛外人口。从人口密度看,10 年来思明区变化不大,湖里区略有下降,岛外集美区、同安区上升明显,岛外各区尚存在集聚更多产业人口的空间。

表 6-2　2012 年及 2022 年厦门各区常住人口分布及人口密度

地区	2012 年常住人口/万人	占比/%	每平方公里人口密度/(万人/公里²)	2022 年常住人口/万人	占比/%	每平方公里人口密度/(万人/公里²)
思明区	95.9	26.13	1.27	106.4	20.05	1.27
湖里区	97.1	26.46	1.48	99.6	18.76	1.42
集美区	60.7	16.54	0.36	109.1	20.55	0.58
海沧区	30.5	8.31	0.12	62.0	11.68	0.22
同安区	31.4	8.56	0.09	89.2	16.81	0.21

续表

地区	2012 年常住人口/万人	占比/%	每平方公里人口密度/(万人/公里²)	2022 年常住人口/万人	占比/%	每平方公里人口密度/(万人/公里²)
翔安区	51.4	14.00	0.08	64.5	12.15	0.09
全市	367.0	100.00	0.23	530.8	100.00	0.31

资料来源：《厦门市特区经济年鉴 2013》《厦门市特区经济年鉴 2023》。

由于思明区、湖里区以发展服务业为主，因此服务业就业人口主要集中在岛内思明区和湖里区，人口密度高于每平方公里 1 万人，岛外各区人口密度较低，其中翔安区、海沧区致力于发展高端制造业。相应地，制造业从业人口主要集中在岛外翔安区和海沧区，集美区是岛外就业人数增长最快的城区，集美、翔安、海沧等区域就业增长潜力大。

在岛内增强核心功能的引领下，高端服务业加快在思明区和湖里区的集聚，因此岛内两区仍是人才集聚地，人才总量达到 73.1 万人，占全市人才总量 52.6%。受产业发展、平台布局等影响，同安区、翔安区人才吸引能力较弱，人才总量刚超过 10 万人。

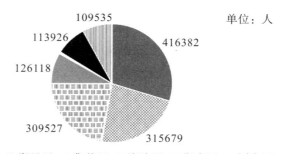

图 6-4　2021 年 139 万名人才在厦门各区的分布

二、厦门产业人才引育存在的主要问题

人力资源供给总量亟待提升。长期以来厦门市人力资源增长主要

依靠非本市户籍人力资源补充,人力资源对外依赖程度较高。同时,厦门人力资源存在流动性较大、季节性、结构性的劳动力缺口等问题,再加上本市户籍劳动力资源供给呈现减少趋势,而外来人力资源流入明显放缓,尤其是在全国人口出生率呈现下降趋势时,进一步拓展劳动力资源成为重要任务。据厦门市人力资源和社会保障局估算,到 2035 年,厦门将有 200 万以上人力资源缺口。厦门要率先实现社会主义现代化,需要足够的人力资源来支撑,需要大力增加人力资源供给总量。

　　高端人才聚集难度大。厦门城市能级不高,集聚力不足,承载高端人力资源的创新平台能级不够高,厦门人力资源队伍大而不强,具有全球影响力的顶尖人才较为缺乏,国际一流的科技领军人才和创新团队、高水平工程技术人才和高技能人才相对较少。尤其在人工智能、医疗健康、大数据等领域缺乏引领性的高层次人才和团队,服装等传统产业领域的高端人力资源数量相对不足,电子商务等高端实用人力资源引进不够有力,劳动密集型企业缺工以普工为主。在高校毕业生方面,厦门只有厦门大学 1 所"双一流"高校,与上海、南京、武汉等城市相比差距较大,同时,高校毕业生留厦比例偏低。2021 年,厦门大学毕业生留存率仅为 23.76%,远低于其他城市水平。

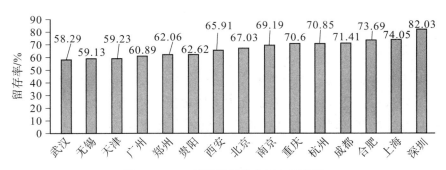

图 6-5　2020 届高校毕业生城市留存率

资料来源:梧桐果《2020 届中国校园招聘报告》。

　　技能人才供给不足。据预测,2025 年技能人才缺口 18 万,高技能人才缺口 10 万,尤其新兴产业技能人才紧缺。厦门技师与高级技师占职工总数不足 1‰,《厦门市部分重点和急需紧缺职业（工种）指导目录》表明,工业机器人基本编程与维护、物联网系统开发应用、工业机器人焊接、影视后期特效制作等新兴产业领域工种技能人才缺口大。在机器换工越来越普遍的情况下,传统工种技能人才面临转岗就业。技能人才缺乏完善评价标准,成长序列不够完善。大部分职业（工种）的最高等级为高级技师,技能人才成长"天花板"明显,部分工种作业时间长、要求高、约束多,薪酬与福利待遇偏低,社会认可度不高。据职友集网站公布的数据,厦门普工平均工资为 5000～6000 元/月,低于管理人员和工程师平均工资 6000～8000 元/月。子女就学、住房保障等方面存在困难,导致企业招工难度大、技能人才流失率较高。

面临外部强势竞争。区域间人力资源竞争进一步加剧,在经济体量、国际竞争、城市环境、就业机会、发展前景等方面,厦门与上海、广州、深圳等城市相比存在差距,厦门吸引人力资源流入的难度大,吸引人力资源政策面临升级压力。厦门过高的生活成本、单薄的产业、工资优势不复存在等竞争劣势将使得厦门对外来劳动者的吸纳能力不断下降。

三、对策建议

为产业发展提供有力要素支撑,加快引育大批卓越的工程技术人才与高水平技能人才。不断扩大人力资源供给,优化人力资源结构,营造良好发展环境,构建与现代化产业发展相适应,数量更充足、质量更优异、结构更优化的现代化人力资源队伍,推动更高水平建设高素质高颜值现代化国际化城市,努力率先实现社会主义现代化。

以产业为导向集聚中高素质产业人才。围绕计算机与通信设备、平板显示、机械装备、现代物流、金融服务、旅游会展、文化创意等千亿级产业链集群发展,生物医药、新材料、新能源等战略性新兴产业发展需要,大力推动产业项目落地,积极培育具有较强竞争力的产业集群,带动产业人才集聚。以重点产业、重大项目需求为导向,以企业为主体,以引进和培育重点产业紧缺人才为重点,以健全人才梯次引培机制、用好用足人才为目标,扩大人力资源供给,统筹中高端人才和产业一线人才梯队的协同建设,集聚高端人才和高技能人才,建设高素质产业人才队伍。

通过高层次人才引进、柔性引才、科研合作等多种方式向外部引才,注重引入人才的长期发展、可持续发展,以扩充人才队伍,加强对高层次领军人才、学科带头人、高技能人才、博士后人才、留学人员、台湾地区人才和海外人才的吸引力度,持续扩大人才增量。支持企业通过产学研合作,设立异地研发中心、研发分支机构等柔性引才用才,促进人才引育更加灵活开放。结合厦门市重点产业和重点工程项目,鼓励企事业单位引进国内外具有技术攻关、技术革新、发明创造等重大业绩成果的高端技能人才,对在引进高技能领军人才工作中做出突出贡献的企业给予表彰奖励。

吸纳境内外大学毕业生及外来人员来厦就业创业。持续完善并深入实施"厦引"工程升级版政策,优化集聚大学毕业生政策,加强名校优生选调力度,加大留学人员引进力度。稳步扩大博士后科研工作站、创新实践基地建设规模。加大力度吸引外地高校毕业生,重点面向长沙、福州、西安、武汉、成都等重点城市、重点高校创新城市品牌推介及招聘方式。通过举办职业能力大赛、组织高校师生提前到园区企业参观走访、实习见习等方式,增进政校企互动交流,加深了解,提高优秀毕业生招聘成效。加大力度留住本地高校毕业生,增进大学生对厦门的认识和情感认同,促使他们留在厦门扎根发展。

大力吸纳外来人力资源。以更开放包容的大胸怀,大力吸纳外来人员来厦就业创业,有效缓解厦门用工难的问题。加强与江西、湖南、四川、河南等中西部劳动力输出大省合作,强化与甘肃、宁夏等对口扶贫地区合作,推动劳动力转移。加快户籍制度改革,让更多的新产业工人和"农民工"二代、三代人群落户厦门、融入厦门，成为"新厦门人"。

鼓励企业为大学生提供更多的实习机会。组织在厦企事业单位建设厦门大学生实习见习基地和实习见习统一管理平台，根据接收安排大学生实习的数量和质量，每年给予大学生实习见习基地一定的奖励和补贴。加大政策补贴力度，对实习时间持续30天以上且实习期满考核合格的大学生发放生活补贴。

探索实行高校和企业联合培养高素质复合型工科人才的有效机制，打造技术创新能力突出、善于解决复杂工程问题的工程师队伍。对本地人力资源进行充分挖掘和培育，采取职业技能培训、人才基地建设、校企合作等形式进行人力资源培育，系统化育才，以加大存量、提升质量，实现从源头增强供给。想方设法破解劳动者技能水平与岗位需求不匹配的结构性矛盾，围绕传统制造业向智能化、绿色化、高端化、服务化发展的人才需求及厦门"4＋4＋6"现代化产业体系，大力开展重点产业技能培训及新职业新技能培训，增强技能人才供给能力和供给质量，提升职业素质和职业技能。定期更新发布《高技能人才紧缺职业（工种）目录》，对于取得目录内的职业（工种）国家职业资格证书（职业技能等级证书）的人才补贴上浮30％。深入实施高技能人才振兴计划，充分发挥大国工匠等高技能人才传帮带作用，加强复合型人才培养，鼓励企业定向培养既具有理论知识，又具备专业技能和实践能力的高层次人才。

完善现代技工教育体系，打造具有厦门特色的现代技工教育示范区。支持技工院校提档升级，落实技工学校与中等职业学校统一招生，实现技工教育量质提升。重点培育产业急需、特色鲜明、效益显著的技工教育特色品牌专业，实施一班一企产教融合。鼓励建立校际合作联盟，扩大高级工培养比例。进一步创新校企校地合作模式，加强与国内外知名高校和科研机构的合作，拓宽各类人才引进与培养渠道，持续扩大技术技能人才供给。

发挥企业作用,形成各类人才多元化评价激励机制,激发创新创造动能。鼓励企业对技能人才特别是高技能领军人才实行年薪制、协议薪酬、专项特殊奖励,引导企业建立健全符合技能人才特点的工资分配制度及工资正常增长机制,对高技能人才实行股权和期权激励;推动高技能人才纳入城市直接落户范围,并落实相应保障服务。由企业决定补助金额和对象。综合考虑企业的营业收入、总产值、税收、利润、就业人数等指标,给予企业不同的补助金额,企业贡献越大补助越多,由企业进行自主分配,真正把补贴给高技能人才。鼓励健全完善终身职业技能培训制度,畅通技能人才成长通道,以开展职业技能等级认定的龙头企业、大型企业为试点,逐步拓宽高技能人才与专业技术人才成长贯通领域。弘扬工匠精神,营造劳动光荣的社会风尚和精益求精的敬业风气。

完善产业人才评价体系。精准调整高层次人才认定标准、优化技能人才等各类人力人才资源评价体系。完善新引进基础性人才、杰出人才、高层次人才以及海外人才的评价体系,让真正对厦门发展贡献大的人才享受更好的待遇,推动更多的高层次人才来厦就业创业。强化企业主体作用,形成"自主荐才""以绩推才""以赛选才""按薪定才"的人才评价新格局。进一步健全和完善以培养、评价、使用、激励为重点的技能人才工作体系。破除唯学历、唯论文、唯职称、唯奖项人才评价机制,完善技能人才与同等学力、职称人员享受平等待遇政策,建立职业资格、职业技能等级与相应职称比照认定制度。大力推进多种形式职业技能等级认定。借鉴深圳做法,支持龙头企业面向内部员工开展"工评合一""一试双证"自主评价,简化企业认证到社会认证备案流程,对备案并开展技能人才评价的企业,职工取得职业资格证书或职业技能等级证书后的培训补贴直补企业。推动国际认证组织与厦门市技能等级认定机构合作,探索国际证书本地化和职业技能等级证书国际认可。继续推进金砖国家职业技能大赛等活动,将竞赛名次与厦门市职业等级认定结合起来,取得相应的职业等级证书。紧跟厦门市新兴产业发展的需求,开展新兴职业(工种)能力考核认证试点。

政府完善产业人才成长政策制度。遵循"政策留人、环境留人、事业留人、待遇留人、感情留人、制度留人"的总体思路,全面做好引才、育才、聚才、用才、评才和留才等工作。合理评估和放宽人才优惠政策认定的准入门槛,提升"双百计划"、"海纳百川"、人才"留厦六条"等人才政策,整合实施效力。强化创业支持,推动大众创业万众创新,以事业留人。全面加强技能人才激励工作,落实技能人才积分落户、招聘录用、岗位聘任、职务职级晋升、职称评定、薪酬、学习进修、休假体检等待遇。

培养服务产业人才的市场化专业队伍。加快人力资源服务业发展,健全"劳动者自主择业,市场调节就业,政府促进就业"人力资源服务体制,完善以公共人力资源服务机构为主导,公益、民办等中介服务机构共同发展的人力资源市场服务体系。大力发展专业性、行业性、区域性人力资源市场,支持发展各类劳动力市场、人才市场、零工市场。加大政府购买高质量公共就业服务力度。重点培育一批综合性人力资源服务骨干企业,加快发展专业化人力资源服务骨干企业。大力引进高端猎头机构,让高层次人才享受更专业、更高效、更便捷的服务。推进人力资源服务产业园建设,规划建设人力资源服务线上虚拟产业园,为入驻机构提供品牌传播平台。

第三节　加强资金支持

产业发展需要资金全方位支持,从企业层面看,不仅需要厂房和设备等固定资产投资,也需要流动资金保障企业日常运行;从政府层面看,通过设立产业发展专项资金支持产业发展,从拓展空间、支持创新、人才等角度,加大资金支持力度,用产业发展专项资金将地区中长期规划、产业规划目标落到实处,成为有力的产业政策工具;从产业发展的资金来源看,包括企业自有资金、财政资金支持、资本市场融资、银行贷款和外资等。

一、产业发展资金来源渠道

(一)财政资金支持

政府支持产业发展,主要通过设立财政专项资金、产业投资基金,出台专项产业扶持政策,构建支持产业发展立体网络。

产业发展专项资金,是专项资金的一部分,由公共财政预算中安排,具有专门指定用途或特殊用途。如支持高新技术产业发展、用于落实制造强国战略,提升产业现代化水平、用于自主创新创业等支持产业发展的专项资金,这类资金要求进行单独核算,专款专用,不能挪作他用。各地把设立产业发展专项资金作为支持产业发展的政策贯彻落实。例如深圳、广州等都设立涉及面广的产业发展专项资金,以鼓励支持本地产业发展,当然厦门也不例外。

早在 2018 年,深圳南山区产业发展专项资金就安排 14.2 亿元,支持项目多达 5000 多项,2019 年又发布施行了自主创新创业发展专项资金"1+6"的政策体系,以年平均增长 30％以上速度持续加大专项资金投入,不断优化调整政策导向,积极发挥财政资金杠杆作用。每年安排总量庞大的专项资金,组织实施精准有效扶持,有力推动了产业优化升级和经济稳定,发挥了不可替代的重要作用。

2022 年,面对新的挑战和发展机遇,为落实推动辖区经济高质量发展,南山区紧紧围绕"总部研发＋高端制造"发展战略,聚焦南山"14＋7"战略性新兴产业集群及未来产业布局,充分发挥产业扶持资金的杠杆和撬动作用,以支持企业高质量发展为主轴,按照"条块＋结合""基础＋专项""共性＋个性"的思路,设立"1＋4＋N"的政策框架体系,加大对南山区重点发展产业的支持力度，促进行业和产业的纵深协同高质量发展。

其政策框架体系中的"1"是总则，即《南山区促进产业高质量发展专项资金管理办法》。"4"为"要素类"扶持政策，包括对涉及企业发展的人才、资金、用房、服务等要素提供支持，具体包括《南山区人才工作发展扶持措施》《南山区企业融资扶持措施》《南山区产业用房扶持措施》《南山区服务企业保障措施》。在各类扶持措施中，明确了各方面资金扶持支出的具体细则。"N"则为专项类扶持政策，即根据南山区产业发展需要，下设若干产业发展专项资金政策，包括科技创新、生命科技、集成电路、总部企业、高端制造、重点服务业、商贸流通业、专精特新企业、绿色低碳发展、住房和建设行业、文化旅游体育产业、电竞产业、金融业、风投创投产业、招商引资、行业协会等 16 个专项资金扶持政策。

2022 年，南山区公共财政预算收入 361.6 亿元，同比增长 0.2%；税收收入 1939 亿元，下降 2.1%。当年公共预算支出 434 亿元，增长 7.9%。2022 年安排一般公共预算支出 419.9 亿元，其中政府投资项目安排 102 亿元，共 596 个项目，集中于创新发展、产业强区、民生改善等重点聚焦领域。2022 年实际支出与计划安排基本接近。

深圳市政府高度重视产业发展，在 2016 年就预留 270 亿元资金，大力促进科技创新、企业提升竞争力、人才优先发展，助力供给侧结构性改革，进一步提升产业竞争力。近年来，推出"政策金融工具包"，支持未来产业发展，构建了"财政专项资金＋产业投资基金"模式，加大科技研发资金面向未来产业；为了促进战略性新兴产业发展，2021 年发布《深圳市战略性新兴产业发展专项资金扶持政策》，采用直接资助、股权资助、贷款贴息等方式，支持战略性新兴产业的产业链关键环节提升项目、产业服务体系项目，每个项目最高在 1000 万～1500 万，2021 年仅在数字经济方面，就有 159 个项目获得资金 2.65 亿元。

而广州于 2018 年颁布《广州市产业发展资金管理办法》，由市财政一般公共预算和政府性基金预算安排,支持广州市产业发展,扶持企业做强做优做大,建设高端高质高新产业体系。产业发展资金的具体管理由发改委和商务委(市招商办)牵头统筹,设立11个分项。分别是市发展改革委负责总部经济发展、新兴产业发展分项,市工业和信息化委负责工业和信息化发展分项,市科技创新委负责科技创新发展(企业产业化资金)分项,市商务委负责商务发展分项,市金融局负责金融业发展分项,市文化广电新闻出版局负责文化产业发展分项,市体育局负责体育产业发展分项,市旅游局负责旅游业发展分项,市知识产权局负责知识产权发展分项,市交委负责现代物流发展分项,市人力资源和社会保障局负责产业人才发展分项等。产业发展资金起到带头引领的作用,项目投资资金应当以企业资金为主。对建设投资类补助项目,财政扶持资金原则上不超过项目总投资的30%,并且规定给予同一企业同一项目的财政扶持资金原则上不超过5000万元。属于竞争性分配的财政资金,原则上同一年度对同一单位最多扶持2项,按照就高不重复原则申报。

反观厦门,2018年由厦门财政局会同市经信局制定了为期5年的《厦门市产业转型升级专项资金管理暂行办法》。主要采用以奖代补、无偿资助、贷款贴息、报废补贴和购买服务等方式,支持包括技术改造、高端制造和智能制造、研发创新、质量品牌建设、发展服务型制造与两化融合、培育战略性新兴产业、管理服务和其他等八大方向16个具体事项。

设立产业转型升级专项资金的主要目的在于:一是支持智能制造。主要支持智能化技术改造、引进和培育智能制造行业龙头企业、支持智能制造企业开拓市场、支持智能制造首台(套)与首购突破。二是支持企业技改和两化融合。主要支持企业技术改造,扩大先进产能,支持企业重大投资项目和重大技术改造项目,支持两化融合发展。三是支持研发创新。主要支持企业研发新产品产业化,企业与高等院校科研院所合作,企业技术中心创新能力建设,企业之间协同创新联合研发新产品产业化,企业自主知识产权产业化。四是支持品牌建设。主要支持企业争创国家级品牌、质量奖励、品牌宣传推介及公共服务等。五是支持制造业服务化。主要支持发展服务型制造、制造业主辅分离、工业设计发展。六是支持物联网研发应用。主要支持物联网关键技术研发、示范应用推广、标准研究与制定。奖励补助的在 10%~30%,最高一个项目不超过 1000 万元。

厦门产业转型升级专项资金充分发挥政府资金的宏观导向作用,整合、集约使用财政资金,提高资金使用效益,促进厦门产业转型升级发展,仅在 2021 年度获得国家和省级企业技术中心认定、国家企业技术中心评价优良、技术创新示范、质量标杆的企业,予以奖励的项目便涉及 32 批次 46 个项目。

此外,2019 年厦门市工信局和厦门市财政局为了更好地贯彻落实《厦门市人民政府关于印发进一步支持中小企业发展若干措施的通知》文件精神,联合重新修订《厦门市中小企业发展专项资金使用管理办法》。与 2004 年出台的办法相比,新修订的办法扶持范围更精准、扶持力度更大,注重支持中小企业转型升级,引导企业走专业化、精细化、特色化、新颖化发展之路。通过贴息、奖励、发放补贴券、提高奖励标准、推行风险补偿资金,全方位扶持中小企业健康发展,完善中小企业服务体系建设。

表 6-3　2022 年深圳、广州、厦门 GDP 与财政收支情况对比

城市	GDP/亿元	增速/%	一般公共预算财政收入/亿元	一般公共预算财政支出/亿元
深圳	32387.68	3.3	4012.27	4997.24
其中:南山区	8035.00	3.3	361.60	434.00
广州	28838.99	1.0	2209.51	2135.27
厦门	7802.66	4.4	1493.79	1088.74

资料来源:根据各地公开统计数据整理。

政府加大产业资金帮持力度,产业高质量发展又反哺城市做强做

大,两者相辅相成。以深圳为例,2021年市场主体超过380.4万户,活跃度达75.8%,当年每平方公里产出财税收入超5.5亿元(不含深汕特别合作区),单位面积财税收入和税源密度居全国城市首位。

产业引导基金是除产业发展专项资金外,又一种财政资金支持方式,既能体现政府作为和意图,又能发挥市场积极主动性。

多年来,厦门市产业引导基金积极发挥政府性资金的产业引导、政策扶持作用,持续撬动社会资本投向厦门重点发展领域,积极探索"基金招商""链条招商"新模式,带动高能级项目落地厦门,加快资本、人才、技术不断汇聚,使厦门创新创业氛围日益浓厚,服务实体经济、带动社会资本支持厦门战略性新兴产业发展,助推企业转型升级。

厦门市产业引导基金从2015年设立以来,厦门金圆集团(厦门金控平台)通过设立子基金的模式,即选择有产业优势的龙头企业,或跟基金行业优秀的管理机构进行合作设立子基金,对于重大产业项目如联芯等进行直投,基金运作情况良好,助力主投产业领域,包括集成电路、生物医药、文化创意、智能制造、大数据、现代服务业、新一代信息技术等加快发展。

截至2021年底,厦门市产业引导基金累计批复参股基金71支,其中66支子基金规模合计1103亿元,撬动社会资本4倍;另参股5支大基金规模合计超3000亿元;参投厦门联芯、中航锂电(现名为中创新航)等4个重大产业项目。在全国近2000家政府引导基金中,厦门市产业引导基金已连续7年在清科、投中等行业权威机构排名中位列前茅;2020年,厦门市财政局《打造厦门基金品牌　赋能产业转型升级》案例入选全国财政系统培训教材。2021年以来,厦门新增12家境内外上市(过会)企业中,有6家都是厦门市产业引导基金大家庭成员,投资上市企业命中率达一半。2022年,新设100亿元先进制造业基金,50亿元产业链招商基金,50亿元供应链协作基金,30亿元融资租赁子基金,优化 300 亿元技术创新基金,300 亿元中小微企业融资增信基金,①形成了超过 800 亿元的基金群,促进厦门产业发展。

专项产业扶持政策通过出台多项产业发展扶持政策,对重点扶持的产业加大资金支持力度。如出台加快推进生物医药产业高质量发展的政策,明确指出:发挥厦门市产业引导基金、科技成果转化与产业化基金作用,鼓励基金公司设立主要投向生物医药领域的专项基金。鼓励优质生物医药企业充分利用境内外多层次资本市场上市挂牌融资,企业向中国证监会或证券交易所提出发行上市申请并经正式受理的,给予一次性 70 万元补助。鼓励本市各类金融机构将生物医药产业纳入政银企对接优先支持范围,针对企业信贷、租赁、保险需求,创新服务模式,完善投融资服务体系,鼓励政府性融资担保机构提供融资增信支持。同时,厦门市持续推动放管服改革,实行多规合一,简化审批手续,降低企业成本,创造良好的发展环境。

(二)资本市场融资

资本市场融资能力不断提升。上市融资近年来发展迅速,截至 2021 年 12 月 31 日,厦门共有上市公司 61 家、新三板挂牌企业达到 102 家,数量均位居福建全省第一,每百平方公里拥有上市公司 3.47 家,仅次于深圳和上海,在全国排名第三。2022 年,厦门上市公司 65 家。

近年来,募集资金主要投向软件信息、电子元器件、生物医药、新材料等新兴产业领域,有力地推动厦门产业转型升级发展。2021 年 61 家 A 股厦门上市公司的总市值达到 7015 亿元,平均市值 115 亿元。市值突破 100 亿元的厦门上市公司共有 20 家,其中市值最高的是亿联网络,为 734.93 亿元,法拉电子以 522.9 亿元居次席,安井食品以

---

① 厦门超 800 亿引导基金群来袭 福厦泉三地政府 LP 哪家强?[EB/OL].(2023-03-21). https://baijiahao.baidu.com/s? id = 1760968365675483559&wfr = spider&for=pc.

417.43 亿元排名第三。2022 年 12 月底,厦门 A 股上市公司总市值 6592.18 亿元,当年实现直接融资 310.51 亿元,部分上市公司实现再融资,合计 248.8 亿元。

亿联网络作为统一通信终端龙头,稳居 SIP 话机全球市场份额首位,以总市值 735 亿元位居厦门上市企业榜首,位于该榜单第 280 位,比上年上升了 19 位。法拉电子是薄膜电容器全球第一梯队龙头企业,受益于光伏、新能源汽车等领域的快速增长,公司发展迅猛,以总市值 523 亿元位居该榜单第 394 位。

2021 年也是厦门科创企业集体发力的一年,年内共有罗普特、东亚机械、立达信、厦钨新能 4 家公司上市,其中罗普特和厦钨新能上的是科创板,这两家公司分别在人工智能视觉以及新能源领域有所建树。

资本市场助力企业快速成长。随着年报的揭晓,厦门 A 股上市公司 2021 年总营收突破 2 万亿元,总利润逾 287 亿元。其中,建发集团再次荣膺"盈利王",利润达 60.98 亿元,营收也达到历史新高 7078.44 亿元。2022 年继续保持增长,营收总额达到 22967.48 亿元。

(三)银行贷款

银行贷款是企业除了自有资金以外,很重要的资金来源渠道之一。从银行贷款来看,2022 年厦门中外资金融机构贷款余额为 16167.02 亿元,为厦门地区生产总值的 2.1 倍,比上年增长 9.5%;在短期贷款中,经营贷款 1761.91 亿元,占 76.39%,中长期贷款中,26.1% 为经营贷款,有力地保障了产业发展资金需求。

金融部门主动融入厦门产业高质量发展中,连续出台《贯彻落实金融支持经济持续恢复和高质量发展工作方案》《进一步深化供应链创新与应用试点　提升供应链金融服务质效的实施意见》。面对突如其来的疫情,金融部门加强服务的同时,出台《强化金融支持受疫情影响市场主体共渡难关若干措施》及《关于在疫情防控常态化背景下用好用足各阶段金融支持政策的指导意见》等文件,帮助企业化解资金难题,实现正常运转,促进产业发展。

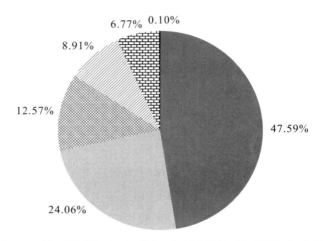

图 6-6　2021 年厦门市企业固定资产投资资金来源

资料来源:根据《厦门经济特区年鉴 2022》整理。

二、厦门资金使用(投资)成效

(一)固定资产投资与产业增长形成良好互动

　　固定资产投资持续增长,产业结构转型升级的步伐不断加快,固定资产投资结构持续调整优化。2021 年固定资产计划总投资 14609.33 亿元,较 10 年前增长 1.4 倍,年均增长 10.3%;施工项目数 2381 个,比 10 年前增长 37.6%,年均增长 3.6%;固定资产投资完成额 2696.44 亿元,较 10 年前增长 1 倍,年均增长 8.2%。2021 年,全市计划总投资超 10 亿元以上项目完成投资,占全市项目总投资量的近六成,为 58.8%。

　　固定资产投资形成"三二一"的产业投资格局。固定资产投资在三次产业中的分布为 0.1∶16.8∶83.1。第三产业投资比重不断提升,其中基础设施投资和房地产开发投资成为拉动第三产业投资快速增长的双引擎,经济发展活力及稳定性进一步增强。

工业投资持续增长。2021年,全市工业投资504.09亿元,比2012年增长89.8%,年均增长7.4%。其中,高技术制造业投资295.39亿元,占制造业投资的66.8%。电子信息作为企业数最多、产值最高、配套设施最全的支柱行业,继续保持绝对的主导优势,已形成以平板显示、计算机和通信设备、半导体和集成电路等为主导的产业结构。计算机、通信和其他电子设备制造业投资规模占工业投资的比重从2012年的37.3%提升到2021年的41.5%。

(二)投资重点从岛内逐步向岛外转移

目前岛外固定资产投资超75%,在产业投资的带动下,岛外的地区生产总值规模稳步扩大。2020年,岛外4区的地区生产总值为2935.23亿元,占全市比重为46%,工业增加值占全市70%以上。岛外固定资产投资额由2012年的854.21亿元增加到2021年的1943.90亿元,增长1.3倍,年均增长9.6%,占全市固定资产投资的比重由64.6%上升到72.1%。产业链逐渐成形,集美区依托机械工业集中区和软件园三期,大力发展机械装备制造,促进软件企业集聚发展。海沧区的厦门生物医药港加快发展,其工业总产值占到全省生物医药产值的四分之一;在士兰微、通富微电等重大项目带动下,海沧区集成电路形成了设计、制造、封装、测试等产业链。同安区构建水暖厨卫、机械制造、食品加工、光电照明等四大百亿级产业集群。翔安区依托火炬产业区,大力发展平板显示、集成电路等先进制造业,产业规模不断扩大。岛外新城综合承载力不断提升,市政设施、社会事业投资力度不断加大,产城学人融合模式初步成型。

与产业配套的基础设施和社会事业投资也不断增加。基础设施不断完善,保证了货物流动畅通,也加快了现代物流业的发展。2021年,全市基础设施投资712.09亿元,比10年前增长92.3%,年均增长

7.5％；交通运输业投资 283.33 亿元，比 2012 年增长 55.2％，年均增长5％，轨道交通 1 号、2 号、3 号线近年来相继通车运营，海沧隧道建成通车，翔安大桥随后开通，一体化交通网加速形成；公共设施管理业投资413.79 亿元，比 10 年前增长 1.8 倍，年均增长 12％。社会事业投资蓬勃发展，2021 年，全市社会事业投资 165.68 亿元，比 10 年前增长 1.2倍，年均增长 9.1％。

（三）不同投资主体发挥各自独特作用

国有企业在推动产业发展及基础设施建设中发挥中流砥柱的作用。厦门国有企业是厦门市固定资产投资的主要主体，投资量占全社会固定资产投资 60％以上，厦门市国资委所监管国有企业共有 19 家（各集团下属企业数 1135 户）。根据国有企业主营业务，大多投资与城市基础设施相关的现代物流（交通设施）、房地产、产业园区开发、旅游业、先进制造业及公共服务相关，加快了现代服务业及先进制造业的发展。

民营企业在新兴产业投资中成为主要力量。民营企业投资占全市30.8％。在华强文化创意产业园、三安光电等项目的拉动下，民间投资成为拉动全市投资增长的重要力量，对改善投资结构、提升自主投资力度发挥了重要作用。

外资企业在推动高新技术发展方面成为不可忽视的力量。外资企业贡献了全市约 70％的工业产值、60％的经济增长和 40％的进出口额。2021 年，厦门实际利用外资 186.4 亿元，增长 12.2％，增速高于全省。外资持续向高端产业聚集，高科技含量、高附加值的高端产业吸引外资的步伐加快。仅 2021 年，新设外资企业 1135 家，比上年增长15％，占全省 41.1％，合同外资 435.2 亿元，占全省 40％以上。外资企业的引进推动了厦门高新技术产业发展，有力地推动厦门计算机与通信设备、平板显示和集成电路等千亿级产业链群发展。

三、存在的主要问题

虽然厦门市的投资总量不断扩大、投资结构持续优化、投资资金供给较为充裕,但仍存在以下问题:

资金缺口依然存在。根据厦门"十四五"规划纲要,到 2025 年,厦门地区生产总值要达到 1 万亿元,年均增长 7%～7.5%,比 2022 年增加 2000 多亿元,意味着需要加大产业投资力度,增加资金供给规模。按照 2021 年厦门金融机构贷款余额占 GDP 的比重测算,到 2025 年厦门中外资金融机构贷款余额要达到 2.1 万亿元以上,需要增加 8000 亿元的信贷规模。按照 2015—2020 年厦门固定资产投资年均增速测算,2020—2025 年需要完成固定资产投资约 1.3 万亿元。资金的需求量巨大,现有资金供给总量将难以满足资金需求,必须千方百计扩大资金来源。

融资方式相对单一。厦门主要依赖于企业自筹、财政资金和银行贷款,占资金来源比重 80% 左右,占据绝对主导地位。产业发展对财政资金依赖较大,国家预算内资金占比较高,比深圳高 9 个百分点。资本市场融资有待拓展,通过上市、发债、股权运作等渠道融得的资金比重有待提升,深圳上市公司家数为厦门的 8 倍多,厦门上市融资规模差距较大。建设—移交(build-transfer,BT)、建设—经营—转让(build-operate-transfer,BOT)、以公共交通为导向的开发(transit-oriented development,TOD)模式融资尚处于尝试阶段。

资金供给结构与重点产业发展匹配度差。厦门建设现代化产业体系,必须着力做大做强高端制造业,积极培育发展战略性新兴产业,加快资金、技术密集型产业发展。从厦门现有企业看,排名最前的企业为供应链企业,营收规模巨大,但是利税不高。以厦门建发为例,2021 年营收达到 7078.44 亿元,但是净利润仅为 109.63 亿元,为总营收的 1.55%;厦门重点打造的平板显示、集成电路等资本密集型产业资金需求量大,如厦门天马微电子有限公司天马第 6 代柔性 AMOLED 生产线项目总投资 480 亿元,联芯集成电路制造项目设计规划最大月产能为 12 英寸晶圆 5 万片,总投资 62 亿美元,需要多渠道多家金融机构共同参与,才能满足需求。大数据、云计算、人工智能、5G 等新一代信息技术的发展严重依赖技术,需要大力扶持创新型企业发展,这就需要有发达的创业投资支持。与深圳相比,厦门创投规模较小,对创新发展推动作用有待提升,深圳创新投是国内资本规模最大、投资能力最强、最具竞争力的内资创业投资公司,注册资本 100 亿元,管理各类专业化投资基金规模约 1995 亿元,厦门创投注册资本约 5 亿元,管理各类专业化投资基金规模约 100 亿元,差距较大。

厦门民营投资相对较弱。长期以来,厦门国有企业投资占比较高,占全社会固定资产投资比例长期保持在 60% 以上,房地产投资比重偏大,对战略性新兴产业投资比重偏小。从民营企业来看,全市民间投资主体总体实力不强,应对市场风险的能力较弱,投资融资能力较弱,厦门民间投资占全社会固定投资比重一直在 30% 的低位徘徊,深圳民间投资占比长期稳定在 45%～60%,广州民间投资占比也稳定在 45%～55%,与国内先进城市相比,存在明显差距。从外资企业来看,外资企业工业投资比例持续下降,2020 年厦门市制造业合同外资 36.75 亿元,仅占合同外资总额的 9.6%。政策对民营经济的扶持力度相对不足。尽管中央和厦门都进一步放宽了民间资本进入的行业和领域,鼓励和引导民间投资参与公益事业和基础设施项目建设,但在具体执行过程中,民间投资的领域仍然受到限制,民营企业发展空间相对受限,民营经济体量难以快速扩张,存在看不见的门槛。如政府推出政府和社会资本合作(public-private-partnership,PPP)项目,设置较高的门槛,使得民企很难与国企竞争。

四、对策建议

适应产业发展、构建现代化产业体系需要,拓展资金来源渠道和方式,提高资金使用效率,做强融资主体,优化投融资政策环境,提供强有力的资金保障。

（一）多方扩充资金来源渠道

发挥财政投资引导作用,明确优先支持领域。从财政收入持续增长和更高水平建设高素质高颜值现代化国际化城市的需要出发,优先支持战略性新兴产业发展项目;优先支持科技含量高、市场前景广,投资效益好的项目;优先支持竞争力强、产业链长、环境成本低的项目;优先支持有利于碳达峰碳中和的项目。

调整产业资金。坚持"政府引导、市场运作、科学决策和防范风险"的原则,支持金圆集团做大产业引导基金规模,支持本地的基金管理机构做大做强,吸引全国著名的基金管理机构合作设立基金,与全国及地方的产业龙头合作设立子基金,引入产业基金区域运营总部,积极探索股权融资、资产证券化等,扩大直接融资市场规模。创新融资方式,鼓励通过信托业务募集民间资金,为中小型企业提供信托贷款支持。设立厦门产业不动产投资信托基金(real estate investment trust,REITs)发展专项资金,围绕推动企业存量资产盘活,支持岛外新城申报开展产业发展领域 REITs 试点并优先享受专项资金支持。

多种方式引导社会资本。吸引民间投资向制造业领域倾斜,开拓民间投资新领域,努力使民间投资起到补短板、调结构、培育新动能的积极作用。在交通、能源、市政、水利、教育、医疗、养老、健康等行业重点突破,鼓励地方政府向民营企业购买社会服务,鼓励民间资本积极参与重点为民办实事项目建设,抓好典型项目落地,形成示范效应,全面激发民间投资活力。采取经营贡献奖补、税收减免或优惠、政府采购支持、企业投资补贴、贷款或项目补贴等方式,积极引导企业资本、外资、民间资本参与投资,在增加社会投资规模的同时,起到优化资金配置的效果。

增加信贷资金供给规模。继续吸引一批市外金融机构入驻厦门,特别是新兴的商业银行，壮大金融机构的数量规模。积极争取各大银行加大对厦门投资的支持，争取各大商业银行总部和开发银行、进出口银行等政策性银行扩大信贷资金的额度。大力搭建政银企合作平台。积极推进政府与政策性银行、国有商业银行、全国性股份制商业银行之间签订战略合作协议，解决信贷投放中的突出问题，合理处理信贷投放力度与节奏，重点支持重点项目建设和大企业的发展，保证信贷增长的持续性，实现贷款增幅高于全国、全省平均增幅，高于城市圈 GDP 增幅的目标。提高中长期贷款比重。发挥政府性融资担保基金作用，持续扩大制造业中长期贷款规模，降低制造业企业融资成本；支持区域内银行机构向总行申请信贷规模倾斜，建立资金池，扩大大额中长期贷款资金在全市产业发展投资中的比重，根据各银行对厦门财政投融资项目融资贡献度逐年给予财政存款、对重大项目信贷支持给予合理比例的税收返还、税收减免等政策。

扩展多元化市场融资。加强分类指导培育，加快推进企业在国内主板、中小企业板、创业板及境外资本市场上市融资。支持先进制造业和现代服务业等重点企业主板上市，支持优秀民营企业中小板上市，支持新材料、新技术、新能源企业创业板上市。支持高精特新企业北京证券交易所上市。支持上市公司通过配股、增发、可转换债券等多种方式进行再融资。积极支持符合条件的企业发行企业债券，有效扩大知识产权、合同能源管理未来收益权等无形资产质押融资规模。根据厦门市经济发展和重点项目需要，促进企业（公司）债券、短期融资券、中期票据等债券品种加快发展，探索开发收益型企业债券等债券品种，开拓新的融资渠道。支持平板显示、计算机与通信设备、集成电路、生物医药、机械装备、基础设施等重点项目及产业园区通过发行债券募集资金。发展私募股权融资，引导社会资金和海外资本发展基金投资、创业投资、风险投资等各类股权投资，形成千亿元股权投资能力。

(二)积极探索"产业—资金"循环发展机制

坚持服务实体经济,精准部署产业链上下游,对产业链关键企业加大招引投资力度,重点支持集成电路、生物医药、文化创意、智能制造、大数据、现代服务业、新一代信息技术等产业发展。持续为厦门壮大产业龙头、培育专精特新企业营造良好股权投资环境;建立产业投资基金可持续发展机制,继续规范管理,进一步实现"产业—资本"的深度融合和良性循环发展,助推厦门市产业发展和实体经济发展,为更高水平建设高素质高颜值现代化国际化城市贡献坚实力量。探索增加制造业税收区级留存比例,调动所属各方发展产业的积极性。鼓励市级各类专项资金向新扩展区域倾斜,对新城低效用地产业结构调整后,再引入符合产业定位的新项目,研究予以资金支持。鼓励市区联合设立产业基金,撬动更多社会资本参与新城产业发展。

减少对政府资金的依赖程度,突出市场导向,减少"政府资助",增加"政府引导"。推动政府直接安排资金为主向利用金融工具安排资金为主转变。可以通过国有风险投资企业进行股权投资,扶持创新中小企业发展;通过国有投资公司进行股权投资,扶持重点产业发展;通过商业银行进行无息或贴息贷款,扶持资金困难企业等。推动无偿资助为主向有偿资助为主转变,如贴息贷款、无息贷款、投资入股、融资租赁等有偿方式,逐步减少补助补贴、奖励等无偿方式,循环使用资金,提高资金使用效率。

要加大市场化手段的资助方式,加大政府创投基金的规模,发挥产业基金引导带动作用。鼓励国有企业集团组建产业投资基金,募集资金投资计算机与通信设备、机械装备、集成电路、生物医药等千亿级产业链,扩大实业投资规模,满足制造业发展的资金需求。

不断发挥"筑巢引凤"效应,通过政府与专业机构合作,引入创投机制,增设创业投资引导基金项目,利用市场手段促进对厦门市重点产业或重点项目的投资引导。加大国家集成电路产业基金、制造业转型升级投资基金、绿色发展基金、中小企业发展基金等国家级基金以及厦门市产业转型升级投资基金等对厦门市产业的投资力度。围绕"产业基地＋产业基金"模式，吸引各类社会资本共同建立重点领域产业基金及园区投资基金；发挥政府性融资担保基金作用，持续扩大制造业中长期贷款规模，降低制造业企业融资成本。发挥轨道集团、市政集团、水务集团等在基础设施投资的作用，多方筹集资金。

（三）完善产业资金统筹协调评估机制

发挥财政投资统筹协调作用。统筹各产业部门，在产业政策制定时统一标准，让同一企业同一项目选择不同产业口径或项目获得的资金补贴数量是一致的；协调各产业部门，把优质资源向重点产业、行业倾斜，使政策支持聚焦于具有重大贡献的行业和人群，政策组合拳会比各部门的单打独斗更加有效；从市级层面协调各区，区一级制定产业政策时报市政府备案，定期召开市区两级产业政策联席会议，互通情况，统筹安排，突出各区产业特色的同时，避免恶性竞争。

开展绩效评价，提高专项资金的使用效益。加强专项资金绩效评价，及时调整专项资金使用规模和方向。一是建立健全制度，完善绩效评价工作。建立集部门自我评价、财政综合评价、绩效审计和社会评价于一体的绩效评价机制，从不同点面来分析评价结果，确保评价结果的公正、公平和公开性。二是吸引多方参与，实现全方位监督。充分利用社会中介机构、人大代表、政协委员和社会公众等第三方力量，通过较为完整的数据分析，客观评价产业资金的使用效能，实现标准统一、数据准确、程序透明、方法科学、结果公正，评价过程和评价结果依法公开，全方位接受监督。三是积极运用绩效评价结果。完善企业诚信黑名单制，建立信息通报渠道，形成市、区联动，确保资金支持实效；建立有效的绩效问责机制和激励约束机制，督促各部门切实承担起预算绩效管理的责任，把绩效评价结果与相关部门的负责人和直接责任人评价考核挂钩，发现违法违规问题的要严肃追究相关责任人的责任。同时,要将绩效评价结果与专项资金后续安排、撤销相结合,绩效评价优良的专项资金可以适当增加支出的规模,绩效评价不好或没有显著效果的就撤销,从而切实提高资金使用效益。

优化投融资环境机制体制。破除基础设施和公共服务领域的"政府垄断"意识,深化"放管服"改革,支持和引导符合条件的各类社会力量参与投资建设、管理和运营,赋予市场力量更多自主策划和实施项目的能力,推动政府职能从"管资产"向"管资本"转变。进一步开放投资领域,降低投资门槛,鼓励、吸引国内外各类资本进入法律、法规未禁止的一切领域,激活与扩大民间投资,打破行业垄断,提高竞争效率。完善政府特许经营制度,规范招投标行为,支持各类资本积极参与水利、交通、能源、城建等基础设施的建设和经营。引导与规范各类资本投资教育、科技、卫生、文化和体育等社会服务事业。构建市场化主体,加快政府融资性平台市场化转型,引导将原政府信用转变为企业信用或项目信用,激活原融资平台企业生命力,进行合规融资。

第四节　提升土地利用效率

在《资本论》中,马克思引用了威廉·配第所说的"劳动是财富之父,土地是财富之母",强调劳动必须与物质资料结合起来才能创造财富。从经典看,土地在产业发展中强调不可忽视的作用。国土资源的合理利用能够促进本国产业经济的发展,对产业经济起着支撑性的作用,同时也能起到保护环境的作用。

习近平总书记在党的二十大报告中指出,"构建优势互补、高质量发展的区域经济布局和国土空间体系"。这是以习近平同志为核心的党中央立足全面建设社会主义现代化国家新征程,对新发展阶段区域发展和空间治理做出的重大部署,为今后一个时期推动区域协调发展、完善空间治理指明了前进方向，提供了根本遵循。厦门本身地区空间范围有限，更需要在土地节约利用上下功夫，通过"岛内外一体化"，推进产城人融合，合理布局生产力。

　　土地是城市的空间载体，具有不可移动的特征。人聚城兴，产旺人聚，产城融合将极大提高土地使用效率。

一、厦门土地及园区分布

　　2020年末，厦门全市土地面积约1699平方公里，岛外同安区占地面积最大，岛内湖里区占地面积最小。

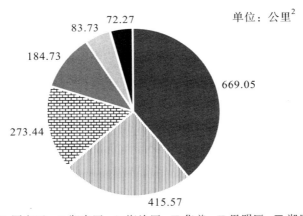

图 6-7　厦门各区土地面积

　　在全市土地面积中，城市建成区面积401.94平方公里，城市规划建设用地440平方公里，城市现状建设用地面积320.12平方公里，其中住宅用地占大头，占30％以上，商业服务设施用地、工矿用地、物流仓储用地仅分别为28.78平方公里、69.20平方公里、10平方公里，三者合计与住宅用地基本相当。

　　2022年末，城市规划建设用地占39.15％，现状建设用地不到

20%,为 329.24 平方公里。与 2021 年相比,耕地下降 1.45%,园地下降 1.7%,林地下降 0.2%,草地上升 17.86%,城镇村及工矿用地上升 5.83%,交通运输用地扩大 3.03%,水域及水利设施用地和其他土地用地占比均有所下降。在现状土地中,面积最大的是林地,占 547.29 平方公里,其次为城镇村及工矿用地,为 489.52 平方公里。

为了加快推进产业发展,厦门构建若干产业园区。各产业园区定位不同,重点发展产业各有侧重,主要产业园区及产业分布情况有:

自贸试验区厦门片区。用地面积 43.78 平方公里,发展航空服务、国际贸易、航运物流、跨境电商、金融服务、文化贸易与服务、集成电路研发设计、高端制造产业。

同翔高新城(包括同安片区、翔安片区)。用地面积 46.8 平方公里,发展电子信息、新能源、高端装备制造、新材料产业等。

环东海域新城暨现代服务业基地。用地面积 111 平方公里,发展新经济、光电信息制造、旅游度假、高端商务等。如现代服务业基地(丙洲片区),用地面积 2.2 平方公里,发展软件信息、文化旅游、教育培训等;现代服务业基地(美峰片区),用地面积 5.9 平方公里,发展高新技术研发、金融商务、度假酒店等;厦门新经济产业园("云谷"),用地面积 0.17 平方公里,发展 5G、人工智能、区块链、金融科技等新经济产业;厦门银城"智谷",规划用地面积 0.33 平方公里,引进总部经济、信息服务、研发设计、文化创意等。

两岸金融中心。用地面积 23 平方公里,建设以金融业、总部经济为核心功能的金融商务聚集区,配套商业、商务办公服务。

集美新城。用地面积 77.7 平方公里,发展软件信息、文化创意与旅游、机械装备制造、商务商贸等。如软件信息研发区,用地面积 10 平方公里,重点布局 5G、大数据、人工智能、物联网、智能制造等;机械装备制造区,用地面积 9.1 平方公里,重点发展汽车、工程机械和电子制造等。

马銮湾新城。用地面积 45 平方公里,发展智慧科技、生命健康、现代物流、商贸文化旅游等。

构建更具竞争力的现代化产业体系：厦门现代化产业体系探究

东部体育会展新城。用地面积 6.58 平方公里，发展体育文化、会展商务、总部经济、休闲旅游、康体娱乐等。

新机场临空产业区。用地面积 51.04 平方公里，发展空港核心产业、临空高技术产业、临空现代服务业。

岛内科技创新园区。重点发展以数字经济为核心的科技研发、软件和信息服务、科技服务、孵化器、创新人才培养等。如开元创新社区，用地面积 3.12 平方公里，发展人工智能、智慧产业、信创产业、数字文创等；东部科技创新园，用地面积 0.87 平方公里，发展与制造业相关的研发设计、高端软件和信息服务业（智慧城市、软件研发、人工智能）等。

海沧生物医药港。用地面积 6.73 平方公里，发展药品、医疗器械等产品的研发、生产和相关服务。

海沧集成电路产业园。用地面积 3.22 平方公里，发展半导体和集成电路产业等。

同安凤南高端制造业基地。用地面积 6.15 平方公里，发展机械装备、新材料、生物医药与健康等。

前场物流园。用地面积 4 平方公里，发展多式联运、冷链物流、供应链物流、城市城际配送等。

各主要产业园合计占地面积 414.85 平方公里，占城镇村及工矿用地 85% 以上。

二、面临的主要问题

厦门产业用地面积小，建成区面积难以支撑产业快速发展需要，土地利用效率有待进一步提高，岛外产城人融合有待进一步提升。

（一）建成区面积小

厦门土地面积小是不争的事实，在 15 个副省级同类城市中、在福建省各城市中，厦门的土地面积都是最小的。

表 6-4　2021 年福建省各地地域面积与人口情况

省内城市	面积/公里^2	常住人口/万人
福州	11968	842
泉州	11015	885
厦门	1699	528
漳州	12600	507
宁德	13500	315
莆田	4200	322
三明	22965	248
南平	26300	267
龙岩	19028	273

在厦门地域面积 1699 平方公里中,2020 年城市建成区面积仅401.94 平方公里,占 23.65%,城镇村及工矿、交通运输用地占全部土地面积的34.59%。对比深圳,其地域面积 1997 平方公里中,城市建成区面积有 927.96 平方公里,城镇村及工矿、交通运输用地占全部土地面积的 48.39%。

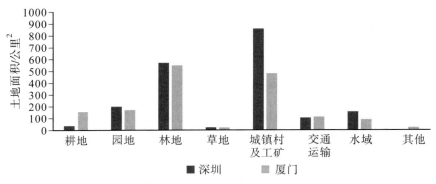

图 6-8　深圳与厦门土地利用现状对比

土地是产业发展的载体,是最基本的资源要素,重点项目落地、产业发展都需要空间。据厦门市发展研究中心课题组预测,2025 年要达到万亿元目标,需要城市建成区面积达到 550 平方公里左右。对照深圳,其 2010 年 GDP 达到万亿元目标时,城市建成区面积已经达到 830 平方公里。因此厦门地域土地面积、城市建成区面积都无法满足厦门产业跨越式发展的需要。

(二)土地利用效率低

尽管厦门土地面积小,在厦门全体人民的努力下,2021 年,厦门以占全省 1.4% 的土地面积,创造出全省 14.41% 的 GDP、26.64% 的财政收入和近 50% 的外贸进出口。在 5 个计划单列市中,厦门土地面积产出率 4.14 亿元/公里^2,仅次于深圳的 15.36 亿元/公里^2。

表 6-5　2021 年 5 个计划单列市比较

指标	厦门	大连	青岛	宁波	深圳
地区生产总值/亿元	7033	7826	14100	14600	30700
年均增长速度/%	9.3	11.3	13.7	17.7	10.8
土地总面积/公里^2	1699	12574	11282	9816	1998
土地产出率/(亿元/公里^2)	4.14	0.62	1.25	1.48	15.36

资料来源:各计划单列市统计公报。

深入分析表明,厦门各区土地面积产出率不同,产出率最高的是岛内思明区,为 26.96 亿元/公里^2,湖里为 21.30 亿元/公里^2,土地面积近九成的岛外各区土地产出率在 0.96～4.74 亿元/公里^2。岛外各区中,占地面积最大的同安区单位土地面积产出率最低,仅为 0.96 亿元/公里^2,土地利用效率偏低。岛外相关区存在着存量用地开发深度不够、工业和仓储业用地粗放利用、产业用地平均容积率偏低、较多商务楼宇空置、地下空间利用率不高,产业空间产出率有待提升的问题。

(三)产城人融合深度不够

局部存在"产城分离、有产无城、有城无产"现象。例如集美新城

"城强产弱"问题突出,城市建设基本实现"十年集聚成城"的目标,但是产业发展新旧动能接续不畅。而环东海域新城轻工电子产业区、火炬(翔安)产业区等园区已成一定规模,但主要以规模和税收等经济指标作为衡量标准,缺乏从城市发展的需求及从多层次、多元化就业等角度考虑总体布局。产业与城市协同不足,制约产业规模快速壮大,也影响单位土地产出率。

三、对策建议

围绕更高水平建设高素质高颜值现代化国际化城市重大决策部署,聚焦保障产业发展的工作主线,有序增加产业发展用地、提高土地利用效率、推进产城人融合,更大范围内加快产业合作步伐,全范围满足经济总量不断增长的需要,为产业发展提供空间支撑。

有序增加产业发展用地。加强规划引导,以"5+3+1"为循环周期,编制五年近期规划、三年行动计划和年度实施计划,摸清全市可利用空间底数,从策划具体项目、落实用地空间角度,统筹配置各类要素,将项目用地需求与城市发展导向、存量用地消化、低效用地盘活、新增用地报批等有机结合,科学有序加大土地供应。围绕产业链集群建设、新城片区开发、乡村振兴战略、旧村改造和轨道交通建设等重点,精准投放增量,加大盘活存量,着力服务保障重大、重点项目,确保用地需求应保尽保。加快农用地转用和土地征收的报批,提高建设用地的供应能力。推进全市征地制度改革,全面落实和谐征拆,积极探索有效破解土地房屋征收难问题,保障建设用地供给。

加强工业用地统筹管理,划定工业用地发展控制线,稳定工业用地总规模,确保中长期内全市工业用地总规模不低于 120 平方公里。加大符合产业发展土地资源的收储和供应力度,确保满足产业招商和项目建设需要,"三旧"改造土地及新增建设用地指标优先保障重点工业用地需求。根据国家鼓励发展的新产业、新业态政策要求,优先安排用地供应,对重大战略性新兴工业项目由市级统筹予以重点保障。推进工业项目进园进区发展,对新增产业项目根据项目产业类型结合园区特色,积极引导企业向火炬高新区、同翔高新城集中布局,进一步完善园区上下游产业链,形成产业集群。推动功能融合和产城融合,推动单一生产功能的产业园区,在符合城乡规划前提下,适当安排建设用地用于商品零售、住宿餐饮、商务金融、城镇住宅等建设,推动相关区域从单一生产功能向城市综合功能转型。加快盘活利用存量工业用地,鼓励工业用地原址升级改造,支持原建设用地使用权人利用既有工业厂房及原有土地增资扩产、产业升级、生产工艺流程优化等。优化工业用地收储补偿运行机制,实施"协议收储补偿＋再投资奖励"制度,引导工业控制线外工业项目"退城入园",为产业转型腾出新空间。

加大服务业发展用地供给保障,对服务业建设项目用地优先安排新增建设用地指标,对重点服务业项目用地确保应保尽保。确保生产性服务业、旅游会展、文化创意、体育健康等各类服务业设施用地在土地利用年度计划和土地供应计划中得到落实。开辟服务业项目建设用地审批绿色通道,对服务业项目提前介入,加快审批进度。支持"退二进三"、旧城区改造、城区老工业区搬迁、关停淘汰落后产能腾出的土地用于服务业发展。鼓励利用存量房产、土地兴办研发设计、文化创意等生产性服务业和现代服务业项目。支持复垦利用工矿废弃地、垃圾场等历史遗留损毁土地建设旅游项目,按照"谁投资、谁受益"的原则,鼓励土地权利人自行复垦,各地国土资源部门结合实际制定优惠政策吸引社会投资开展矿山环境治理,发展旅游服务业。

提高土地利用效率。加快整治低产低效用地,建立低效用地"动态库"。根据《厦门市低效工业用地认定标准》,由园区管委会牵头,组织工信、资源规划、建设、生态环境等部门,依据标准开展园区低效工业用地认定工作,探索以政府购买服务、政企合作的方式,对每一宗低效用地的现状利用、土地权属、环境品质、生产运营、权属人改造意愿等情况进行系统摸底调查,分析研判低效原因,并对低效用地进行"标图入库"。积极鼓励工业企业利用现有的旧工业园区进行产业更新和替代，逐步清退占地大、产出低、高污染、高耗能的低水平产业用地。完善全市工业园区规划布局，从西向东形成临港产业、生物医药、机械装备、软件和信息技术服务业、轻工食品、电子信息、临空产业的产业用地新格局，重点支持产业园区功能提升及与周边地区整合发展用地需求，引导"产业＋生活"融合互动发展，注重完善公共服务设施配套，推进产业新城建设，新建工业建设项目必须进入各专业化工业园区。针对电子制造、纺织轻工、食品加工等劳动密集型产业，注重提高工业用地产出率。针对机械装备、临港临空等土地密集型产业，宜远离城市中心区单独设置。

提高产业用地门槛。建立适应新发展理念的产业用地管理政策体系，通过超前预留产业发展用地和产业用地置换政策，满足现代服务业和新兴产业发展合理用地需求。以"先存量、后增量"的原则，推进工业项目在现有基地、产业园区集中布局，促进产业区块向低碳、高效、集约型产业倾斜。完善产业用地的地均产出、地均税收、投资强度等准入评价标准和指标体系。加强产业用地科学化、规范化管理，严格产业项目准入，按照用地标准核准产业用地规模，在产业项目选址时优先采用占地少的方案，提高项目用地效率，促进产业转型升级和土地资源节约集约高效利用。严格分期实施的建设项目，按照建设进度，分期供地。

推进城市更新。推进以"集中连片更新＋微更新"模式实现用地整理储备与更新开发，岛内城市更新用地优先保障公益类项目、民生类项目建设，增加绿地和公共空间；岛外城中村改造用地优先保障安置房和公租房建设。加快推进本岛东部和北部、岛外新城等重大核心功能区的集中连片更新，确保城市更新中公建配套和市政基础设施同步规划、优先建设、同步使用。本岛东部两岸金融中心和五缘湾片区加快城中村集中连片改造。高崎机场和东渡港区结合机场和港口功能外迁，植入高端功能，建设国际商务中心。推进厦港（沙坡尾）片区、中山路片区、集美老城等老城区微更新，注重以公房盘活为抓手带动私房自主改造,通过存量空间功能转换,发展符合老城区功能定位、适应老城整体保护要求的文创旅游产业。

盘活低效工业用地。加强低效工业用地收储。综合运用协议收储、法拍收储、依法征收等方式实现政府收储,鼓励无法实施自主再开发的企业向政府申请土地收储,鼓励对亩均税收符合标准、发展前景好的优质企业与低效工业企业直接进行土地转让交易,探索由国有企业市场化收购低效地块后进一步建设招商。加强工业土地利用绩效评估,实施工业用地全周期管理,建立存量工业用地的退出机制。本岛提升工业用地保留门槛、释放城市结构优化空间,鼓励工改研、工改商、工改保,针对不改变用地性质和主体结构的产业升级转型项目放宽自行改造通道;岛外实施量质并重的工业用地更新,最大限度保留重点工业区、重点企业集聚区以及工业主导地块内的工业用地,并结合城市发展、公共服务需求,对转性用地进行合理更新,完善城市功能。对工业园区内的低效工业用地,严格控制功能转变,鼓励进行产业升级,利用腾退空间建设产业协同创新平台,吸引和配置高精尖产业项目;对于工业园区外的低效工业用地,通过收储、置换、功能变更等形式,为重大功能区和重大设施建设提供空间保障。

提升土地立体综合开发水平。有序拓展建设发展空间,分步骤推进"工业上楼"。借鉴深圳全至科技创新园建设经验,前期先选取合适楼宇或厂房通过拆除重建、综合整治等方式开展"工业上楼"试点,引导轻型生产、环保型、低能耗机器人、穿戴式智能设备、物联网、移动智能终端等行业企业"上楼生产",后期扩大试点楼宇示范效应,推动更多符合条件的项目及企业"上楼生产",优化园区生产空间,提高亩均效益。加大城镇地下空间开发利用力度,推进建设用地的多功能立体开发和复合利用,鼓励土地兼容使用,促进建设用地从单宗地、单用途的单一模式转向多宗地、多功能、多用途的综合模式。继续落实轨道交通导向型土地综合开发模式,推进建设用地的多功能立体综合开发,重点推进两岸金融中心、邮轮母港、翔安航空新城、马銮湾新城、环东海域新城、

集美新城、东部体育会展新城、同翔高新城等城市公共功能集聚片区的
地下空间开发,建立由地下交通设施、地下人防设施、地下市政设施和
地下商业设施等组成的城市地下空间综合利用体系。

建立耕地占补平衡机制。加强与厦门与龙岩、三明等内陆城市的
合作,以资金换土地,拓展发展空间。推进跨市异地占补平衡,实施区
域间补充耕地指标有偿调剂,促进区域发展各有侧重、利益相互平衡。
逐步拓展补充耕地途径,统筹实施土地整治、高标准农田建设、城乡增
减挂钩和历史遗留工矿废弃地复垦,探索实行耕作层土地剥离再利用。
规范补充耕地指标供给,统筹安排全市新增建设用地土地有偿使用费,
完善跨市异地补充耕地指标交易机制,发挥市场在指标供给中的决定
性作用。

第七章
营造现代化产业生态环境

　　产业体系本身是由技术、资金、劳动力、自然资源等要素组成的经济系统，在空间和时间的共同作用下，发展成为具有复杂结构的生态体系。营造良好的现代化产业生态环境，就是要以人为本，促进产城融合，通过人、产、城互动，加速产业聚集、提升产业能级，实现信息化、工业化、城市化和农业现代化协同发展；以国内循环为主体，推动国内外双循环相互促进，推动创新链、价值链、产业链、供应链、生态链"五链"融合，以链促群，畅通产业链供应链，加速经济循环，保持经济安全与韧性；完善加快产业发展的政策支持体系，持续优化营商环境，为构建更具竞争力的现代化产业体系提供全面保障。

第一节　促进产城融合

一、促进产城融合

　　2013 年 9 月 30 日，习近平总书记主持召开党的十八届中央政治局第九次集体学习时指出，"我国现代化同西方发达国家有很大不同。

西方发达国家是一个'串联式'的发展过程,工业化、城镇化、农业现代化、信息化顺序发展,发展到目前水平用了二百多年时间。我们要后来居上,把'失去的二百年'找回来,决定了我国发展必然是一个'并联式'的过程,工业化、信息化、城镇化、农业现代化是叠加发展的"。因此,产城融合是加快构建现代化产业体系,营造现代化产业生态的重要内容。

产城融合是指产业与城市融合发展,以人为中心,以城市(产业园区及综合社区)为载体,以产业发展为内容,加速产业与城市(城镇)融合,推动产业园区从单一的生产型园区向综合型城市经济体转变。通过产业升级迭代和城市服务配套,培养新的经济增长极,形成产业、就业、消费相互匹配,产、城、人良性互动、协调发展的区域格局。

建设产业园区将众多生产制造企业集聚在一起,增加企业间互动联系、往来交流,减少产业链上下游企业间原材料、产品物理流动距离,提高效率,降低成本,满足招商引资的土地需求。在开发建设产业园区初期,目标主要聚焦制造型生产企业,为其服务。通过三通一平,或九通一平,建设厂房及区间道路,满足工业发展需要,一般建设速度较快,重视强调生产功能,在某种意义上忽视了生产服务及生活需求。尤其表现在初期产业园区规划开发建设上,为减少征地拆迁量,降低开发成本,产业园区大多不会选择人口高度密集的城市生活区,往往根据规划布局,分布在城郊接合部,并向外拓展扩展。产业园区经常与乡镇交错,被乡镇包围。由于初期产业园区开发配套生活功能相对滞后或者不完整,由此部分基本生活服务必须由周边城镇农民提供,出现产城分离现象,即有产无城,或有城无产。

随着工业化进程推进,产城分离的弊端制约了人才、产业集聚,影响现代服务业的发展,进而影响城市经济的发展,不利于推进城市化,也不利于推进农业现代化进程。因此产城融合被提上议事日程,在发展中不断完善。

至今产城融合已经经历了四个发展阶段。第一阶段,产业园区和城区分离、各自发展。产业园区与城区相距路程遥远,造成基础设施无法共享,通勤时间长,产业园区从业人员餐饮靠周边城镇村民路边小摊贩解决。第二阶段,产业园区和城区实现了初步的融合。产业园区开始匹配生活功能,周边出现为生活居住配套的房地产业,工业化和城市化之间的发展差距逐步缩小,但这一阶段产城融合的产业主体仍然是制造业。第三阶段,产城融合发展。产业园区与城区更加平衡,城市化和工业化协调发展,产业从原来的制造业为主,逐步拓展到金融、物流、商贸、文旅等组成的现代服务业,先进制造业和现代服务业成为产城融合的产业主体,城市功能更加完备,城市经济更加发达,出现了经济、文化等公共活动功能齐备的新型城区、生活社区、核心区。第四阶段,产城融合提升。引入数字化技术,推进工业化、城市化进一步协调发展。重视人在产城融合中的核心地位和关键作用,形成产业区、居住区、核心区融合发展的空间布局,公共服务和社会治理水平不断提升,智能化水平不断提高,人的积极性、主动性得以充分发挥,产业借助信息化手段快速发展,促进城市经济进一步繁荣。繁华的城市又成为吸引人才的名片,加速高端人才聚集,实现了以城聚产、以产兴城,产城融合、城乡融合,产城人良性互动、协调发展,繁华的城市与繁荣的农村各美其美,美美与共。

产城融合是营造产业生态的重要内容。城市的公共服务和基础设施为产业发展提供空间载体,产业发展为城市更新和完善配套服务提供驱动力。通过产城融合,实现城市内外各类产业和要素有效整合和协调,优化资源配置,将生产要素、创新能力、人才等集聚在城市,提高资源利用效率,推动经济高质量发展。通过产城融合将不同产业、企业和研发机构聚集在一个地区,加速知识和技术转移和应用,形成具有核心竞争力的现代化产业集群。通过产城融合为城乡居民提供更多就业机会,提升收入水平和福利待遇,提高居民生活品质,促进消费升级。通过产城融合将形成产业发展与城市进步互相促进的局面,依托大数据、人工智能完善城市智慧服务,加强社区治理,美化生活环境,增强城市吸引力和影响力,吸引更多投资和人才,进一步推动了产业创新发展、螺旋式上升。

二、发展基础

厦门土地面积不大，仅为 1699 平方公里。其中，2021 年城市建成区面积 405.56 平方公里。根据《福建统计年鉴 2023》，2021 年以城市面积为基数计算的福建省各城市人口密度中，厦门最高，为 9619 人/公里^2，而福州为 6789 人/公里^2，漳州为 5685 人/公里^2。

由于历史原因，厦门发展从厦门岛起步，学校、医疗等生活配套设施及工矿企业都集聚在岛内，直到 2000 年前后才开始将岛内部分工业企业逐步搬迁到岛外。2001 年，集美机械工业集中区获批成为省级工业区，总规划用地面积 13.62 平方公里。2002 年 6 月，时任福建省委副书记、省长的习近平到厦门调研，一针见血地指出厦门的发展瓶颈是"厦门本岛基本饱和，而岛外发展明显滞后"，并发出"提升本岛、跨岛发展"的动员令。从那时起，岛外陆续建成同安工业集中区、海沧生物医药港、同翔高新城，集聚了越来越多的生产制造企业。2022 年，岛外集美、海沧、同安、翔安第二产业增加值占比分别为 50.59％、62.28％、53.15％ 和 69.18％，高于岛内湖里的 40.65％，更高于思明的 16.48％。

尽管岛外各区第二产业增加值占比高，但是由于固有观念及学校、医院、商业等生活配套参差不齐等，人们更愿意在岛外工作、岛内生活，表现在思明、湖里人口密度高，两区人口密度均突破每平方公里万人大关。

岛外产业园区开发初期，以承接岛内产业转移为主，部分传统产业园区内部缺乏相关配套，更多依赖周边村庄的中低端配套，在商业生活配套水平、教文卫体等公共资源和服务保障能力等方面，与岛内相比存在明显差距。如集美机械工业集中区的部分龙头企业固守原有生产方式，缺乏创新活力与发展后劲，与现代科学技术联系不紧密，辐射带动效应未能有效发挥。同安工业集中区产业曾经存在"小散乱"问题，仅有少量高技术企业,大多为体育器材、卫浴等传统产业,行业分布比较分散,不同产业之间关联性不强,没有形成产业上下游集聚发展形态;园区用地存量少,土地空间接近饱和,而闲置的空间又难以收回,土地集约利用程度不高,园区建筑物大多数为早期建设的三层楼,"工业上楼"少,基础设施如区内部分道路因拆迁而处于断头路状态,住房等配套设施不完善,管理体制机制运行不畅;等等。后经过一年努力,组建公共服务物业管理专业化运营团队,引入高校和银行资源,运用信息化手段加强管理和服务,园区面貌已经发生明显变化。

产城脱节,导致岛外新城对人才尤其是高层次人才的吸引力不足,人们宁可耗费大量时间早晚在岛内外之间辛苦奔波,造成连接岛内外交通道路压力巨大,交通潮汐现象明显。例如,某企业从岛内外迁至专业产业园,4000多名员工中有2000多名依然居住在岛内,因此该企业每天需要组织69部日班通勤车、13部晚班通勤车、3部接驳车往返接送员工,员工每天最长通勤时间1.5小时,最短45分钟,不仅耗费员工大量时间,也增加了企业负担和运营成本。

产城融合不足,不利于全市经济发展一盘棋格局形成,不利于加快岛外社会经济发展,不利于所属地服务业快速发展,不利于产业转型升级,不利于做大经济总量,不利于提高生产效率,进而最终影响单位土地产出率。

土地面积有限,产城融合不够,导致厦门土地利用效率低,用地供需矛盾更加突出。一方面,新型城市化、工业化快速发展,跨岛发展战略加速推进,新增产业项目增多,产业用地刚性需求显著增加,用地节奏明显加快,需要用地规模将不断扩大。另一方面,随着耕地保护力度加大和生态空间加强,厦门新增建设用地的空间十分有限,各项建设用地供需矛盾尤其突出,保障产业发展用地的难度不断加大。除翔安、同安区以外,其他四个区基本缺少成片开发的产业用地,严重制约引进落地大项目、大企业。产业用地逼近红线,政府掌控的产业用地较少,不利于总部经济、战略性新兴产业和未来产业的引进与布局。同时,企业对产业空间的需求日益增多,产业空间紧张在一定程度上影响了企业在本地扩大生产规模的积极性,制约了产业规模的快速扩张。

三、对策建议

根据高质量发展要求,围绕本岛提升、岛外拓展,统筹优化岛内、岛外产业空间规划和布局,形成更加合理的城镇空间结构。一岛:厦门岛。持续优化提升厦门岛,适度推动减量发展,降低开发强度和建设密度,加快城市更新。逐步退出一般性制造业,发展金融商务、科技创新、文化旅游、休闲娱乐、行政办公、公共服务等高端服务功能。一带:环厦门湾区城镇发展带。加快海沧、集美、同安、翔安城镇组团建设,并向东西两翼延伸,串联泉州、漳州沿湾城镇群。立足海湾型城市特色,统筹发展环湾海陆空间,促进环湾地区高价值空间的高效利用,建设科学城。统筹开发滨海岸线、滩涂、海岛、近海海域和海岸带资源,发展面向区域及全市的高端综合服务职能。多中心:厦门岛和厦门东部中心两个市级中心;马銮湾、集美、翔安航空新城三个城市副中心;海沧、同安、翔安等三个区级中心。构建多层次、专业化的多中心体系,促进岛内外一体化发展。

加快岛内产业转型和置换。本岛控制新增容量、开发强度,降低工业用地比重,重点保障金融、商务、软件信息、人工智能、旅游会展、文化创意等现代服务业用地需求。优化西部,继续强化公共服务、文化旅游、商业服务、商务办公等综合服务功能;整合东部,完善会展片区综合配套与空间环境,加快推进两岸金融中心建设,发展金融服务、商务办公、高端会展等功能;提升北部,持续推进邮轮母港建设,打造国际商务中心和创新中心,承载总部办公、科技创新、高端会展、商业服务等功能。

优化提升岛外产业层级。岛外四区以发展现代服务业和高新技术产业为主,统筹推进各区产业布局和专业化园区建设,形成产业分工明确、定位合理、特色鲜明的产业基地,重点保障新兴产业和现代服务业发展用地需求。海沧区重点发展电子信息、生物医药、临港经济、航运物流等产业,重点建设海沧集成电路产业园、生物医药港和临港新城。集美区重点发展教育科研、智能机械制造、软件信息、文化演艺等产业,重点建设集美新城、软件园三期。同安区重点发展生态旅游、现代服务业、轻工食品产业,重点建设环东海域新城暨现代服务业基地和同翔高新城。翔安区重点发展光电产业、高端服务、金融商务、文化创意、旅游会展和临空产业等产业,重点建设火炬(翔安)产业区、同翔高新城、东部体育会展新城和翔安航空新城,加快创新资源集聚。

按照人口和用地相匹配,城市规模和资源环境相适应的原则,明确人口发展目标对应的产业、住房、教育、医疗、文化与体育、社会福利等基础用地需求,合理规划或调整产业和公共设施用地布局,引导人口合理聚集。加快岛外新城建设,推进岛外新城核心区范围内村庄搬迁改造,建设空间完整、功能完善的新城核心。疏解岛内非核心功能,推动岛内人口向岛外疏解,促进岛内外人口均衡发展。完善岛外公共服务及各项配套设施建设,促进岛外新城功能完善,配置商业服务、商务办公设施。综合开发商业、办公、酒店、住宅,进行多项功能组合,增加园区周边租赁用房供给,支持利用国有租赁住房用地、农村集体预留发展用地新建更多的租赁住房,支持企业利用厂区自建保障性租赁用房,缓解园区职工住房成本压力。配套市政设施维护、园区断头路修缮,进一步缩短城市各功能空间的距离,减少功能链接的土地需求。加快依托翔安国际机场建设国际航空港,发展商务办公、商业服务和旅游服务职能。加大力度推进机场、港口、铁路、地铁、快速干道和重大市政设施建设片区的城市更新。

在与周边地区产业合作中,推广产城融合理念和工作方式方法。加强厦漳泉三地市交界地区的国土规划衔接,共同合作开发建设,节约土地资源,统筹规划交界地区产业结构和布局,加强跨界交通和市政基础设施建设协同对接。在更大范围内地推进产城融合,围绕泉州南翼与翔安、安溪与同安,探索与泉州在空港新城、临空临海产业的规划对接。与泉州共建翔安—围头湾跨界区,加强东部综合中心和翔安国际机场对泉州南翼的辐射和带动,共同建设空港新城区,培育机场枢纽,加强航空限高及填海造地统一审批,重点加强对南安石井镇和晋江围头湾填海造地工程的协调控制。与泉州共建同安—安溪南翼片区,联合保护同安北部和安溪交界区域生态环境,推动联合开发产业观光、生态农业等项目。与漳州共建厦门湾南岸片区,打造厦漳半小时生活圈;围绕集美与长泰、海沧与龙海,探索与漳州在航运物流等基础设施方面的规划衔接。加强交界地区规划的统筹协调,探索建立交界地区规划联合审查机制。

加强重点领域产业协作园区建设。创新跨行政区域共建产业园区模式,建立财税、产值、投资分成的利益共享机制,加快推进厦门泉州(安溪)经济合作区、厦门泉州空港协作经济区、厦门漳州(龙海)经济合作区、厦门漳州(长泰)海投科技创业园和厦门龙岩山海协作经济区建设。在共建产业园区用地上,积极争取省委、省政府支持,根据园区实际建设推进的需要,单列土地利用计划指标下达到飞入地,专项用于共建园区开发建设。支持园区利用城乡建设用地增减挂钩等政策,挖掘用地潜力,推进产城融合;对用地集约水平较高、产城融合较好的园区给予倾斜,在用地方面给予重点支持。

结合当前推进岛内外老工业区改造,制定鼓励传统工业企业外迁的优惠政策,有序引导传统工业向山海协作共建产业园区实现梯度转移。在外迁过程中,吸收数字化、智能化成果,促进产业优化升级,要引导所在地政府加强配套,打造与产业园区同步发展的综合型生活社区,推进信息化、工业化、城市化、农村现代化协同,将产城融合贯穿始终,带动后发地区共同发展。

第二节　融入新发展格局

　　2020 年 5 月 14 日，中央首次提出构建国内国际双循环相互促进的新发展格局。5 月下旬两会期间，习近平总书记高屋建瓴地指出，要"逐步形成以国内循环为主体、国内国际双循环相互促进的新发展格局"。在党的二十大报告中，习近平总书记要求必须完整、准确、全面贯彻新发展理念，坚持社会主义市场经济改革方向，坚持高水平对外开放，加快构建以国内大循环为主体、国内国际双循环相互促进的新发展格局。构建现代化产业体系是实现国民经济循环顺畅、构建新发展格局的基础，构建新发展格局又对现代化产业体系的发展提出更高的要求，需要立足更高层次、更广范围构建现代化产业体系，加快现代产业发展，打造强大经济实力。

一、加深对新发展格局理解

　　加快构建新发展格局是新时代适应发展环境需要，应对各种风险挑战，增强发展的安全性主动权，塑造国际合作竞争新优势，推动高质量发展的必然要求。高质量发展是全面建设社会主义现代化国家的首要任务。高质量发展体现新发展理念，满足人民日益增长的美好生活需要，通过以创新为第一动力、以协调为内生特点、以绿色为普遍形态、以开放为必由之路、以共享为根本目标的发展，从供给到需求、从投入到产出、从生产到消费形成对接循环和合理比例关系，实现经济总量增长和质量效益提升。但是，发展中不平衡不充分的问题依然存在，要在各种可以预见和难以预见的狂风暴雨、惊涛骇浪中增强生存力、竞争力、发展力、持续力，就必须加快构建新发展格局。

　　加快构建新发展格局要坚持以国内循环为主,促进国内国际双循环。社会再生产过程是生产、分配、流通、消费各环节循环往复的过程,在全球化背景下,既存在国内循环,也存在参与国际合作,国际国内循环相互作用。构建新发展格局,国内循环是主体,就是要立足强大国内市场需求,推动产业从东到中、西梯度扩散,实现产业优化升级;同时,注重吸引聚集国际技术、人才、资金等资源要素,主动加入国际分工合作,促进国内外产业深度融合,提升两种市场两种资源联动循环能力,通过参与国际循环提升国内循环水平,实现国内国际循环相得益彰,相互促进。

　　加快新发展格局要坚持供给侧结构性改革与扩大内需战略有效结合。通过深化供给侧结构性改革,解放和发展社会生产力,淘汰落后产能,减少无效和低端供给,扩大有效和中高端供给,增强供给结构对需求变化的适应性和灵活性,提高全要素生产率。供给侧结构性改革与扩大内需战略有效结合,就是要建立强大的国内市场,释放内需潜力,激发消费活力,扩大有效投资,形成以需求牵引供给、供给创造需求的局面,促进供给与需求在更高水平上实现动态平衡,由此推动国民经济良性循环。

　　加快新发展格局要坚持自主创新与扩大对外开放。必须旗帜鲜明突出科技创新的核心地位,坚持科技是第一生产力,创新是增长的重要引擎和动力,高水平实现科技自立自强,增强产业链供应链自主可控能力。科技自立自强不是传统意义上的自给自足,而是立足全球科技发展趋势和绿色发展要求,主动参与国际分工协作,发挥自身创新优势,加入全球产业链供应链,推动人类命运共同体建设,共同创造人类美好的未来。

　　加快新发展格局要统筹发展和安全。构建新发展格局的落脚点和着眼点是安全的高质量发展。习近平总书记说:"安全是发展的基础,稳定是强盛的前提。"在高质量发展中,要增强忧患意识,守住底线思维,防范化解各类重大风险。推动主动安全、动态安全,通过自主达到可控,实现产业安全目标,增强产业链供应链的关键环节把控力、控制力和影响力,提升产业链供应链韧性,确保产业链供应链平稳运行。

二、发展基础

作为经济特区和外向型经济比较发达的口岸城市,厦门拥有较为完备的港口物流物质基础,供应链比较发达。厦门以港立市,港口航运是厦门城市竞争力的底层优势。厦门是国家四大国际航运中心之一,是港口型国家物流枢纽和东南沿海区域物流中心,也是国家确定的 4 个邮轮运输试点示范港和 8 个国际船舶登记船籍港之一。九大港区、近 80 个万吨泊位和上百条航线通达全球,无缝衔接。海陆空港口联通八方路网,联结周边地区,通达海内外,是国家"十四五"规划明确的 20 个国际性综合交通枢纽城市之一。2022 年完成旅客吞吐量 41.37 万人,完成集装箱吞吐量 1243 万标箱,位居全球第十四位,开通"丝路海运"航线 100 条,获批 2022 年国家综合货运枢纽补链强链首批城市。厦门是全国首批供应链创新与应用示范城市、国家综合型流通支点城市。在服务国内外双循环的过程中,不断创新供应链发展和服务模式,供应链金融产品丰富完善,供应链企业多达 1.9 万家,其中世界 500 强企业 3 家,全国供应链创新与应用示范企业 9 家。

厦门始终在加快供给侧结构性改革的基础上,致力扩大国内需求,培育壮大新型消费。2022 年,厦门社会消费品零售总额 2662.38 亿元,增长 3.1%,消费市场持续回暖,各类新型消费方式不断涌现,互联网零售增长势头良好,全市限额以上单位通过公共网络实现实物商品零售额增长 15.5%。固定资产投资全年增长 10.2%,高于全国、全省平均水平。投资结构持续优化,工业投资、基础设施投资分别增长 28%、19.9%,占固投规模比重同比分别提高 3.2 个和 2.6 个百分点。重大片区"主力军"作用明显,完成投资额在全市固投规模中的比重近九成。消费和投资成为驱动经济增长的主引擎。

厦门始终坚持对外开放,牢记特区使命,做好对台交流的"窗口、试验田、示范区",在推进对台交流合作中勇毅前行。充分发挥自贸试验区、自主创新示范区、21世纪海上丝绸之路核心区、两岸融合发展示范区、金砖国家新工业革命伙伴关系创新基地等重大平台,厦门自贸片区累计创新全国首创举措126项,海丝中央法务区累计引进法务、泛法务项目136个,金砖创新基地累计推出示范项目104个,"丝路海运"联盟成员300家,开行中欧(厦门)班列140列,发送货物4.3亿吨。2022年全市进出口总额9255.6亿元,比上年增长4.0%,对金砖和"一带一路"沿线国家和地区进出口增速明显,高于平均增长水平,分别增长29.9%和12.0%。跨境电商进出口额增长43.7%。全市累计登记境外投资项目1838个,分布75个国家和地区,累计协议投资总额284.84亿美元,其中,中方投资额194.01亿美元。两岸融合持续推进,2022年成功举办第十四届海峡论坛、两岸企业家峰会年会等活动,落细落实各项惠台利民政策,设立大陆首个台企金融服务联盟和首家全国性台商产业投资基金,每周增开4班厦金货运航班,开通转运临时邮路,新批台资企业增长3.8%,对台贸易出口额增长31.8%。

尽管厦门在打造产业生态圈,为产业发展营造更好发展环境,构建以国内大循环为主体、国内国际双循环相互促进的新发展格局中不断探索,但是在实际中仍然存在城市能级不足、自主创新能力不高、对外贸易依存度过高问题,必须对可能存在的产业脆性保持高度警惕。

三、对策建议

习近平总书记指出,"我们只有加快构建新发展格局,才能夯实我国经济发展的根基、增强发展的安全性稳定性"。因此要抓住创新融合,增强内循环动力和可靠性,实施扩大内需战略,坚持对外开放,加速国内外双循环对接联通,在推进双循环过程中,不断增强经济实力,保证经济的安全和韧性。

以科技创新为核心，推进创新链价值链产业链供应链生态链"五链"融合。其本质是形成产业可持续发展的创新生态、良性循环发展生态，通过创新，突破"卡脖子"技术和关键环节，补齐产业发展存在的短板，增强产业体系的完备和配套能力。在创新融合中，不断向价值链两端延伸，发展实体经济，防止脱实向虚，在供应链的支持下，在更大范围内形成较强的供给能力。着眼底线思维和极限思维，建立权责清晰、多部门紧密协作的产业链供应链安全管理体系，相应形成多方并举、多点并进、相互支持的"政策矩阵"，加强政策间的统一协调，共同支持产业向高端化、智能化、绿色化发展，增强产业安全韧性。

实施扩大内需战略，实现供给端与需求端高水平的动态平衡。需求端引导供给端升级，供给侧激发潜在需求，发挥厦门生产性服务业优势，聚集吸收更多资源助力内循环高效运转。打造国际消费中心城市，紧扣厦门地方特色，丰富文旅创意，发展首店经济、夜间经济、绿色消费新业态；发展网络经济、平台经济，扩大数字消费规模；优化收入分配格局，提高居民收入；扩大有效投资，增强项目策划储备，重视教育、医疗、养老等公共服务设施投资，引入社会资本，提高投资效率和效益。建立高效顺畅的流通体系，促进生产到消费各环节平稳循环、供给端与需求端高效对接、国内市场与国外市场自由流动。

推进高水平对外开放，稳步扩大规则、规制、管理、标准等制度开放。对标《全面与进步跨太平洋伙伴关系协定》《数字经济伙伴关系协定》《区域全面经济伙伴关系协定》等国际高标准经贸规则，培育外贸新优势，推进贸易便利化，推动货物贸易和服务贸易同步增长；坚持"走出去""引进来"相结合，鼓励厦门企业用好厦门口岸优势，深度参与全球产业分工与合作，不断提升产业实力和竞争力；应对全球气候变化，推行生态优先、节约集约、绿色低碳发展理念，加速绿色产业发展，为全球可持续发展注入强劲动力。

着眼国内大循环和高水平对外开放，加快推动全国统一大市场。发挥市场在资源配置中的决定性作用，促进各类产业要素有效流动配置,发挥好政府的引导、监督作用,化解防范风险,激发市场活力,以更加充分的市场竞争、更加完善的市场规则、更具活力的市场主体,助力形成新发展格局。

第三节　改善营商环境

营商环境是企业生存发展的土壤,是为市场主体服务的系统性综合环境,指伴随市场主体开展经济、社会活动整个过程的各种周围境况和条件的总称,通常包括政务环境、市场环境、国际化环境、法治环境、企业发展环境和社会环境等。优化营商环境就是解放生产力,提高竞争力。世界银行发布报告称,良好营商环境会使投资增长 0.3%,GDP增长率增加 0.36%。以习近平同志为核心的党中央高度重视优化营商环境工作。习近平总书记指出,要改善投资和市场环境,加快对外开放步伐,降低市场运行成本、营造稳定公平透明、可预期的营商环境。习近平总书记强调,"要推进简政放权,全面实施市场准入方面清单制度,支持企业更好参与市场合作和竞争","持续打造市场化、法治化、国际化营商环境,为中外企业提供公平公正的市场秩序"。习近平总书记致厦门经济特区建设 40 周年贺信中指出,厦门要全面深化改革开放,推动高质量发展,促进两岸融合发展,努力率先实现社会主义现代化。而全面深化改革开放的重要内容之一就是优化营商环境。优化营商环境也是提高效率、提升效能、提增效益的具体表现,营商环境多项核心指标考核时间、程序和成本,与"三效"要求一致,体现速度快、质量好、成本低。要牢固树立"人人都是营商环境、处处优化营商环境"理念,对照世界银行营商环境评估、中国营商环境评价体系,不断深化简政放权,减少行政审批事项,完善市场监管体制机制,推进政务服务标准化、便利化、数字化,为市场主体提供更加高效的服务。

一、厦门的营商环境

2015 年开始,厦门率先在全国参照世界银行营商环境评估体系,从开办企业等 10 个方面,以评促改,大胆探索开展营商环境建设和提升工作,市委、市政府连续出台了《打造国际一流营商环境的意见》等多个纲领性指导文件,推动营商环境改革 4.0,在国家发改委组织的中国营商环境评价中取得了较好的成绩。2018 年,厦门市在全国 22 个城市中排名第二(北京第一);2019—2021 年,厦门连续 3 年在中国营商环境评价中名列前茅,其中,2019 年在全国 41 个城市中排名第六;2020 年在全国 80 个城市和 18 个国家级新区中居第七位,18 个指标全部获得获评"全国标杆",14 个指标进入全国前十。被国务院办公厅通报为"深化商事之都改革成效显著、落实事中事后监管等相关政策措施社会反映好的地方"。

由于厦门发展过程中形成了外向型为主的经济结构,因此,厦门营商环境改革是从福建自贸试验区(厦门片区)开始起步,从外到内,从局部到全面,逐步展开推进改革。2015 年 4 月 21 日,中国(福建)自由贸易试验区厦门片区正式挂牌。开办之初,厦门自由贸易试验区就积极探索推进投资、贸易便利化的途径,在改善营商环境上先行先试。

探索推进负面清单管理为核心的投资管理制度。推进商事登记制度改革,全面实行"五证合一、一照一码"登记模式,实行企业注册全程电子化,实现"一网流转、一表申报、一趟取照、立等可取"。减少外商投资准入限制,优化"准入前国民待遇＋负面清单＋备案管理"的管理模式。完善境外投资管理方式,成立厦门市境外投资服务平台和"走出去"服务联盟。建立环保负面清单,改环评由事前审批为网上备案,简化环保手续的办理,一批项目通过网络实现环评文件自主备案和申报,节约了大量审批时间。

探索以推进贸易便利化为重点的贸易监管制度。高标准系统集成国际贸易"单一窗口"，有效整合货物申报、运输工具申报、金融服务、邮件、快件、跨境电商业务系统，口岸通关核心业务实现"一个窗口、一次申报、一次办结"，平台运行大大节省了货物通关时间。在全国海关系统首次试点"互联网＋自主申报"，成为亚太示范电子口岸网络的成员口岸，与国家标准版实现优化对接，被商务部评定为自贸试验区首批 8 个最佳实践案例之一。

探索优化口岸通关环境。完善口岸信息化水平，鼓励提前报关、整合优化申报项目，推进口岸信息互换、监管互认、执法互助的"三互"通关模式常态化运作，试点大宗散货"关检互认"。推动厦门港集装箱智慧物流平台上线运行，实现集装箱进出口全程信息实时便捷、准确交互共享，属国内首创、国际一流。大幅度减少通关时间，口岸进口整体通关时间和出口整体通关时间都有明显下降，压缩率为 50％以上。

不断提升法治营商环境。出台《厦门经济特区促进中国（福建）自由贸易试验区厦门片区建设若干规定》，完善"线上＋线下"法律服务和司法保障体系，建立海丝中央法务区，提供全方位法律服务。

持续推进"放管服"改革，形成与开放型经济相适应的事中事后监管制度。推行"互联网＋"政务服务，完善电子信息系统，建立"线上＋线下"一站式综合服务，推进审批服务"马上办、网上办、就近办、一次办"，全面深化"一趟不用跑"和"最多跑一趟"改革。改革工程建设项目审批管理体系，首创"五个一"，简化建设审批流程，大幅减少审批时间。优化监管手段，利用大数据开展对市场主体的服务和监管。创新监管模式，以信用为核心加强事中事后监管，建立并完善集信用监管、信用信息、联合执法等三大综合监管执法于一体的信息平台，做到快速响应；引入第三方市场信用监管，在电商行业试行信用承诺制度。构建政府监管、行业自治、企业自律、社会共管共治的监管局面。

二、面临的挑战和存在的问题

经过多年摸索，厦门营商环境实践经历了从对照世界银行评估标准，到适应国家评价体系争创国家标杆城市，到打造招商金字招牌，到包容普惠创新，再到智慧赋能的五大发展阶段，目前改革进入深水区，外部面临着巨大挑战。北京、上海、深圳、广州、苏州、杭州、南京、济南、成都、青岛、武汉、西安等城市的排名不断上升。全国 34 个省级行政区内有 26 个出台了营商环境条例等地方性法规、规章，北、上、深、广都完成了营商环境 4.0 版，北京、上海提出打造国际一流营商环境，广州已推动营商环境改革迈向 5.0，以"绣花功夫"打造全国优化营商环境策源地。福州、长沙、武汉等城市提出打造"强省会"口号，大力推动营商环境改革。青岛、重庆等 14 个城市改善营商环境幅度大。有的城市将营商环境改革列为市委书记一把手工程，有的设立营商办（局）专门机构，竞争十分激烈。

厦门营商环境虽然保持全国前列，但先发优势慢慢弱化，以前创新亮点（如工程建设项目领域"多规合一"改革）已被其他城市追赶，排名竞争压力越来越大。厦门营商环境改革的难度系数不断增大，要创新、要有特色，要突破现有制度障碍，持续出台全国首创、引领性的改革举措越来越难。

与市场主体期盼、与先进城市相比，厦门的营商环境仍存在不小的差距与不足。主要有：

一是部分惠企政策针对性不强、落地效果不佳，政策系统性、协同性、有效性不够。在调研中发现存在政策重增量，轻存量，导致一方面引进企业（输血），一方面流失企业（失血）。部分惠企政策"好看不好用"，在减税降费、财政补助、中小企业融资贷款和人才等政策兑现上比较难；惠企政策"免申即享"方面，首批发布 30 个项目政策都局限于产业相关领域，未覆盖民生和公共服务领域。

二是信息化支撑营商环境作用有待进一步增强。存在"信息壁垒""信息孤岛""数据烟囱"现象,不同政府部门分属不同上级机构,已形成各自独立的信息收集网络和平台,短期内还难以完全打通,无法满足营商环境建设对部门业务审批系统互联互通、业务协同、结果互认、数据共享、数据监管等的要求。

三是监管模式有待进一步创新。监管需要一个过程。随着各类审批改革从重审批、轻监管向宽进严管的监管转型放宽,衔接事前、事中、事后的监管体系还不健全;针对新技术、新业态、新产业、新模式的包容审慎监管制度还不完善。

四是营商环境优化进入深入区,进一步改革创新缺乏法律保障,行政确认、柔性监管和个人破产等缺乏法律依据;诚信体系建设需要进一步完善,中介机构发展还不成熟,还未建立起全过程的信用风险管控体系。各部门改革创新内生动力也在下降,原创性改革越来越少。

三、对策建议

营商环境没有最好,只有更好。为保证厦门市排名争先进位,继续保持在全国营商环境前列,必须以只争朝夕时不我待的紧迫感勇毅前行、勇立潮头,强化顶层设计和底层技术,密切跟踪国际前沿和国内最优水平,以国家营商环境创新试点和世界营商环境新评估体系为突破口,优化营商环境,为厦门全方位推进高质量发展保驾护航。

营造市场化营商环境。健全市场准入管理,畅通市场准入途径,实行权力清单、责任清单、负面清单制度,确保各类市场主体在使用要素、享受支持政策、参与招标投标和政府采购等方面获得平等待遇,实现"准入即准营"。落实减税降费,更好为企业服务。打造市场主体全生命周期服务体系,提升企业服务能级,保障市场主体发展所需的土地、人才、资金等要素,实现"水电气网"联办,"一站式"办理变成"一件事"办理,办理破产时,破产财产解封可线上办理,获得破产援助基金等,推动惠企政策精准直达，"免申即享"。将"免申即享"做法，拓展到助老、助残等公共服务民生领域的补助兑现。推动产业政策适应市场竞争，支持技术创新和结构升级，向普惠型和功能型转变。完善中小微企业融资担保体系，推广"信易贷"平台，提高企业信贷服务效率。深化行业协会、商会和中介组织机构改革，激发中介服务市场活力，推进中介服务跨区域联动。构建亲清政商关系，完善企业家参与涉企政策制定机制，畅通投诉建议渠道。

营造法治化营商环境。落实《厦门经济特区优化营商环境条例》，做好立法评估工作。依法平等保护国有、民营、外资等各种所有制企业产权，健全自然资源资产产权、农村集体产权、知识产权保护等制度，加强产权执法司法保护。积极推进企业间跨境商事争议在线解决机制，建设国际商贸商事调解中心，提高各类商事纠纷争议法律解决服务水平。建立依法保护企业家合法权益机制，畅通经营主体参与立法的渠道，完善海丝中央法务区，发展高端法律服务业，推动法治建设与营商环境改革深度融合，强化执法规范性、协同性、科学性，为企业发展提供完善法律保障。强化事中事后监管方面，由营商环境各指标牵头单位，对涉及取消和下放行政审批事项同时研究相应的事中事后监管办法，特别是对直接涉及公共安全和人民群众生命健康等特殊行业重点领域，一定要落实全覆盖的重点监管，强化全过程质量管理，守牢安全底线。进一步创新和完善监管方式，推进科学监管、精准监管和包容审慎监管，避免过度监管对市场主体活力的伤害。

营造开放型营商环境。比照国际标准，促进开放发展。完善"单一窗口"功能，推进全链条国际贸易管理，提高口岸通关便利化、数字化水平。高标准对接 CPTPP、DEPA 等国际经贸规则，超前研究对接内容和标准，制定服务贸易、数字贸易、跨境数字流动等领域规则，加强公平竞争审查，打造对接平台。对接世界银行启用的营商环境新评估体系（B-Ready）来衡量全球各经济体的宜商环境。新评估体系从中小企业开展业务的便利性角度转变为从整个私营企业行业发展的角度进行评估,不仅关注监管质量、监管带来负担等方面的监管框架(法律法规),还关注政府提供的对市场运行至关重要的公共服务及办事效率。从监管框架、公共服务、办事效率 3 个维度、10 项总体指标、796 项具体指标评价企业开办、企业运营、企业破产全生命周期所涉及的各主要生产要素。初步涉及企业准入、获取经营场所、市政公用服务接入、雇用劳工、金融服务、国际贸易、纳税、解决纠纷、促进市场竞争和办理破产等领域,与前一轮体系指标差别比较大。要开展专项研究,尽早对照世界银行最新要求,力争在关键环节和重点领域推出更多具有竞争力的优化营商环境制度创新成果,进一步激发市场活力和社会创造力,促进各类市场主体发展壮大。

营造服务型政务营商环境。按照国务院办公厅印发的《国务院关于开展营商环境创新试点工作的意见》要求,突出抓好制度创新、数据系统互联共享和强化事中事后监管,力争成为全国营商环境创新试点。争取更多综合授权改革,在外资外贸、投融资、金融服务方面有所突破;推动营商环境数字化改革,促进数据系统互联共享,针对关注度高、反映比较强烈的信息系统的互联互通和数据共享事项,加快出台数字化营商环境方案,加快科技赋能便利化改革,系统有效推动现有数字平台系统整合开发,促进各领域业务系统集成、数据共享,推动行政审批和政务服务革命性流程再造,探索建立支撑营商环境信息化项目建设快速迭代的管理办法;弘扬敢为人先的改革精神,创新营商环境数字化服务投融资机制保障信息化项目的资金需求;提升业务审批效能,早日实现"一网通办""一网统管""一屏通览",建设一站式惠企政策服务平台,惠企政策兑现"免申即享"。启动营商环境标准化建设,设置政务服务类地方标准、营商环境评估标准,实现评价体系建设的统一性、可比性。以优化营商环境牵引改革重点突破、整体推进,以发挥市场在资源配置中的决定性作用为基础,更好地发挥政府作用,加快推动有效市场和有为政府更好结合。

参考文献

1.陈清泰.创新与产业升级[M].北京:中信出版集团,2018.

2.冯邦彦.香港产业结构研究[M].北京:经济管理出版社,2002.

3.国家发改委.优化营商环境百问百答[M].北京:中国地图出版社,2021.

4.国家发改委创新和高技术发展司,中国生物工程学会.中国生物产业发展报告 2020—2021[R].北京:化学工业出版社,2021.

5.黄平,田德文,等.厦门城市国际化的策略与路径[M].北京:社会科学文献出版社,2018.

6.李斌,郭宇靖,盖博铭,等.未来产业:塑造未来世界的决定性力量[M].北京:北京联合出版公司,2021.

7.李彦宏.智能经济[M].北京:中信出版集团,2020.

8.林念修.中国营商环境报告 2021[R].北京:中国地图出版社,2021.

9.刘志彪.产业经济学[M].2 版.北京:机械工业出版社,2022.

10.陆铭.向心城市:迈向未来的活力、宜居与和谐[M].上海:上海人民出版社,2022.

11.陆雄文.管理学大辞典[M].上海:上海辞书出版社,2013.

12.马云泽.产业结构软化理论研究[M].北京:中国财政经济出版社,2006.

13.潘家华,庄贵阳,等.厦门市低碳城市创新发展研究[M].北京:社会科学文献出版社,2018.

14.史忠良.产业经济学[M].2 版.北京:经济管理出版社,2005.

15.汤蕴懿.上海重点产业国际竞争力报告 2019—2020[R].上海:上海社会科学院出版社,2020.

16.王宏森,张平,张小溪,等.厦门降成本评估与政策研究:探索经济转型与治理之路[M].北京:社会科学文献出版社,2017.

17.厦门市发展研究中心.2014—2015 年厦门发展报告[R].厦门:厦门大学出版社,2015.

18.厦门市发展研究中心.2015—2016 年厦门发展报告[R].厦门:厦门大学出版社,2016.

19.厦门市发展研究中心.2016—2017 年厦门发展报告[R].厦门:厦门大学出版社,2017.

20.厦门市发展研究中心.2017—2018 年厦门发展报告[R].厦门:厦门大学出版社,2018.

21.厦门市发展研究中心.2018—2019 年厦门发展报告[R].厦门:厦门大学出版社,2019.

22.厦门市发展研究中心.2019—2020 年厦门发展报告[R].厦门:厦门大学出版社,2020.

23.厦门市发展研究中心.2020—2021 年厦门发展报告[R].厦门:厦门大学出版社,2021.

24.厦门市发展研究中心.2021—2022 年厦门发展报告[R].厦门:厦门大学出版社,2022.

25.厦门市发展研究中心.推动转型发展 建设美丽厦门:厦门市"十三五"经济社会发展战略思考[M].厦门:厦门大学出版社,2014.

26.厦门市发展研究中心.新时代厦门改革开放再出发:厦门市"十四五"经济社会发展战略思考[M].厦门:鹭江出版社,2020.

27.厦门市经济社会发展战略办公室,厦门市计划委员会.1985—2000 年厦门经济社会发展战略[M].厦门:鹭江出版社,1989.

28.徐奇渊,东艳,等.全球产业链重塑:中国的选择[M].北京:中国人民大学出版社,2022.

29.学习贯彻习近平新时代中国特色社会主义经济思想 做好"十四五"规划编制和发展改革工作系列丛书编写组.打造国际一流营商环境[M].北京：中国计划出版社、中国市场出版社,2020.

30.学习贯彻习近平新时代中国特色社会主义经济思想 做好"十四五"规划编制和发展改革工作系列丛书编写组.促进金融更好服务实体经济[M].北京：中国计划出版社、中国市场出版社,2020.

31.学习贯彻习近平新时代中国特色社会主义经济思想 做好"十四五"规划编制和发展改革工作系列丛书编写组.建设现代能源体系[M].北京：中国计划出版社、中国市场出版社,2020.

32.学习贯彻习近平新时代中国特色社会主义经济思想 做好"十四五"规划编制和发展改革工作系列丛书编写组.推动制造业高质量发展[M].北京：中国计划出版社、中国市场出版社,2020.

33.周华富.浙江省产业链精准招商研究[M].北京：中国市场出版社,2022.

34.周振华.城市转型与服务经济发展[M].上海：格致出版社,2009.

35.历年《厦门经济特区年鉴》。

36.历年《厦门市经济社会发展与预测蓝皮书》。

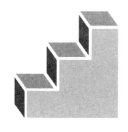

后 记

　　本书是笔者近 30 年从事厦门社会经济发展研究工作的总结。1992 年硕士研究生毕业后,我在厦门大学计划统计系担任教职工作,授课之余,参与《统计原理》《企业经济统计学》《国民经济学》多部著作的撰写研究工作,为以后从事地方实际研究工作打下了扎实的理论基础。1994 年末离开厦门大学讲台,转向从事厦门特区经济研究工作。

　　迈入厦门市计委经济研究所(厦门市发展研究中心的前身)伊始,笔者系统学习的第一份文件是《1985—2000 年厦门经济社会发展战略》,它让我对厦门经济社会发展有了基本的认识,成为我加入厦门地方实际研究的工作指南。彼时厦门市政府研究中心与计委经济研究所紧挨着,共享研究资料和资源,我也有幸得到两个单位老一代研究工作者的指导,参与厦门"九五"计划编制组讨论,之后相继参加了厦门"十五"计划思路、"十一五"规划思路到"十三五"规划思路的写作及相关讨论,参与大量厦门市经济发展相关主题研究,研究能力不断提高。笔者独立撰写、主持或参与课题、指导课题组完成的《厦门经济特区产业结构的调整与国民经济现代化》《厦门各区竞争力》《厦门打造国际化城市研究》《厦门改革开放四十年的成就与经验启示》等学术成果多次在厦门社会科学优秀成果奖评选中获奖;参与的课题"加快厦门高质量发展的路径探索""新常态下厦门推进供给侧结构性改革思路研究"获国家发展和改革委员会优秀研究成果奖、国务院发展研究中心的中国发展研究奖。

改革开放以来的40多年，厦门经济社会飞速发展，一路高歌猛进，一路繁花似锦。我有幸见证了伟大的变革过程，参与了经济特区热情似火的建设，并通过建言献策推动厦门经济社会的发展。在研究过程中，我对厦门产业发展产生了浓厚的兴趣，更多地关注厦门产业发展研究。从厦门集成电路设计业、平板显示产业、软件信息业，到生物医药、新能源、新材料、文化创意等战略性新兴产业笔者都有所涉及。现代化产业体系是宏大系统的工程，随着时代进步和科技发展，人工智能等新赛道奔涌而至，迭代更替，滚滚向前。层出不穷的产业新赛道，让我们始终保持探究的好奇心。撰写本书的目的就在于系统梳理回顾厦门产业发展，对照先进，寻找不足，为厦门产业大发展抛砖引玉。

在本书的写作过程中，笔者得到了领导、同行专家、学者的大力支持和帮助，特别是研究中心的同事们的帮助；在深入基层、深入企业的调研中，我收获了很多新知识，开拓了新视野；在与课题组成员讨论的过程中，我收获了许多新方法，产生了新观点。得益于大家的帮助和支持，我才能完成书稿写作，在此一并表达我深深的谢意！

最后，感谢厦门市社会科学界联合会的大力资助，感谢厦门大学出版社领导的关心和编辑辛勤的付出，向你们表达我最深的敬意。

戴松若

2023 年 2 月 15 日